★초단기에 한 권으로 끝내는

실전경매

【실제 경매사건 권리분석 사례와 부동산인도 합의요청서, 강제집행예정통지, 지료청구, 체납관리비징수요청 등 내용증명 작성요령, 인도집행 실무가 수록된 경매안내서】

물건검색에서
낙찰, 부동산인도까지
경매투자의 모든 것

제 C-2025-057883 호

저작권 등록증

1. 저작물의 제호(제목) 초단기에 한 권으로 끝내는 실전경매

2. 저작물의 종류 어문저작물>교양물

3. 저작자 성명(법인명) 강희만
경기도 성남시 중원구 둔촌대로263번길

4. 생년월일(법인등록번호)

5. 창작연월일 2025년12월01일

6. 공표연월일 2025년12월01일

7. 등록연월일 2025년12월16일

8. 등록사항 저작자 : 강희만,
창작 : 2025.12.01, 공표 : 2025.12.01

「저작권법」 제53조에 따라 위와 같이 등록되었음을 증명합니다.

2025년 12월 17일

한국저작권위원회

초단기에 한 권으로 끝내는 실전경매
지은이 ‖ 강희만 펴낸곳 ‖ 부동산net
출판등록 ‖ 제2001-5호 발행 ‖ 2026년 1월 26일
주소 ‖ 2580224@hanmail.net 전화 ‖ 0502-258-2114 팩스 ‖ 0303-0258-2114
ISBN 978-89-91868-68-7 13320
값 36,000원

머리말

경매투자에 있어서 법을 몰라도 수학을 몰라도 영어가 깡통이라도 전혀 걱정할 필요 없다.

법원에서 제공하는 경매정보인 매각물건명세서, 현황조사보고서, 문건접수내역과 등기부 등본, 전입세대확인서, 건축물대장 등을 읽고 해석할 수 있으면 경매투자를 할 수 있다. 이들 서류는 영어가 없고 수학기호도 없다. 한글로 되어있다.

똑같은 경매물건인데 누구는 매각대금을 미납하고, 누구는 반값에 낙찰받는다. 경매물건에 입찰하여 최고가매수인이 된 후 매각대금 즉 잔금을 납부하지 않으면 입찰보증금을 돌려주지 않는다. 최고가매수인이 매각대금을 납부하지 않아 다시 경매에 나올 땐 입찰보증금은 최저매각가격의 20%가 된다.

최고가매수인이 매각대금을 납부하지 않는 이유 중 몇 가지는 다음과 같다.
첫째, 시세보다 너무 비싸게 낙찰받았을 경우
둘째, 권리분석을 잘못하여 등기부에 등기된 가처분이나 가등기 등 어떤 권리를 인수하여 소유권 행사에 지장이 있음을 알게 된 경우
셋째, 임차인의 보증금을 낙찰자가 부담하여야 하는 등 경매부동산의 점유자에 대한 권리분석을 잘못하였음을 알게 된 경우
넷째, 경매 부동산에 어떤 하자가 있다는 것을 낙찰받고 알게 된 경우

그런데 매각대금을 납부하지 않아 입찰보증금이 최저매각가격의 20%인 경매물건 중에 상상 그 이상의 시세차익을 얻을 수 있는 경매물건이 있다.

이 책은 경매로 인한 매각으로 소멸되는 권리와 경매부동산의 점유자에 대하여 심층적 파헤쳤다. 입찰 전 경매부동산의 매각물건명세서 등을 이용하여 권리분석을 하고, 낙찰 후 매수인으로 소유권이전된 등기부 등본을 제공한다. 낙찰 후 부동산 점유자로부터 부동산인도를 위한 강제집행 예고, 인도합의요구 등 내용증명 작성요령, 점유이전금지가처분, 인도명령, 강제집행 등 낙찰 후 부동산인도 실무를 상세히 안내하여 경매 투자자가 위험을 회피하고 수익을 극대화할 수 있도록 돕는 실전경매 가이드이다.

부동산경제학박사
강희만

목차

PART 1
실전경매 권리분석

권리분석 사례는 대한민국 법원 법원경매정보 홈페이지에서 제공하는 자료를 참고하여 편집하였음

1. 감정가의 800% 매각허가 된 아파트

2024타경64** 수원지방법원

매각기일 2025.08.20

소재지	경기 수원시 **구 **동 *** **동 13층1304호				
물건종류	아파트	사건접수	2024.04.12	경매구분	임의경매
건물면적	59.965㎡(18.139평)	소유자	전**	감정가	423,000,000원
대지권	33.78㎡(10.218평)	채무자	전**	최저가	(70%) 296,100,000원
매각물건	건물전부, 토지전부	채권자	디***	입찰보증금	(20%) 59,200,000원

입찰 진행 내용

<table>
<tr><th>구분</th><th>매각기일</th><th>최저매각가격(원)</th><th>상태</th><td rowspan="6">매각 372,890,000원 (88.15%)
2025.08.27 : 매각결정기일 매각허가결정
2025.09.30 : 대금지급기한 / 2025.09.29 : 납부</td></tr>
<tr><td>1차</td><td>2025-04-22</td><td>423,000,000</td><td>유찰</td></tr>
<tr><td>2차</td><td>2025-05-28</td><td>296,100,000</td><td></td></tr>
<tr><td colspan="4">매각 3,384,590,000원(800.14%)/김**
매각결정기일 : 2025.06.04. - 매각허가결정
지급지급기한 : 2025.07.11. 미납</td></tr>
<tr><td>3차</td><td>2025-08-20</td><td>296,100,000</td><td>매각</td></tr>
</table>

매각 물건 현황 가격시점 2024.04.23

목록		지번/토지이용계획/용도/구조/면적	감정가(원)	비고
건물	1	19층 중 13층1304호 층 건물 59.965㎡(18.1395평)	169,200,000	사용승인 : 1997.12.26
토지	1	전체 56218.2㎡(17006.006평) 중 33.78㎡ (10.218평) / 553동 13층1304호	253,800,000	
감정가합계			423,000,000	
토지이용계획		도시지역/제3종일반주거지역/시가지경관지구/상대보호구역/과밀억제권역		

임차인 현황 말소기준권리 2020-01-13 소액임차인기준일 2020-01-13 배당요구종기일 2024-06-28

임차인/대항력	점유부분	전입/확정/배당	보증금/월세	예상배당액 예상인수액	비고
임차인이 없으며 전부를 소유자가 점유 사용					
* 현장에서는 폐문으로 사람을 만나지 못하여 점유관계 확인하지 못하고 현관(호실 출입)문에 안내문을 붙여 놓았음. * 전입세대확인서와 주민등록등본에 따르면 소유자 세대만 등재되어 있고, 그 외 다른 세대는 등재되어 있지 아니함.					

등기부 현황(집합)

접수일	등기목적	권리자	채권금액(원)	기타	소멸여부
2019.03.29	공유자전원지분전부이전	전**		매매 거래가액:247,000,000원	
2020.01.13	근저당권	한국주택금융공사	98,000,000	**말소기준권리** **확정채권양도전:우리은행**	소멸
2022.01.28	근저당권	디에스*	240,000,000	확정채권양도전:제이비	소멸
2022.08.23	근저당권	디에스*	120,000,000		소멸
2023.05.03	가압류	경기신용보증	10,000,000		소멸
2018.01.16	가압류	소상공인시장	10,000,000		소멸
2024.04.12	임의경매	디에스*		2024타경****	소멸

2024타경64수원지방법원**

매각기일 2025.08.20

소재지	경기 수원시 **구 **동 *** **동 13층 1304호				
물건종류	아파트	사건접수	2024.04.12	경매구분	임의경매
건물면적	59.965㎡(18.139평)	소유자	전**	감정가	423,000,000원
대지권	33.78㎡(10.218평)	채무자	전**	최저가	(70%) 296,100,000원
매각물건	건물전부, 토지전부	채권자	디***	입찰보증금	(20%) 59,200,000원

2024타경64** 수원지방법원 경매사건입니다. 타경은 부동산경매사건을 말합니다. 물건의 종류는 아파트입니다. 아파트는 공동주택이며, 집합건물입니다. 공동주택이란 여러 세대가 한 건물 또는 단지 안에서 공동으로 생활할 수 있도록 지어진 주택을 말합니다. 계단, 복도, 승강기, 주차장 등을 입주자 전체가 공동으로 사용합니다.

매각 물건 현황 가격시점 2024.04.23				
목록		지번/토지이용계획/용도/구조/면적	감정가(원)	비고
건물	1	19층 중 13층 1304호 층 건물 59.965㎡(18.1395평)	169,200,000	사용승인 : 1997.12.26
토지	1	전체 56218.2㎡(17006.006평) 중 33.78㎡ (10.218평) / ***동 13층 1304호	253,800,000	
감정가합계			423,000,000	

집합건물은 하나의 건물을 구분 소유할 수 있도록 나눈 건물을 말합니다. 건물을 층별·호별로 나누어 각 부분을 따로 즉 층별·호별로 각자 개별등기하여 소유할 수 있습니다. **동 1304호를 개별등기하여 사용하기 위해서는 대지를 사용할 권리 즉 대지사용권이 있어야 합니다. 대지사용권을 대지권이라고 합니다.

**동 1304호 소유자가 이 아파트 단지의 대지를 전부 소유하고 있지는 않지만 아파트 소유자들이 대지를 공동으로 소유하고 있습니다. 아파트 단지의 대지면적 56218.2제곱미터 중 33.78제곱미터를 소유합니다. 이 대지권은 건물과 분리하여 처분할 수 없습니다.

**동 1304호의 건물 감정가액은 169,200,000원입니다. 대지 33.78제곱미터의 감정가격은 253,800,000원입니다. 이 아파트의 감정가격은 423,000,000원입니다. 건물과 토지 일괄 매각입니다. 가격시점은 2024년 4월 23일입니다.

물건종류	아파트	사건접수	2024.04.12	경매구분	임의경매
건물면적	59.965㎡(18.139평)	소유자	전**	감정가	423,000,000원
대지권	33.78㎡(10.218평)	채무자	전**	최저가	(70%) 296,100,000원
매각물건	건물전부, 토지전부	채권자	디***	입찰보증금	(20%) 59,200,000원

아파트 소유자는 전씨이며 채무자는 아파트 소유자 전씨입니다. 경매신청채권자는 디이며 경매종류는 임의경매입니다. 근저당권자가 경매를 신청하면 임의경매입니다. 담보권실행을 위한 경매를 임의경매라고 합니다.

이 경매 아파트의 등기부 등본의 일부입니다.

[집합건물] 경기도 수원시 영통구 [illegible]동 [illegible] [illegible]아파트 [illegible]동 제13층 제1304호

순위번호	등 기 목 적	접 수	등 기 원 인	권리자 및 기타사항
			결정(2024카단5 1474)	2층, 3층
10	임의경매개시결정	2024년4월12일 제84209호	2024년4월12일 수원지방법원의 임의경매개시결정(2024타경6[illegible]28)	채권자 제이비[illegible] 170111-[illegible] 전주시 [illegible]

[집합건물] 경기도 수원시 영통구 [illegible]동 [illegible] [illegible]아파트 [illegible]동 제13층 제1304호

순위번호	등 기 목 적	접 수	등 기 원 인	권리자 및 기타사항
				553동 1304호 ([illegible]동, [illegible]아파트) 근저당권자 제이비[illegible] 170111-[illegible] 전라북도 [illegible]
14-1	14번근저당권이전	2024년7월22일 제197583호	2024년6월25일 확정채권양도	근저당권자 디[illegible] 110111-[illegible] 서울특별시 중구 [illegible]

저당권은 채권자가 채권의 담보로 취득한 부동산을 채무자가 대출금채권을 연체하거나 일시에 상환하여야 함에도 불구하고 이를 이행하지 못할 때 담보물을 처분하여 우선 변제받는 권리입니다. 담보는 보관해 둠이란 뜻입니다.

채권자가 저당권을 설정한다는 것은 채무를 변제할 때까지 채무자의 부동산을 채권자에게 보관해 두었다가 못 갚으면 보관해 둔 부동산을 처분하여 돈을 회수한다라고 등기부에 등기해 놓은 겁니다. 근저당권은 장래의 채무까지 담보하는 저당권입니다. 채권액의 120%에서 130% 정도를 채권최고액으로 설정합니다.

채무자 전씨는 채권자 제이비에 대하여 여신거래약정서에 의하여 금전을 대출하면서 현재 또는 장래에 부담하게 될 기타 채무일체를 담보하기 위하여 위 당사자간에 부동산에 대하여 근저당권설정 등기를 필하였습니다.

제이비는 전씨가 이자 및 연체이자를 약정 요율에 따르고 채무에 대한 원리금의 일부라도 약정기일에 연체할 시는 기한의 이익이 상실하고 일시에 상환한다는 여신거래기본약관이 적용됨을 승인하였기에 대출하여 주었습니다.

기한의 이익 상실이란 채권자와 체결한 대출 계약의 채무자인 전씨가 당초 약정한 대출 상환기한까지는 원리금을 상환하지 않아도 되며, 그 기간 동안 전씨가 가지는 이익을 기한의 이익이라고 합니다. 아래의 기한 이익의 상실 사유에 하나라도 발생한 경우에는 채무자는 금융회사에 대한 채무의 기한의 이익을 상실하여 이를 곧 갚아야 할 의무를 가지게 됩니다.

첫째, 채무자인 고객이 담보를 제공한 부동산 등 담보 재산에 법원이나 세무서 등으로부터 압류명

령 등이 있는 때 또는 파산, 회생, 개인회생절차 개시의 신청이 있거나, 채무불이행자명부 신청이 있을 때

채무불이행자명부 등재제도는 채무를 이행하지 아니하는 불성실한 채무자의 인적 사항을 공개함으로써 명예와 신용의 훼손과 같은 불이익을 가하고 이를 통하여 채무의 이행에 노력하게 하는 간접강제의 효과를 거둠과 아울러 일반인으로 하여금 거래상대방에 대한 신용조사를 용이하게 하여 거래의 안전을 도모하게 함을 목적으로 하는 제도입니다. 채무자가 금전의 지급을 명한 집행권원이 확정된 후 6월 이내에 채무를 이행하지 아니하는 때 등에는 채권자는 그 채무자를 채무불이행자명부에 올리도록 신청할 수 있고(민사집행법 제70조 제1항), 법원은 위 신청에 정당한 이유가 있는 때에는 채무자를 채부불이행자명부에 올리는 결정을 하여야 하나, 등재신청에 정당한 이유가 없거나 쉽게 강제집행할 수 있다고 인정할 만한 명백한 사유가 있는 때에는 결정으로 이를 기각하여야 한다(대법원 2010. 9. 9.자 2010마779 참조)

둘째, 이자를 지급하여야 할 때부터 1개월(주택담보대출의 경우 2개월)간 지체한 때

셋째. 분할상환금 또는 분할상환원리금의 지급을 2회(주택담보대출의 경우 3회)이상 연속하여 지체한 때

채권자는 디에게 근저당권을 양도했습니다. 채무자는 대출금채권을 연체하고 있으며 이를 일시에 상환하여야 함에도 불구하고 이를 이행하지 않았습니다. 따라서 채무자는 채권자에게 기한의 이익 또한 상실하였음에도 불구하고 원리금을 변제치 않고 있었습니다. 채권자는 채권의 변제를 받기위해 경매신청을 하였습니다.

민법 제363조제1항에 의해 저당권자는 그 채권의 변제를 받기 위하여 저당물의 경매를 청구할 수 있습니다. 법원은 이 아파트에 대하여 경매절차를 개시하고 채권자를 위하여 압류한다고 부동산임의경매개시를 결정하였습니다.

물건종류	아파트	사건접수	2024.04.12	경매구분	임의경매
건물면적	59.965㎡(18.139평)	소유자	전**	감정가	423,000,000원
대지권	33.78㎡(10.218평)	채무자	전**	최저가	(70%) 296,100,000원
매각물건	건물전부, 토지전부	채권자	디***	입찰보증금	**(20%) 59,200,000원**

입찰 진행 내용

<table>
<tr><th>구분</th><th>매각기일</th><th>최저매각가격(원)</th><th>상태</th><td rowspan="6">매각 372,890,000원 (88.15%)
2025.08.27 : 매각결정기일 매각허가결정
2025.09.30 : 대금지급기한 / 2025.09.29 : 납부</td></tr>
<tr><td>1차</td><td>2025-04-22</td><td>423,000,000</td><td>유찰</td></tr>
<tr><td>2차</td><td>2025-05-28</td><td>296,100,000</td><td></td></tr>
<tr><td colspan="4">매각 3,384,590,000원(800.14%)
매각결정기일 : 2025.06.04. - 매각허가결정
지급지급기한 : 2025.07.11. 미납</td></tr>
<tr><td>3차</td><td>2025-08-20</td><td>296,100,000</td><td>매각</td></tr>
</table>

1차 매각기일에 매수신고인이 없었습니다. 이를 유찰이라고 합니다. 2차 매각기일 최저입찰가격은 296,100,000원입니다. 입찰보증금은 최저입찰가액의 10%인 29,610,000원입니다. 22명이 입찰했습니다. 최고가매수신고인은 3,384,590,000원에 입찰했습니다. 감정가의 800.14%입니다.

법원은 물건이 매각되면 7일 이내에 이를 다시 심사해 특별한 문제가 없으면 주인이 찾아졌다고

승인해 주게 되는 매각허가결정을 내립니다. 그리고 문제가 있으면 매각불허가 결정을 내립니다.

최고가매수신고인은 경매법원에 2025년 5월 30일 매각 불허가 신청서를 제출하였고, 2025년 6월 2일 탄원서를 제출하였지만 법원은 2025년 6월 4일 매각허가결정이 선고되었습니다.

매각허가결정이 선고된 후 7일 내에 매수인, 채무자, 소유자, 임차인, 근저당권자 등 항고하지 않으면 매각허가결정이 확정됩니다. 그러면 최고가매수인은 법원이 통지하는 대금지급기한내에 매각대금을 납부하여야 합니다. 대금지급기한은 통상 매각허가결정이 확정된 후 1개월 이내로 지정합니다. 대금지급기한은 2025년 7월 11일까지 입니다. 최고가매수인은 매각대금을 미납하였습니다.

최고가매수인이 매각대금을 미납하면 보증금은 돌려주지 않습니다. 법원은 다시 해당 경매물건을 매각하게 됩니다. 이를 재매각 또는 재경매라고 합니다. 재매각 절차에서는 전의 매수인은 매수신청을 할 수 없습니다. 재매각이 될 경우 입찰보증금은 최저매각가격의 20% 또는 30%입니다. 최저입찰가격은 떨어지지 않습니다.

재매각기일 3일 전까지 대금, 그 지급기한이 지난 뒤부터 지급일까지의 대금에 대한 대법원규칙이 정하는 이율에 따른 지연이자와 절차비용을 지급한 때에는 재매각절차를 취소합니다. 이 경우 차순위매수신고인이 매각허가결정을 받았던 때에는 위 금액을 먼저 지급한 매수인이 매매목적물의 권리를 취득합니다.

대금미납으로 인한 입찰보증금은 재매각 후 매각이 되면 채권자 배당재원으로 처리됩니다.

낙찰자가 매각대금을 내지 않는 이유는 뭘까요? 정답을 골라보세요?

첫째, 부동산에 하자가 있는 것을 낙찰받고 알게 된 경우

둘째, 권리분석을 잘못했을 경우

셋째, 입찰표의 금액을 잘못 기재하여 시세보다 너무 비싸게 낙찰

넷째, 매수신청보증이 부족한 경우

다섯째. 입찰가격이 최저매각가격 미만

경매물건에 입찰하기 전에 제일 먼저 살펴볼 것은 경매부동산의 등기부 등본에 어떤 권리들이 등기되어 있나 아는 것이고 이들 권리들이 경매로 인한 매각으로 모두 소멸되느냐 아는 겁니다.

등기가 뭘까요? 국어사전을 보면 등기란, 국가 기관이 법정 절차에 따라 등기부에 부동산에 관한 일정한 권리 관계를 적는 일이라고 합니다. 등기부는 일정양식의 등기용지를 편철한 장부입니다.

등본은 원본의 내용을 전부 베낌. 또는 그런 서류입니다. 등기부 등본이란 부동산의 종류. 주소, 면적 등의 현황과 소유자, 근저당권. 가압류 등의 권리관계를 확인할 수 있는 공적인 서류로 표제부, 갑구, 을구로 되어있습니다. 부동산 등기부 등본은 부동산에 대한 모든 권리 관계를 보여줌과 동시에 권리 관계 변동 내역과 해당 부동산의 외형적인 모습까지 보여줍니다.

단독, 다가구 주택은 토지 등기부와 건물 등기부 등본이 따로 있습니다. 아파트·다세대·연립주택과 같은 집합건물은 토지 등기부 등본과 건물 등기부 등본이 따로 되어 있지 않고 등기부가 1개이고 1개의 등기부에 표제부가 2장이며, 갑구와 을구로 되어있습니다.

입찰 전 등기부 등본입니다.

등기사항전부증명서(말소사항 포함)
- 집합건물 -

고유번호 1301-1996-

[집합건물] 경기도 수원시 영통구 아파트 제 동 제13층 제1304호

【 표 제 부 】 (1동의 건물의 표시)

표시번호	접 수	소재지번,건물명칭 및 번호	건 물 내 역	등기원인 및 기타사항
~~1~~ ~~(전 1)~~		~~경기도 수원시 팔달구~~ ~~동~~ ~~아파트 제 동~~	~~지하1층 441.36㎡~~ ~~1층 463.11㎡~~ ~~2층 457.23㎡~~ ~~3층 457.23㎡~~ ~~4층 457.23㎡~~ ~~5층 447.99㎡~~ ~~6층 447.99㎡~~ ~~7층 447.99㎡~~ ~~8층 447.99㎡~~ ~~9층 447.99㎡~~ ~~10층 447.99㎡~~ ~~11층 447.99㎡~~ ~~12층 447.99㎡~~ ~~13층 447.99㎡~~ ~~14층 447.99㎡~~ ~~15층 447.99㎡~~ ~~16층 447.99㎡~~ ~~17층 447.99㎡~~ ~~18층 298.66㎡~~ ~~19층 298.66㎡~~ ~~계 8697.35㎡~~	
				부동산등기법 제177조의 6 제1항의 규정에 의하여 1999년 10월 04일 전산이기
2		~~경기도 수원시 영통구~~ ~~동~~ ~~아파트 제 동~~	~~지하1층 441.36㎡~~ ~~1층 463.11㎡~~ ~~2층 457.23㎡~~ ~~3층 457.23㎡~~ ~~4층 457.23㎡~~ ~~5층 447.99㎡~~ ~~6층 447.99㎡~~ ~~7층 447.99㎡~~	~~2003년11월24일~~ ~~행정구역명칭변경으로 인하여~~ ~~2003년11월24일 등기~~

[집합건물] 경기도 수원시 영통구 동 아파트 제 동 제13층 제1304호

표시번호	접 수	소재지번,건물명칭 및 번호	건 물 내 역	등기원인 및 기타사항
			~~8층 447.99㎡~~ ~~9층 447.99㎡~~ ~~10층 447.99㎡~~ ~~11층 447.99㎡~~ ~~12층 447.99㎡~~ ~~13층 447.99㎡~~ ~~14층 447.99㎡~~ ~~15층 447.99㎡~~ ~~16층 447.99㎡~~ ~~17층 447.99㎡~~ ~~18층 298.66㎡~~ ~~19층 298.66㎡~~ ~~계 8697.35㎡~~	
3		경기도 수원시 영통구 영통동 아파트 제 동 [도로명주소] 경기도 수원시 영통구	지하1층 441.36㎡ 1층 463.11㎡ 2층 457.23㎡ 3층 457.23㎡ 4층 457.23㎡ 5층 447.99㎡ 6층 447.99㎡ 7층 447.99㎡ 8층 447.99㎡ 9층 447.99㎡ 10층 447.99㎡ 11층 447.99㎡ 12층 447.99㎡ 13층 447.99㎡ 14층 447.99㎡ 15층 447.99㎡ 16층 447.99㎡ 17층 447.99㎡ 18층 298.66㎡ 19층 298.66㎡ 계 8697.35㎡	도로명주소 2012년10월15일 등기

(대지권의 목적인 토지의 표시)

표시번호	소 재 지 번	지 목	면 적	등기원인 및 기타사항
~~1~~ ~~(전 1)~~	~~1. 경기도 수원시 팔달구 영통동~~	~~대~~	~~56218.2㎡~~	~~1998년5월27일~~

[집합건물] 경기도 수원시 영통구 영통동 [blurred] 아파트 제[blurred]동 제13층 제1304호

표시번호	소 재 지 번	지 목	면 적	등기원인 및 기타사항
				부동산등기법 제177조의 6 제1항의 규정에 의하여 1999년 10월 04일 전산이기
2	1. 경기도 수원시 영통구 영통동 [blurred]	대	56218.2㎡	2003년11월24일 1토지 행정구역명칭변경 2003년11월24일

【 표 제 부 】 (전유부분의 건물의 표시)

표시번호	접 수	건 물 번 호	건 물 내 역	등기원인 및 기타사항
1 (전 1)	1998년1월23일	제13층 제1304호	철근콘크리트벽식구조 59.965㎡	도면편철장 제1책50면
				부동산등기법 제177조의 6 제1항의 규정에 의하여 1999년 10월 04일 전산이기

(대지권의 표시)

표시번호	대지권종류	대지권비율	등기원인 및 기타사항
1 (전 1)	1 소유권대지권	56218.2분의 33.78	1998년5월16일 대지권 1998년5월27일
			부동산등기법 제177조의 6 제1항의 규정에 의하여 1999년 10월 04일 전산이기

【 갑 구 】 (소유권에 관한 사항)

순위번호	등 기 목 적	접 수	등 기 원 인	권리자 및 기타사항
1 (전 3)	소유권이전	1999년1월13일 제4170호	1998년12월15일 매매	소유자 한[blurred] [blurred]-******* 수원시 팔달구 영통동 [blurred] [blurred] 아파트 [blurred]-1304
				부동산등기법 제177조의 6 제1항의 규정에 의하여 1999년 10월 04일 전산이기
2	소유권이전	2008년1월31일 제9980호	2008년1월5일 매매	소유자 박[blurred] [blurred]-******* 경기도 수원시 영통구 [blurred]동 [blurred] 거래가액 금184,000,000원

[집합건물] 경기도 수원시 영통구 영통동 -아파트 제 동 제13층 제1304호

순위번호	등 기 목 적	접 수	등 기 원 인	권리자 및 기타사항
3	소유권이전	2013년3월8일 제30057호	2013년1월17일 매매	소유자 신 -******* 경기도 부천시 원미구 거래가액 금215,000,000원
4	소유권이전	2015년3월9일 제28736호	2014년12월8일 매매	공유자 지분 2분의 1 이 -******* 대전광역시 서구 지분 2분의 1 조 -******* 대전광역시 서구 거래가액 금239,000,000원
5	공유자전원지분전부이전	2019년3월29일 제28183호	2019년3월6일 매매	소유자 전 -******* ~~경기도 수원시 팔달구~~ ~~(아파트)~~ 거래가액 금247,000,000원
5-1	5번등기명의인표시변경	2020년1월8일 제2255호	2019년4월11일 전거	전 의 주소 경기도 수원시 영통구 동 1304호 (아파트)
6	~~가압류~~	~~2023년1월12일~~ ~~제2852호~~	~~2023년1월12일~~ ~~서울서부지방법원의 가압류 결정(2023카단5)~~	~~청구금액 금4,000,000 원~~ ~~채권자 최 -*******~~ ~~서울 마포구 양화로~~ ~~( )~~
7	6번가압류등기말소	2023년2월15일 제11479호	2023년2월14일 해제	
8	가압류	2023년5월3일 제38007호	2023년5월3일 수원지방법원의 가압류 결정(2023카단5)	청구금액 금10,000,000 원 채권자 경기신용보증재단 130122-0002754 수원시 영통구 광교로 107 , 2-3층(이의동, 경기중소기업종합지원센터)
9	가압류	2024년3월13일 제24217호	2024년3월13일 대전지방법원의 가압류	청구금액 금10,000,000 원 채권자 소상공인시장진흥공단 165271-0008201 대전 중구 보문로 246 (대흥동, 대림빌딩)

[집합건물] 경기도 수원시 영통구 영통동 아파트 제 동 제13층 제1304호

순위번호	등 기 목 적	접 수	등 기 원 인	권리자 및 기타사항
			결정(2024카단5)	2층, 3층
10	임의경매개시결정	2024년4월12일 제84209호	2024년4월12일 수원지방법원의 임의경매개시결정(2024타경6)	채권자 제이 170111- 전주시 덕진구)

【 을 구 】	(소유권 이외의 권리에 관한 사항)			
순위번호	등 기 목 적	접 수	등 기 원 인	권리자 및 기타사항
1 (전 1)	근저당권설정	1998년1월23일 제8995호	1998년1월23일 설정계약	채권최고액 금삼천이백오십만원정 채무자 김 경기도 근저당권자 (주)한국주택은행 110111-1480469 서울 영등포구 여의도동 36-3 (청담동지점)
1-1 (전 1-1)				전1번 등기는 건물만에 관한것임 1998년5월27일 부기
1-2 (전 1-2)	1번의근저당권담보추가			공동담보 전2번의 근저당권의 목적물인 이건물과 그대지권
1-3 (전 1-3)	1번근저당권변경	1999년1월27일 제10168호	1999년1월26일 확정채무의 면책적인수	채무자 한 수원시 팔달구 영통동 아파트 동 1304
1-4	1번근저당권이전	2008년1월9일 제2603호	2001년11월1일 회사합병	근저당권자 주식회사국민은행 110111-2365321 서울특별시 중구 남대문로2가 9-1 (서울대출실행센터)
2 (전 2)	근저당권설정	1998년5월27일 제81567호	1998년5월27일 추가설정계약	채권최고액 금삼천이백오십만원정 채무자 김 수원시 팔달구 영통동 아파트 -1304 근저당권자 (주)한국주택은행 110111-1480469 서울 영등포구 여의도동 36-3 (청담동지점) 공동담보 전1번의 근저당권의 목적물에추가

[집합건물] 경기도 수원시 영통구 영통동 아파트 제 동 제13층 제1304호

순위번호	등 기 목 적	접 수	등 기 원 인	권리자 및 기타사항
~~2-1~~ ~~(전 2-1)~~	~~2번근저당권변경~~	~~1999년1월27일~~ ~~제10168호~~	~~1999년1월26일~~ ~~확정채무의~~ ~~면책적인수~~	~~채무자 한~~ ~~수원시 팔달구 영통동~~ ~~아파트 동 1304~~
				부동산등기법 제177조의 6 제1항의 규정에 의하여 1번 내지 2-1번 등기를 1999년 10월 04일 전산이기
~~2-2~~	~~2번근저당권이전~~	~~2008년1월9일~~ ~~제2603호~~	~~2001년11월1일~~ ~~회사합병~~	~~근저당권자 주식회사국민은행 110111-2365321~~ ~~서울특별시 중구 남대문로2가 9-1~~ ~~(서울대출실행센터)~~
3	1번근저당권설정, 2번근저당권설정 등기말소	2008년1월9일 제2604호	2008년1월8일 해지	
4	~~근저당권설정~~	~~2008년1월31일~~ ~~제9981호~~	~~2008년1월31일~~ ~~설정계약~~	~~채권최고액 금132,000,000원~~ ~~채무자 박~~ ~~경기도 수원시 영통구~~ ~~근저당권자 중소기업은행 110135-0000903~~ ~~서울특별시 중구 을지로2가 50~~ ~~(문래하이테크지점)~~
5	~~근저당권설정~~	~~2013년3월8일~~ ~~제30058호~~	~~2013년3월8일~~ ~~설정계약~~	~~채권최고액 금154,800,000원~~ ~~채무자 신~~ ~~경기도 부천시 원미구~~ ~~근저당권자 삼성생명보험주식회사~~ ~~110111-0005953~~ ~~서울특별시 중구 태평로2가 150~~
6	4번근저당권설정등 기말소	2013년3월13일 제32377호	2013년3월8일 해지	
7	5번근저당권설정등 기말소	2015년3월9일 제28737호	2015년3월9일 해지	
8	~~근저당권설정~~	~~2015년3월9일~~ ~~제28738호~~	~~2015년3월9일~~ ~~설정계약~~	~~채권최고액 금48,000,000원~~ ~~채무자 이~~ ~~대전광역시 서구~~ ~~근저당권자 주식회사신한은행 110111-0012809~~ ~~서울특별시 중구 세종대로9길 20~~

순위번호	등 기 목 적	접 수	등 기 원 인	권리자 및 기타사항
				~~(태평로2가)~~ ~~(영통지점)~~
9	8번근저당권설정등기말소	2019년3월8일 제22054호	2019년3월8일 해지	
~~10~~	~~근저당권설정~~	~~2019년3월29일~~ ~~제28184호~~	~~2019년3월19일~~ ~~설정계약~~	~~채권최고액 금96,000,000원~~ ~~채무자 전~~ ~~경기도 수원시 팔달구~~ ~~근저당권자 교보생명보험주식회사~~ ~~110111-0014970~~ ~~서울특별시 종로구 종로 1 (종로1가)~~
11	근저당권설정	2020년1월13일 제4067호	2020년1월3일 설정계약	채권최고액 금88,000,000원 채무자 전 경기도 수원시 영통구 , 동 1304호 (아파트) ~~근저당권자 주식회사우리은행 110111-0023393~~ ~~서울특별시 중구 소공로 51 (회현동1가)~~ ~~(가산디지털밸리지점)~~
11-1	11번근저당권이전	2024년1월5일 제1089호	2020년2월14일 확정채권양도	근저당권자 한국주택금융공사 110171-0029402 부산광역시 남구 문현금융로 40 (문현동,부산국제금융센터)
12	10번근저당권설정등기말소	2020년1월13일 제4108호	2020년1월13일 해지	
~~13~~	~~근저당권설정~~	~~2020년6월26일~~ ~~제73216호~~	~~2020년6월26일~~ ~~설정계약~~	~~채권최고액 금144,000,000원~~ ~~채무자 전~~ ~~경기도 수원시 영통구~~ ~~동 1304호 (~~ ~~아파트)~~ ~~근저당권자 주식회사애큐온캐피탈~~ ~~110111-3574046~~ ~~서울특별시 강남구 삼성로 511,~~ ~~12층(삼성동, 골든타워)~~
14	근저당권설정	2022년1월28일 제7635호	2022년1월28일 설정계약	채권최고액 금240,000,000원 채무자 전 경기도 수원시 영통구 ,

[집합건물] 경기도 수원시 영통구 영통동 [blurred] 아파트 제[blurred]동 제13층 제1304호

순위번호	등 기 목 적	접 수	등 기 원 인	권리자 및 기타사항
				[blurred]동 1304호 (영통동, [blurred] 아파트) ~~근저당권자 제이비[blurred]주식회사 170111-[blurred]~~ ~~전라북도 전주시[blurred]~~
14-1	14번근저당권이전	2024년7월22일 제197583호	2024년6월25일 확정채권양도	근저당권자 디[blurred] 대부주식회사 110111-[blurred] 서울특별시 중구 삼일대로 [blurred]
15	13번근저당권설정등기말소	2022년1월28일 제7929호	2022년1월28일 해지	
16	근저당권설정	2022년8월23일 제65942호	2022년8월23일 설정계약	채권최고액 금120,000,000원 채무자 전[blurred] 경기도 수원시 영통구 [blurred], [blurred]동 1304호 (영통동, [blurred] 아파트) ~~근저당권자 제이비[blurred]주식회사 170111-[blurred]~~ ~~전라북도 전주시[blurred]~~
16-1	16번근저당권이전	2024년7월22일 제197584호	2024년6월25일 확정채권양도	근저당권자 디[blurred] 대부주식회사 110111[blurred] 서울특별시 중구 삼일대로 [blurred]

-- 이 하 여 백 --

토지나 주택과 같은 부동산은 겉으로 봐서 누가 소유주인지 알기가 쉽지 않죠. 때문에 등기부라는 공적장부에 해당 부동산의 표시와 그 부동산에 관한 권리 관계를 기재해 일반인에게 공시합니다.

등기부 등본의 효력은 등기부에 기재된 때 비로소 권리 변동적 효력이 발생합니다. 등기된 두 개 이상의 권리순위는 다른 법률규정이 없는 접수일 순입니다. 접수날짜가 같으면 접수번호 순입니다.

부동산등기부 전산화사업의 완료 후 2011년 10월 13일 부동산등기법이 개정되었습니다. 부동산등기법을 개정하면서 등기부 등본을 등기사항증명서로 개정하였습니다. 등기부 등본은 과거에 사용되던 말이고, 등기사항전부증명서입니다. 등기사항전부증명서보다 일반적으로 등기부 등본으로 널리 사용되고 있습니다.

경매는 보통 채무자가 빚을 갚지 못해 나오게 됩니다. 경매부동산의 등기부 등본에 등기된 근저당권, 전세권, 지상권, 가등기, 가처분, 가압류, 압류, 경매개시 등이 있고 등기부에 등재되어 있지 아니하더라도 제3자에게 대항할 수 있는 유치권자, 인도 및 주민등록 전입신고를 마친 임차인, 법정지상권자 등 많은 권리자들이 있습니다.

입찰 전 경매부동산 등기부 등본의 갑구와 을구의 권리를 접수일자로 정리하였습니다.

등기부 현황(집합)

접수일	등기목적	권리자	채권금액(원)	기타	소멸여부
2019.03.29	공유자전원지분전부이전	전**		매매 거래가액:247,000,000원	
2020.01.13	근저당권	한국주택금융공사	98,000,000	**말소기준권리** **확정채권양도전:우리은행**	소멸
2022.01.28	근저당권	디에스*	240,000,000	확정채권양도전:제이비	소멸
2022.08.23	근저당권	디에스*	120,000,000		소멸
2023.05.03	가압류	경기신용보증	10,000,000		소멸
2018.01.16	가압류	소상공인시장	10,000,000		소멸
2024.04.12	임의경매	디에스*		2024타경****	소멸

2020년 1월 13일 근저당권이 최선순위입니다. 근저당권은 민사집행법 제91조제2항에 의해 경매로 인한 매각으로 소멸됩니다. 낙찰받고 소유권이전등기를 할 때 근저당권 3건, 가압류 2건, 임의경매는 경매로 인한 매각으로 말소됩니다.

■ 최선순위의 근저당권(민사집행법 제91조제2항)
매각부동산 위의 모든 저당권은 매각으로 소멸된다.

최선순위 설정 권리가 근저당권일 때 근저당권이 등기부상의 권리를 말소시키는 기준이 됩니다. 말소기준권리라고 합니다.

말소기준권리
임차권을 포함하여 등기부상에 나타나는 권리의 말소·소멸 여부를 판별하는데 기준이 되는 권리

말소기준권리는 임차권을 포함하여 등기부상에 나타나는 권리의 말소·소멸 여부를 판별하는데 기준이 되는 권리를 말합니다.

이 아파트의 등기부 등본에는 근저당권 외 가압류와 임의경매개시결정이 있습니다. 가압류는 금전과 관련된 채권 예컨대 매매대금, 대여금, 공사대금, 임대료 등을 가진 채권자가 채권보전을 위해 부동산 등 채무자의 재산을 미리 사용이나 이동하지 못하게 동결시키는 것입니다. 채무자가 빚을 갚을 능력이 있으면서도 있는 빚을 갚지 않으려고 하는 경우가 있습니다. 이러한 경우 채권자가 지급명령을 신청하여 승소판결을 받아 채무자의 부동산을 경매해 채권을 회수하기까지는 많은 시간이 걸립니다. 그 사이에 채무자가 소유 부동산을 매각하는 경우에는 채권자가 재판에 이기고도 집행을 하지 못하여 채권을 변제받지 못하게 됩니다. 이처럼 채권자의 권리를 확보하기 위하여 재판확정 전에 채무자의 재산을 사용이나 이동하지 못하게 동결시키는 것이 가압류입니다.

경매개시결정은 경매 신청의 적법성을 인정하여 경매 절차 개시를 선고하는 일로 압류의 효력이 있습니다. 근저당권자가 담보권실행을 위한 경매를 임의경매라고 합니다. 경매물건을 낙찰받아 소유권이전등기를 할 때 등기부에 등기된 근저당권 3건, 가압류 2건, 임의경매개시결정은 경매로 인한 매각으로 말소됩니다.

임차인 현황 말소기준권리 2020-01-13 소액임차인기준일 2020-01-13 배당요구종기일 2024-06-28

임차인/대항력	점유부분	전입/확정/배당	보증금/월세	예상배당액 예상인수액(원)	비고
임차인이 없으며 전부를 소유자가 점유 사용					
* 현장에서는 폐문으로 사람을 만나지 못하여 점유관계 확인하지 못하고 현관(호실 출입)문에 안내문을 붙여 놓았음. * 전입세대확인서와 주민등록등본에 따르면 소유자 세대만 등재되어 있고, 그 외 다른 세대는 등재되어 있지 아니함.					

이 아파트는 임차인이 없으며 소유자가 점유 사용하고 있습니다. 매각대금을 납부하면 소유권을 취득합니다. 경매부동산의 채무자·소유자에게 부동산의 인도를 요구하였는데 이에 불응하면 매수인은 법원에 부동산인도명령을 신청하여 인도명령을 받아 강제집행하여 경매부동산을 인도받을 수 있습니다. 법원에서 제공하는 매각물건명세서입니다.

매각물건명세서

사건	2024타경6[illegible] 부동산임의경매	매각 물건번호	1	작성 일자	2025. 7. 14.	담임법관 (사법보좌관)	홍[illegible] 전자서명완료
부동산 및 감정평가액 최저매각가격의 표시	별지 기재와 같음	최선순위 설정	2020.01.13. 근저당권			배당요구종기	2024. 6. 28.

부동산의 점유자와 점유의 권원, 점유할 수 있는 기간, 차임 또는 보증금에 관한 관계인의 진술 및 임차인이 있는 경우 배당요구 여부와 그 일자, 전입신고일자 또는 사업자등록신청일자와 확정일자의 유무와 그 일자

점유자 성 명	점유 부분	정보출처 구 분	점유의 권 원	임대차기간 (점유기간)	보 증 금	차 임	전입신고일자·외국인등록(체류지변경신고)일자·사업자등록 신청일자	확정일자	배당 요구여부 (배당요구일자)
조사된 임차내역없음									

<비고>

※ 최선순위 설정일자보다 대항요건을 먼저 갖춘 주택·상가건물 임차인의 임차보증금은 매수인에게 인수되는 경우가 발생 할 수 있고, 대항력과 우선변제권이 있는 주택·상가건물 임차인이 배당요구를 하였으나 보증금 전액에 관하여 배당을 받지 아니한 경우에는 배당받지 못한 잔액이 매수인에게 인수되게 됨을 주의하시기 바랍니다.

등기된 부동산에 관한 권리 또는 가처분으로 매각으로 그 효력이 소멸되지 아니하는 것

매각에 따라 설정된 것으로 보는 지상권의 개요

비고란

재매각임. 매수신청보증금 20%

※1: 매각목적물에서 제외되는 미등기건물 등이 있을 경우에는 그 취지를 명확히 기재한다.
2: 매각으로 소멸되는 가등기담보권, 가압류, 전세권의 등기일자가 최선순위 저당권등기일자보다 빠른 경우에는 그 등기일자를 기재한다.

대법원 번원경매사이트에서 매각기일이 열리기 2주일 전부터 물건기본정보, 현황조사보고서, 감정평가서, 문건접수내역·송달내역 등을 열람할 수 있습니다. 매각물건명세서는 1주일 전부터 열람할 수 있습니다. 이는 매수 희망자들에게 사려는 부동산에 관한 정확한 정보를 제공함으로써 예측하지

못한 손해를 입는 것을 방지하고 매각에의 참여를 유도하여 강제집행제도의 기능을 제고시키기 위한 것으로 일반인이 경매기록을 보지 않고도 부동산상의 권리를 쉽게 파악할 수 있도록 하자는데 그 목적이 있습니다.

매각물건명세서는 법원에서 제공하는 권리분석보고서라고 보면 됩니다. 매각물건명세서의 작성에 중대한 하자가 있는 경우에는 매각허가에 대한 이의 사유가 되며, 직권에 의한 매각불허가 사유가 됩니다. 이를 간과하고 매각허가결정을 한 경우에 이해관계인은 매각허가결정에 대한 항고를 할 수 있습니다. 항고는 지방법원의 결정이나 명령에 대하여 불복하는 당사자 또는 제삼자가 상급법원에 상소하는 것을 말합니다.

매각물건명세서의 최선순위 설정이 2020년 1월 13일 근저당권입니다. 민사집행법 제96제2항에 의해 매각 부동산 위의 모든 저당권을 소멸됩니다. 근저당권이 말소기준권리입니다.

등기된 부동산에 관한 권리 또는 가처분으로 매각으로 그 효력이 소멸되지 아니하는 것

등기된 부동산에 관한 권리는 등기부 등본에 등기된 근저당권 3건, 가압류 2건 임의경매를 말합니다. 매각으로 그 효력이 소멸되지 아니하는 것에 공란으로 아무 것이 없습니다. 이 뜻은 경매로 인한 매각으로 근저당권 3건, 가압류 2건, 임의경매개시결정이 모두 소멸된다는 뜻입니다.

부동산의 점유자와 점유의 권원, 점유할 수 있는 기간, 차임 또는 보증금에 관한 관계인의 진술 및 임차인이 있는 경우 배당요구 여부와 그 일자, 전입신고일자 또는 사업자등록신청일자와 확정일자의 유무와 그 일자

점유자 성명	점유 부분	정보출처 구분	점유의 권원	임대차기간 (점유기간)	보증금	차임	전입신고일자·외국인등록(체류지변경신고)일자·사업자등록 신청일자	확정일자	배당 요구여부 (배당요구일자)
조사된 임차내역없음									

조사된 임차내역이 없다고 합니다. 임차인이 없다는 뜻입니다. 법원은 경매개시결정을 한 뒤 집행관에게 부동산의 현상, 점유관계, 차임, 그 밖의 부동산현황에 관하여 조사토록 합니다.

현황조사보고서 : 조사일시 2024년 04월 23일 15시 16분

◆ 임대차정보

번호	소재지	임대차관계
1	경기도 수원시 영통구 **로 **, ***동 13층 1304호	0명

◆ 부동산의 현황 및 점유관계조사서

1. 부동산의 점유관계

소재지	경기도 수원시 영통구 **로 **, ***동 13층 1304호
점유관계	채무자(소유자)점유
기타	* 현장에서는 폐문으로 사람을 만나지 못화여 점유관계 확인하지 못하고 현관(호실 출입)문에 안내문을 붙여 놓았음. * 전입세대확인서와 주민등록등본에 따르면 소유자 세대만 등재되어 있고, 그 외 다른 세대는 등재되어 있지 아니함.

2. 부동산의 현황

해당 부동산의 현황은 외관상 공부의 내용과 일치하는 것으로 보임

채무자인 소유자가 점유하고 있습니다. 집행관의 부동산의 점유관계 조사에 의하면 폐문으로 사람을 만나지 못하여 점유관계 확인하지 못하고 현관문에 안내문을 붙여 놓았고, 전입세대확인서와 주민등록등본에 따르면 소유자 세대만 등재되어 있고, 그 외 다른 세대는 등재되어 있지 아니한다고 합니다. 경매부동산의 점유자가 누구인지 주민등록 전입세대확인서·외국인체류확인서를 열람하여 세대주와 전입일자를 확인합니다.

행정복지센터·동사무소에 가서 주민등록 전입세대확인서와 외국인체류확인서를 열람하여 보면 경매 부동산에 누가 전입되어 있는지 알 수 있습니다. 전입세대확인서와 외국인체류확인서를 열람할 때는 신청서를 작성하고 경매관련 자료(법원경매정보지의 물건내용 등)를 첨부하여 신분증과 함께 복지센터의 주민등록 발급 담당자에게 제출하면 전입세대확인서와 외국인체류확인서를 출력해 줍니다.

전입세대확인서(동거인포함)

발급번호		발급일자	2025년
말소 또는 거주불명 등록된 사람의 성명과 전입일자 표시 여부		표시됨 ■ / 표시되지 않음 □	
열람 또는 교부 대상 건물 또는 시설 소재지	도로명 주소	경기도 수원시 영통구 동 1304호 (동)	
	지번 주소	경기도 수원시 영통구 동 1304호	

세대순번	세대주 / 최초 전입자	성명	전입일자	등록구분	동거인 사항	순번	성명	전입일자	등록구분
		최초 전입자의 전입일자							
1	세대주	김 (순)	2019-04-11	거주자	동거인				
	최초 전입자	2019-04-11							

「주민등록법」 제29조의2제1항 및 같은 법 시행규칙 제14조제1항에 따라 해당 건물 또는 시설의 소재지에 주민등록이 되어 있는 세대가 위와 같음을 증명합니다.

집행관의 현황조사보고서에 의하면 전입세대확인서와 주민등록등본에 따르면 소유자 세대만 등재되어 있고, 그 외 다른 세대는 등재되어 있지 아니하다고 합니다.

이 아파트의 소유자는 전씨입니다. 세대주가 전씨가 아니지만 현황조사보고서와 매각물건명세서에 의하면 세대주 김씨는 임차인이 아닙니다.

외국인은 주민등록이 불가능하기 때문에 선순위 임차인을 확인할 수 있는 제도인 「전입세대확인서」에는 해당 부동산에 거주하고 있는 외국인 임차인이 표시되지 않으며, 특정한 부동산 물건에 외국인이 체류지(외국국적동포는 거소지) 신고를 하고 거주하고 있는지를 공적으로 확인하는 제도가 없었습니다. 그런데 법률 제19070호로 2022년 12월 13일 출입국관리법 개정되면서 제88조의3(외국인체류확인서 열람・교부)를 신설하여 2023년 6월 14일부터 외국인체류확인서를 열람·교부할 수 있습니다.

임차인이 없는 경매물건입니다. 매각대금납부 후 점유자로부터 부동산을 인도받는데 별 문제가 없는 것으로 보여집니다. 등기부 등본의 근저당권과 가압류, 임의경매는 경매로 인한 매각으로 모두 말소되어 등기부 등본에서 소멸됩니다. 등기부 등본의 근저당권 등 권리가 모두 소멸되고, 임차인이 없으므로 배당분석을 할 필요가 없습니다. 등기부에 등기된 권리가 모두 소멸되기 때문에 근저당권자나 가압류권자가 채권금액을 경매대금에서 배당을 다 받지 못해도 배당받지 못한 채권잔액을 낙찰자인 매수인에게 변제를 요구할 수 없습니다.

■ 주민등록법 시행규칙 [별지 제15호서식] <개정 2024. 12. 20.>

전입세대확인서 열람 또는 교부 신청서

※ 뒤쪽의 유의사항을 읽고 작성하시기 바라며, [ ]에는 해당되는 곳에 "√"표시를 합니다. (앞쪽)

접수번호	접수일자	처리기간 즉시

신청 내용	[ ]전입세대확인서 열람	[ ]전입세대확인서 교부

개인 신청인	성명 (서명 또는 인)		주민등록번호
	주소 (시·도) (시·군·구)		연락처
법인·단체 신청인	명칭		사업자등록번호
	대표자 (서명 또는 인)		연락처
	소재지		
	방문자 성명	주민등록번호	연락처

열람 또는 교부 대상 건물 또는 시설의 소재지	
말소 또는 거주불명 등록된 사람의 성명과 전입일자 표시 여부	표시됨 □ / 표시되지 않음 □
용도 및 목적	

「주민등록법」 제29조의2제1항, 같은 법 시행령 제49조의2제1항 및 같은 법 시행규칙 제14조제2항에 따라 위와 같이 전입세대확인서의 열람 또는 교부를 신청합니다.

년 월 일

신청인 (서명 또는 인)

시장·군수·구청장 또는 읍·면·동장 및 출장소장 귀하

※ 위임장은 위임하여 신청하는 경우에만 작성합니다.

위임장

「주민등록법」 제29조의2제2항제2호에 따라 위 신청인에게 전입세대확인서의 열람 또는 교부 신청을 위임합니다.

년 월 일

위임한 자 (개인)	성명 (서명 또는 인)	주민등록번호
	주소	연락처

낙찰 후 등기부 등본입니다.

등기사항전부증명서(말소사항 포함)
- 집합건물 -

고유번호 1301-1996-

[집합건물] 경기도 수원시 영통구 영통동 아파트 제 동 제13층 제1304호

【 표 제 부 】 (1동의 건물의 표시)				
표시번호	접 수	소재지번,건물명칭 및 번호	건 물 내 역	등기원인 및 기타사항
~~1~~ ~~(전 1)~~		~~경기도 수원시 팔달구 영통동~~ ~~아파트 제 동~~	~~지하1층 441.36㎡~~ ~~1층 463.11㎡~~ ~~2층 457.23㎡~~ ~~3층 457.23㎡~~ ~~4층 457.23㎡~~ ~~5층 447.99㎡~~ ~~6층 447.99㎡~~ ~~7층 447.99㎡~~ ~~8층 447.99㎡~~ ~~9층 447.99㎡~~ ~~10층 447.99㎡~~ ~~11층 447.99㎡~~ ~~12층 447.99㎡~~ ~~13층 447.99㎡~~ ~~14층 447.99㎡~~ ~~15층 447.99㎡~~ ~~16층 447.99㎡~~ ~~17층 447.99㎡~~ ~~18층 298.66㎡~~ ~~19층 298.66㎡~~ ~~계 8697.35㎡~~	부동산등기법 제177조의 6 제1항의 규정에 의하여 1999년 10월 04일 전산이기
2		~~경기도 수원시 영통구 영통동~~ ~~아파트 제 동~~	~~지하1층 441.36㎡~~ ~~1층 463.11㎡~~ ~~2층 457.23㎡~~ ~~3층 457.23㎡~~ ~~4층 457.23㎡~~ ~~5층 447.99㎡~~ ~~6층 447.99㎡~~ ~~7층 447.99㎡~~	~~2003년11월24일 행정구역명칭변경으로 인하여 2003년11월24일 등기~~

열람일시 : 2025년11월02일 20시08분29초

[집합건물] 경기도 수원시 영통구 영통동 아파트 제 동 제13층 제1304호

표시번호	접 수	소재지번,건물명칭 및 번호	건 물 내 역	등기원인 및 기타사항
			~~8층 447.99㎡~~ ~~9층 447.99㎡~~ ~~10층 447.99㎡~~ ~~11층 447.99㎡~~ ~~12층 447.99㎡~~ ~~13층 447.99㎡~~ ~~14층 447.99㎡~~ ~~15층 447.99㎡~~ ~~16층 447.99㎡~~ ~~17층 447.99㎡~~ ~~18층 298.66㎡~~ ~~19층 298.66㎡~~ ~~계 8697.35㎡~~	
3		경기도 수원시 영통구 영통동 아파트 제 동 [도로명주소] 경기도 수원시 영통구	지하1층 441.36㎡ 1층 463.11㎡ 2층 457.23㎡ 3층 457.23㎡ 4층 457.23㎡ 5층 447.99㎡ 6층 447.99㎡ 7층 447.99㎡ 8층 447.99㎡ 9층 447.99㎡ 10층 447.99㎡ 11층 447.99㎡ 12층 447.99㎡ 13층 447.99㎡ 14층 447.99㎡ 15층 447.99㎡ 16층 447.99㎡ 17층 447.99㎡ 18층 298.66㎡ 19층 298.66㎡ 계 8697.35㎡	도로명주소 2012년10월15일 등기

(대지권의 목적인 토지의 표시)

표시번호	소 재 지 번	지 목	면 적	등기원인 및 기타사항
~~1~~ ~~(전 1)~~	~~1. 경기도 수원시 팔달구 영통동~~	~~대~~	~~56218.2㎡~~	~~1998년5월27일~~

열람일시 : 2025년11월02일 20시08분29초

[집합건물] 경기도 수원시 영통구 영통동 [blurred] 아파트 제 [blurred] 동 제13층 제1304호

표시번호	소 재 지 번	지 목	면 적	등기원인 및 기타사항
				부동산등기법 제177조의 6 제1항의 규정에 의하여 1999년 10월 04일 전산이기
2	1. 경기도 수원시 영통구 영통동 [blurred]	대	56218.2㎡	2003년11월24일 1토지 행정구역명칭변경 2003년11월24일

【 표 제 부 】 (전유부분의 건물의 표시)

표시번호	접 수	건 물 번 호	건 물 내 역	등기원인 및 기타사항
1 (전 1)	1998년1월23일	제13층 제1304호	철근콘크리트벽식구조 59.965㎡	도면편철장 제1책50면
				부동산등기법 제177조의 6 제1항의 규정에 의하여 1999년 10월 04일 전산이기

(대지권의 표시)

표시번호	대지권종류	대지권비율	등기원인 및 기타사항
1 (전 1)	1 소유권대지권	56218.2분의 33.78	1998년5월16일 대지권 1998년5월27일
			부동산등기법 제177조의 6 제1항의 규정에 의하여 1999년 10월 04일 전산이기

【 갑 구 】 (소유권에 관한 사항)

순위번호	등 기 목 적	접 수	등 기 원 인	권리자 및 기타사항
1 (전 3)	소유권이전	1999년1월13일 제4170호	1998년12월15일 매매	소유자 한[blurred] [blurred]-******* 수원시 팔달구 영통동 [blurred] [blurred] 아파트 [blurred]-1304
				부동산등기법 제177조의 6 제1항의 규정에 의하여 1999년 10월 04일 전산이기
2	소유권이전	2008년1월31일 제9980호	2008년1월5일 매매	소유자 박[blurred] [blurred]-******* 경기도 수원시 영통구 [blurred] 거래가액 금184,000,000원

열람일시 : 2025년11월02일 20시08분29초

[집합건물] 경기도 수원시 영통구 영통동 아파트 제 동 제13층 제1304호

순위번호	등 기 목 적	접 수	등 기 원 인	권리자 및 기타사항
3	소유권이전	2013년3월8일 제30057호	2013년1월17일 매매	소유자 신 -******* 경기도 부천시 원미구 거래가액 금215,000,000원
4	소유권이전	2015년3월9일 제28736호	2014년12월8일 매매	공유자 지분 2분의 1 이 ******* 대전광역시 서구 지분 2분의 1 조 -******* 대전광역시 서구 거래가액 금239,000,000원
5	공유자전원지분전부이전	2019년3월29일 제28183호	2019년3월6일 매매	소유자 전 -******* ~~경기도 수원시 팔달구~~ 거래가액 금247,000,000원
5-1	5번등기명의인표시변경	2020년1월8일 제2255호	2019년4월11일 전거	전 의 주소 경기도 수원시 영통구 동 1304호 (아파트)
6	~~가압류~~	~~2023년1월12일~~ ~~제2852호~~	~~2023년1월12일~~ ~~서울서부지방법원의 가압류~~ ~~결정(2023카단5)~~	~~청구금액 금4,000,000 원~~ ~~채권자 최 -*******~~ ~~서울 마포구 양화로~~
7	6번가압류등기말소	2023년2월15일 제11479호	2023년2월14일 해제	
8	~~가압류~~	~~2023년5월3일~~ ~~제38007호~~	~~2023년5월3일~~ ~~수원지방법원의 가압류~~ ~~결정(2023카단5)~~	~~청구금액 금10,000,000 원~~ ~~채권자 경기신용보증재단 130122-0002754~~ ~~수원시 영통구 광교로 107 , 2-3층(이의동, 경기중소기업종합지원센터)~~
9	~~가압류~~	~~2024년3월13일~~ ~~제24217호~~	~~2024년3월13일~~ ~~대전지방법원의 가압류~~	~~청구금액 금10,000,000 원~~ ~~채권자 소상공인시장진흥공단 165271-0008201~~ ~~대전 중구 보문로 246 (대흥동, 대림빌딩)~~

열람일시 : 2025년11월02일 20시08분29초

[집합건물] 경기도 수원시 영통구 영통동 아파트 제 동 제13층 제1304호

순위번호	등 기 목 적	접 수	등 기 원 인	권리자 및 기타사항
			~~결정(2024카단5)~~	~~2층, 3층~~
~~10~~	~~임의경매개시결정~~	~~2024년4월12일 제84209호~~	~~2024년4월12일 수원지방법원의 임의경매개시결정(2024타경64828)~~	~~채권자 재이비 170111-00 전주시 덕진구~~
11	소유권이전	2025년9월29일 제5156224호	2025년9월29일 임의경매로 인한 매각	소유자 김 -******* 경기도 성남시 분당구
12	8번가압류, 9번가압류, 10번임의경매개시결정등기말소	2025년9월29일 제5156224호	2025년9월29일 임의경매로 인한 매각	

【 을 구 】 (소유권 이외의 권리에 관한 사항)

순위번호	등 기 목 적	접 수	등 기 원 인	권리자 및 기타사항
~~1 (전 1)~~	~~근저당권설정~~	~~1998년1월23일 제8995호~~	~~1998년1월23일 설정계약~~	~~채권최고액 금삼천이백오십만원정~~ ~~채무자 김~~ ~~경기도 오산시~~ ~~근저당권자 (주)한국주택은행 110111-1480469~~ ~~서울 영등포구 여의도동 36-3~~ ~~(청담동지점)~~
~~1-1 (전 1-1)~~				~~전1번 등기는 건물만에 관한것임~~ ~~1998년5월27일 부기~~
~~1-2 (전 1-2)~~	~~1번의근저당권담보추가~~			~~공동담보 전2번의 근저당권의 목적물인 이건물과 그대지권~~
~~1-3 (전 1-3)~~	~~1번근저당권변경~~	~~1999년1월27일 제10168호~~	~~1999년1월26일 확정채무의 면책적인수~~	~~채무자 한~~ ~~수원시 팔달구 영통동~~ ~~아파트 동 1304~~
~~1-4~~	~~1번근저당권이전~~	~~2008년1월9일 제2603호~~	~~2001년11월1일 회사합병~~	~~근저당권자 주식회사국민은행 110111-2365321~~ ~~서울특별시 중구 남대문로2가 9-1~~ ~~(서울대출실행센터)~~

열람일시 : 2025년11월02일 20시08분29초

[집합건물] 경기도 수원시 영통구 영통동 -아파트 제 동 제13층 제1304호

순위번호	등 기 목 적	접 수	등 기 원 인	권리자 및 기타사항
2 (전 2)	근저당권설정	1998년5월27일 제81567호	1998년5월27일 추가설정계약	채권최고액 금삼천이백오십만원정 채무자 김 수원시 팔달구 영통동 아파트 -1304 근저당권자 (주)한국주택은행 110111-1480469 서울 영등포구 여의도동 36-3 (청담동지점) 공동담보 전1번의 근저당권의 목적물에추가
2-1 (전 2-1)	2번근저당권변경	1999년1월27일 제10168호	1999년1월26일 확정채무의 면책적인수	채무자 한 수원시 팔달구 영통동 -아파트 동 1304
				부동산등기법 제177조의 6 제1항의 규정에 의하여 1번 내지 2-1번 등기를 1999년 10월 04일 전산이기
2-2	2번근저당권이전	2008년1월9일 제2603호	2001년11월1일 회사합병	근저당권자 주식회사국민은행 110111-2365321 서울특별시 중구 남대문로2가 9-1 (서울대출실행센터)
3	1번근저당권설정, 2번근저당권설정 등기말소	2008년1월9일 제2604호	2008년1월8일 해지	
4	근저당권설정	2008년1월31일 제9981호	2008년1월31일 설정계약	채권최고액 금132,000,000원 채무자 박 경기도 수원시 영통구 매탄동 근저당권자 중소기업은행 110135-0000903 서울특별시 중구 을지로2가 50 (문래하이테크지점)
5	근저당권설정	2013년3월8일 제30058호	2013년3월8일 설정계약	채권최고액 금154,800,000원 채무자 신 경기도 부천시 원미구 근저당권자 삼성생명보험주식회사 110111-0005953 서울특별시 중구 태평로2가 150
6	4번근저당권설정등 기말소	2013년3월13일 제32377호	2013년3월8일 해지	

[집합건물] 경기도 수원시 영통구 영통동 아파트 제 동 제13층 제1304호

순위번호	등 기 목 적	접 수	등 기 원 인	권리자 및 기타사항
7	5번근저당권설정등기말소	2015년3월9일 제28737호	2015년3월9일 해지	
~~8~~	~~근저당권설정~~	~~2015년3월9일 제28738호~~	~~2015년3월9일 설정계약~~	~~채권최고액 금48,000,000원 채무자 이 대전광역시 서구 근저당권자 주식회사신한은행 110111-0012809 서울특별시 중구 세종대로9길 20 (태평로2가) (영통지점)~~
9	8번근저당권설정등기말소	2019년3월8일 제22054호	2019년3월8일 해지	
~~10~~	~~근저당권설정~~	~~2019년3월29일 제28184호~~	~~2019년3월19일 설정계약~~	~~채권최고액 금96,000,000원 채무자 전 경기도 수원시 팔달구 근저당권자 교보생명보험주식회사 110111-0014970 서울특별시 종로구 종로 1 (종로1가)~~
~~11~~	~~근저당권설정~~	~~2020년1월13일 제4067호~~	~~2020년1월3일 설정계약~~	~~채권최고액 금88,000,000원 채무자 전 경기도 수원시 영통구 동 1304호 (아파트) 근저당권자 주식회사우리은행 110111-0023393 서울특별시 중구 소공로 51 (회현동1가) (가산디지털밸리지점)~~
~~11-1~~	~~11번근저당권이전~~	~~2024년1월5일 제1089호~~	~~2020년2월14일 확정채권양도~~	~~근저당권자 한국주택금융공사 110171-0029402 부산광역시 남구 문현금융로 40 (문현동,부산국제금융센터)~~
12	10번근저당권설정등기말소	2020년1월13일 제4108호	2020년1월13일 해지	
~~13~~	~~근저당권설정~~	~~2020년6월26일 제73216호~~	~~2020년6월26일 설정계약~~	~~채권최고액 금144,000,000원 채무자 전 경기도 수원시 영통구 동 1304호 (~~

[집합건물] 경기도 수원시 영통구 영통동 [blurred] 아파트 제 [blurred] 동 제13층 제1304호

순위번호	등 기 목 적	접 수	등 기 원 인	권리자 및 기타사항
				[blurred] 아파트) 근저당권자 주식회사애큐온캐피탈 110111-3574046 서울특별시 강남구 삼성로 511, 12층(삼성동, 골든타워)
14	근저당권설정	2022년1월28일 제7635호	2022년1월28일 설정계약	채권최고액 금240,000,000원 채무자 전[blurred] 경기도 수원시 영통구 [blurred] [blurred] 동 1304호 ([blurred] [blurred] 아파트) 근저당권자 제이비[blurred] 170111-009[blurred] 전라북도 전주시 [blurred]
14-1	14번근저당권이전	2024년7월22일 제197583호	2024년6월25일 확정채권양도	근저당권자 다[blurred] 대부주식 회사 110111-[blurred] 서울특별시 중구 삼일대로 [blurred]
15	13번근저당권설정등기말소	2022년1월28일 제7929호	2022년1월28일 해지	
16	근저당권설정	2022년8월23일 제65942호	2022년8월23일 설정계약	채권최고액 금120,000,000원 채무자 전[blurred] 경기도 수원시 영통구 [blurred] [blurred] 동 1304호 ([blurred] [blurred] 아파트) 근저당권자 제이비[blurred] 170111-009[blurred] 전라북도 전주시 [blurred]
16-1	16번근저당권이전	2024년7월22일 제197584호	2024년6월25일 확정채권양도	근저당권자 다[blurred] 대부주식 회사 110111-56[blurred] 서울특별시 중구 삼일대로 [blurred]
17	11번근저당권설정, 14번근저당권설정,	2025년9월29일 제5156224호	2025년9월29일 임의경매로	

[집합건물] 경기도 수원시 영통구 영통동 [blurred] 아파트 제[blurred]동 제13층 제1304호

순위번호	등 기 목 적	접 수	등 기 원 인	권리자 및 기타사항
	16번근저당권설정등기말소		인한 매각	
18	근저당권설정	2025년9월29일 제5156225호	2025년9월29일 설정계약	채권최고액 금318,000,000원 채무자 김[blurred] 경기도 성남시 분당구 [blurred] 근저당권자 신길신용협동조합 111241-0005393 서울특별시 영등포구 도신로60길 4 (신길동)

-- 이 하 여 백 --

관할등기소 수원지방법원 등기국

소유자 전씨와 전입세대주 김씨에 대하여 2025년 9월 29일 인도명령신청서를 접수하였습니다. 사건번호 2025타인8904, 895입니다. 2025년 10월 2일 인용되었습니다.

▣ 연습문제

1. 채무자가 빚을 갚지 않는 경우 채권자가 지급명령을 신청하여 승소판결을 받아 채무자의 부동산을 경매해 채권을 회수하기까지는 많은 시간이 걸립니다. 그 사이에 채무자가 소유 부동산을 매각하는 경우에는 채권자가 재판에 이기고도 집행을 하지 못하여 채권을 변제받지 못하게 됩니다. 이처럼 채권자의 권리를 확보하기 위하여 재판확정 전에 채무자의 재산을 사용이나 이동하지 못하게 동결시키는 것은

① 가처분 ② 가등기 ③ 가압류 ④ 가등기 ⑤ 압류

2. 채권의 담보로 취득한 부동산을 채무자가 대출금채권을 연체하거나 일시에 상환하여야 함에도 불구하고 이를 이행하지 못할 때 담보물을 처분하여 우선 변제받는 권리는?

① 가처분 ② 가등기 ③ 가압류 ④ 가등기 ⑤ 저당권

빈칸에 알맞은 말은?

3. 말소기준권리는 □□□을 포함하여 등기부상에 나타나는 □□의 말소·소멸 여부를 판별하는데 기준이 되는 권리를 말합니다.

4. 다음은 경매물건 매각물건명세서의 일부이다. 설명이 맞으면 예스, 틀리면 노

등기된 부동산에 관한 권리 또는 가처분으로 매각으로 그 효력이 소멸되지 아니하는 것

등기된 부동산에 관한 권리란 경매부동산의 등기부 등본의 갑구, 을구에 등기된 근저당권, 가압류, 압류, 경매개시결정 등을 말한다. 경매로 인한 매각으로 등기부 등본에 등기된 근저당권, 가압류, 압류, 경매개시결정이 소멸되어 인수하는 권리가 없다는 뜻이다.

★ 채무자·소유자는 인도명령 대상자

법원경매는 부동산인도명령 제도가 있습니다. 민사집행법이 2002년 1월 26일 제정되고 2002년 7월 1일부터 시행되었습니다. 이때 경락부동산의 인도명령 대상을 권원이 없는 모든 점유자로 확대하여 매각허가결정이 확정되면 대금을 지급하고 간이한 방법으로 부동산을 인도받을 수 있도록 하는 등 경매제도를 개선하였습니다. 민사집행법 제136조(부동산인도명령 등)제1항은 다음과 같습니다.

> 법원은 매수인이 대금을 낸 뒤 6월 이내에 신청하면 채무자・소유자 또는 부동산 점유자에 대하여 부동산을 매수인에게 인도하도록 명할 수 있다. 다만, 점유자가 매수인에게 대항할 수 있는 권원에 의하여 점유하고 있는 것으로 인정되는 경우에는 그러하지 아니하다.

부동산인도명령은 부동산경매절차에서 대금을 납부한 매수인의 신청에 의하여 채무자·소유자 또는 부동산 점유자에 대하여 부동산을 매수인에게 인도할 것을 명하는 재판으로서 간이·신속한 절차에 의하여 매수인으로 하여금 부동산을 인도받을 수 있도록 기판력이 없는 집행권원을 부여하는 것입니다. 인도는 부동산에 대한 직접적 지배를 채무자로부터 이전시키는 것입니다.

네이버 사전, 표준국어대사전에 의하면 기판력은 확정된 재판의 판단 내용이 소송당사자 및 같은 사항을 다루는 다른 법원을 구속하여, 그 판단 내용에 어긋나는 주장이나 판단을 할 수 없게 하는 소송법적인 효력을 말합니다.

부동산의 점유자는 채무자입니다. 채무자와 소유자는 부동산 인도명령 대상자입니다. 점유는 물건에 대한 사실적 지배를 말합니다.

서울중앙지방법원 2009가합49365 판례에서는 사실적 지배는 출입문을 잠그고 열쇠를 보관하는 등 타인의 간섭을 배제할 수 있어야 사실적 지배했다고 볼 수 있다고 합니다. 점유자란 부동산을 사실적으로 지배하는 사람을 말합니다.

부동산인도명령을 신청할 수 있는 자는 매수인(낙찰자)입니다. 매각대금을 내면 되고 소유권이전등기까지 마쳐졌음을 요하지 않습니다. 경매의 경우는 매각대금을 납부하면 민사집행법 제135조에 의해 소유권을 취득하기 때문입니다. 부동산인도명령은 매각대금을 낸 뒤 6월 이내에 신청하여야 합니다. 점유가 매수인에게 대항할 수 있는 권원에 의한 것임은 이를 주장하는 상대방이 소명하여야 합니다.

법원은 신청인이 제출한 주민등록표등·초본, 가족관계등록부, 등기부 등본 등의 자료와 집행기록 예컨대 현황조사보고서, 평가서 등과 상대방 심문의 결과 등에 의하여 부동산인도명령의 사유가 소명되면 부동산인도명령을 결정합니다. 즉 일반승계인을 상대방으로 하는 경우에는 그 승계사실이 소명되면 족하고 제3자를 상대방으로 하는 경우에는 그 자가 점유하고 있는 사실만 소명되면 인도명령을 결정합니다. 다만 상대방이 매수인에게 대항할 수 있는 권원 예컨대 유치권이 성립 경우, 대항력 있는 임차인에 의하여 점유하고 있음이 기록에 의하여 명백하거나 상대방이 이 사실을 주장하고 소명한 때에는 부동산인도명령을 기각합니다.

기각은 법률 소송을 수리한 법원이, 소나 상소가 형식적인 요건은 갖추었으나, 그 내용이 실체적으로 이유가 없다고 판단하여 소송을 종료하는 것입니다.

법원은 심문기일을 정하여 진술할 기회를 주었음에도 그 점유자가 심문에 응하지 아니한 때에는 그의 진술을 듣지 않고서도 부동산인도명령을 결정할 수 있습니다. 심문기일통지서가 송달불능이 된 경우에는 바로 부동산인도명령을 결정할 수 없고 주소보정을 하거나 공시송달 등 적법한 통지 절차를 거친 후 부동산인도명령을 결정할 수 있습니다. 채무자 또는 소유자의 일반승계인에 대하여는 심문을 하지 아니하고 부동산인도명령을 결정할 수 있습니다. 상대방이 부동산인도명령에 따르지 아니할 때에는 신청인은 집행관에 그 집행을 위임하여 집행관으로 하여금 부동산인도집행을 할 수 있습니다.

부동산에 대한 인도명령이 발하여진 뒤에 신청인 또는 상대방에 관하여 일반승계사유가 생긴 경우나 상대방의 점유가 다른 사람에게 승계된 경우에는 승계집행문을 부여받아 집행할 수 있습니다.

상대방이 부동산의 특정부분만을 점유하고 있는 때에는 점유부분을 특정하여 부동산인도명령을 발합니다. 이 경우 점유부분을 특정하기 위하여 감정인의 감정서나 집행관의 현황조사보고서에 첨부된 도면을 이용하여 특정하여도 됩니다.

부동산인도명령은 민사집행법 제56조제1호의 항고로만 불복할 수 있는 재판으로서 집행권원이 되는 것이고 집행을 받을 자에게 집행권원을 송달하는 것이 집행개시요건이므로, 신청인 및 상대방에게 부동산인도명령정본을 송달하여야 합니다. 부동산인도명령신청에서 집행개시까지의 절차는 다음과 같습니다.

- ■ 등기부 등본을 가지고 행정복지센터로 감 → 전입세대확인서·외국인체류확인서 열람 → 전입세대주 확인, 최초전입자의 전입일자 확인 → 전입세대주를 상대로 인도명령신청서 작성
- ■ 법원에 있는 은행으로 가서 수입인지대(1,000원)와 송달료 납부(경매계에 송달료 확인) → 민사신청과(경매계)에 인도명령신청서(매각대금완납증원, 부동산의 표시, 수입인지납부 영수증, 송달료납부영수등 첨부) 접수 → 사건번호 부여받음
- ■ 부동산인도명령신청 → 인도명령 심리 및 심문 → 인도명령결정 → 송달 → 인도명령 인용→ 집행문부여·송달증명원 발급 → 집행비용예납 → 집행일자 지정 → 집행개시

부동산인도명령을 신청하였으나 기각이 된 경우에는 즉시항고를 할 수 있습니다. 상대방은 재판을 고지 받은 날부터 1주의 불변기간 이내에 항고장을 원심법원에 제출하여야 합니다.

부동산인도명령이 상대방에게 도달되어 부동산인도명령이 인용되었는지는 대법원 나의 사건검색에서 확인할 수 있습니다.

채무자나 대항력 없는 임차인이 비협조적이어서 부동산인도 협상에 불응한다거나 비협조적 태도를 보이면 부동산인도명령을 신청하기 전에 부동산점유이전금지가처분을 신청합니다. 부동산점유이전금지가처분 결정문이 송달되면 부동산인도 협의시 주도권을 잡을 수 있습니다.

★ 전자소송으로 부동산인도명령 신청하는 방법

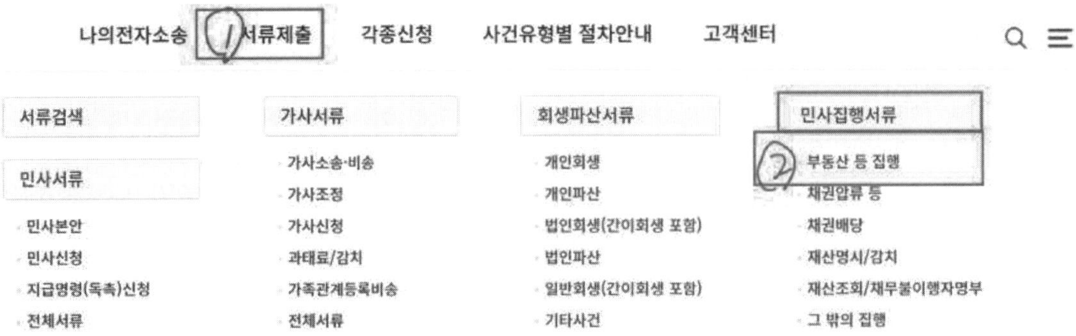

전자소송 로그인(공인인증서)	서류제출 [클릭] → **민사집행서류** [클릭]
	↓↓
부동산 등 집행	**부동산인도명령신청서** [클릭]
	↓↓
사건번호 확인	사건번호 입력 확인 당사자명(채권자이름) → [저장]
	↓↓
신청인과 피신청인 정보 입력	당사자 기본목록 화면 → 당사자 구분 신청인 [클릭] → 내정보가져오기 [클릭] → 저장 [클릭] 피신청인 [클릭] → 당사자명(소유자 채무자 임차인) 입력 → 주소 입력 → [저장]
	↓↓
신청취지 및 이유	신청취지 [입력] 신청이유 [입력] → 저장
	↓↓
소명/첨부서류	파일첨부 [클릭] 매각대금완납증명원 등 [등록] → [모든 문서의 작성에 이상이 없음을 확인 체크] → [확인]
	↓↓
소송비용납부	납부방식 ○가상계좌 ○계좌이체 ○신용카드 ○휴대폰소액결제
	↓↓
문서제출	제출 [클릭]

부동산인도명령신청서

사건번호 : 20 타경 부동산강제(임의)경매
신 청 인 : ○ ○ ○
(주소)
피신청인 : ○ ○ ○
(주소)

신청취지

피신청인은 신청인에게 별지 목록 기재 부동산을 인도하라는 재판을 구합니다.

신청이유

위 사건에 관하여 신청인(매수인)은 20 . . . 매각대금을 낸 후 피신청인(□채무자, □소유자, □부동산 점유자)에게 별지 기재 부동산의 인도를 청구하였으나 피신청인이 이에 불응하고 있으므로, 민사집행법 제136조제1항의 규정에 따른 인도명령을 신청합니다.

20 . . .

신청인(매수인) (서명 또는 날인)

(전화번호:)

○○지방법원 (○○지원) 귀중

※ 유의사항

1. 매수인은 매각대금을 낸 뒤 6개월 이내에 채무자·소유자 또는 부동산 점유자에 대하여 부동산을 매수인에게 인도할 것을 법원에 신청할 수 있습니다.
2. 괄호안 네모(□)에는 피신청인이 해당하는 부분을 모두 표시(☑)하시기 바랍니다(예를 들어 피신청인이 채무자 겸 소유자인 경우에는 "☑채무자, ☑소유자, □부동산 점유자"로 표시하시기 바랍니다).
3. 당사자(신청인+피신청인) 수 × 3회분의 송달료를 납부하시고, 송달료 납부서(법원제출용)를 제출하시기 바랍니다.

상대방에게 인도명령문이 송달되면 부동산인도명령은 인용됩니다. 인용은 법원이 당사자의 신청을 받아들여 주는 것을 말합니다. 신청한 대로 재판을 해 주는 것으로 원고 승소와 같은 것으로 보면 됩니다. 대법원 나의 사건검색이나 전자소송에서 점유자에게 부동산인도명령 송달여부를 확인할 수 있습니다.

경매부동산의 점유자를 상대로 부동산인도명령을 신청하였는데 부동산인도명령 결정이 되었습니다.

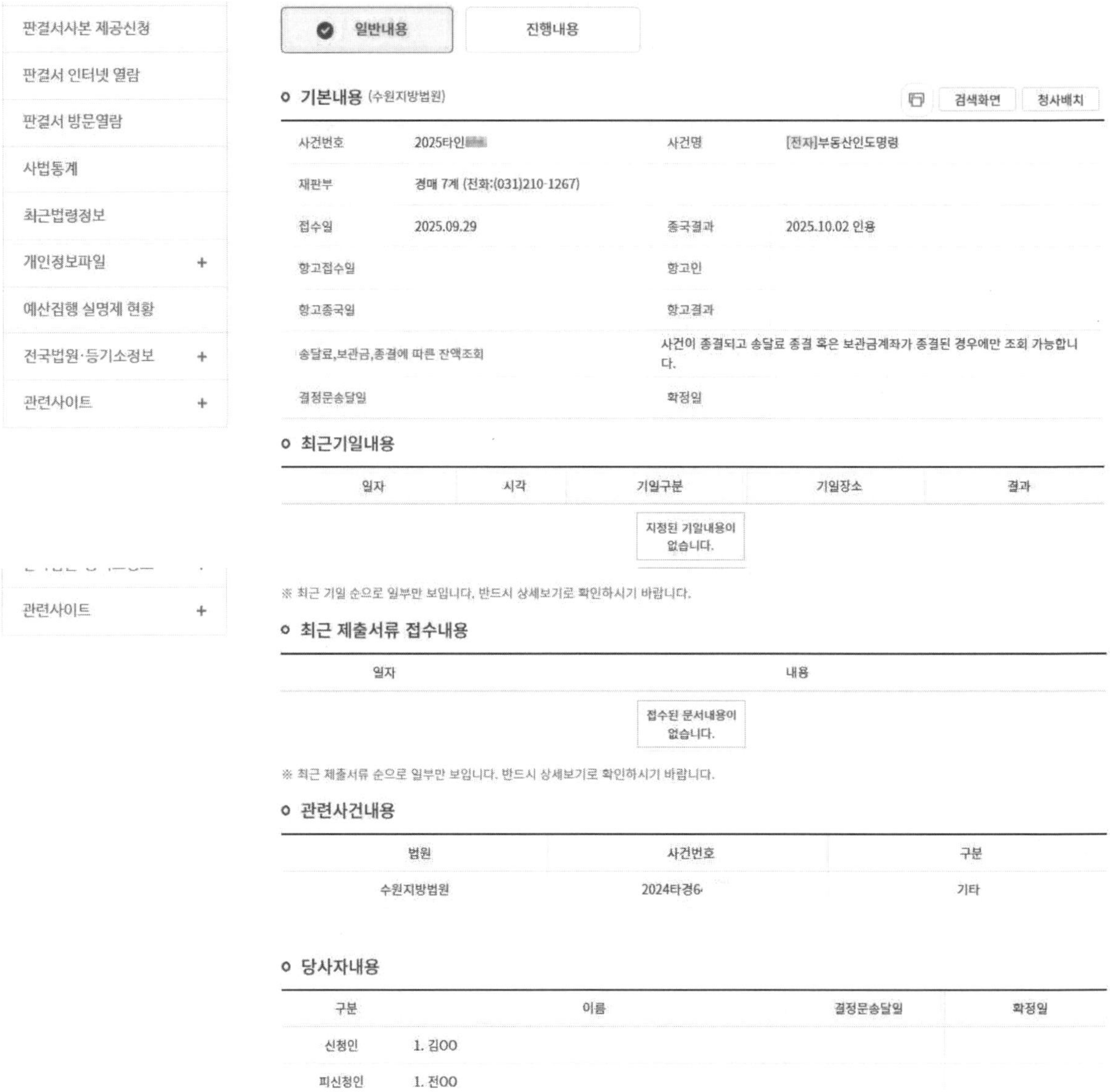

판결서사본 제공신청
판결서 인터넷 열람
판결서 방문열람
사법통계
최근법령정보
개인정보파일 +
예산집행 실명제 현황
전국법원·등기소정보 +
관련사이트 +

일반내용 | 진행내용

기본내용 (수원지방법원)

검색화면 | 청사배치

사건번호	2025타인	사건명	[전자]부동산인도명령
재판부	경매 7계 (전화:(031)210-1267)		
접수일	2025.09.29	종국결과	2025.10.02 인용
항고접수일		항고인	
항고종국일		항고결과	
송달료,보관금,종결에 따른 잔액조회		사건이 종결되고 송달료 종결 혹은 보관금계좌가 종결된 경우에만 조회 가능합니다.	
결정문송달일		확정일	

최근기일내용

일자	시각	기일구분	기일장소	결과
		지정된 기일내용이 없습니다.		

※ 최근 기일 순으로 일부만 보입니다. 반드시 상세보기로 확인하시기 바랍니다.

관련사이트 +

최근 제출서류 접수내용

일자	내용
접수된 문서내용이 없습니다.	

※ 최근 제출서류 순으로 일부만 보입니다. 반드시 상세보기로 확인하시기 바랍니다.

관련사건내용

법원	사건번호	구분
수원지방법원	2024타경6	기타

당사자내용

구분	이름	결정문송달일	확정일
신청인	1. 김OO		
피신청인	1. 전OO		

- ARS안내
- 공탁사건검색
- 판결서사본 제공신청
- 판결서 인터넷 열람
- 판결서 방문열람
- 사법통계
- 최근법령정보
- 개인정보파일 +
- 예산집행 실명제 현황
- 전국법원·등기소정보 +
- 관련사이트 +

일반내용 | 진행내용

기본내용 (수원지방법원) 검색화면 청사배치

사건번호	2025타인[illegible]	사건명	[전자]부동산인도명령
재판부	경매 7계 (전화:(031)210-1267)		
접수일	2025.09.29	종국결과	2025.10.02 인용

진행내용 진행구분 : 전체

- **송달결과는 법적인 효력이 없는 참고사항에 불과하고, 추후 송달이 착오에 말미암은 것이거나 부적법한 경우 변경될 수 있습니다.**
- **송달결과는 '0시 도달'로 나타나는 경우에는 기간 계산 시 초일이 산입된다는 점에 유의하시기 바랍니다.**

※ 송달결과(2007.03.12전에는 재판부에서 등록한 내용에, 그 이후에는 우정사업본부로부터 전송받은 내용에 한함) 를 조회하고자할 경우에는 '확인' 항목에 체크하시기 바랍니다.

☐ 확인

일자	내용	결과	공시문
2025.09.29	**신청서접수**		
2025.10.02	결정		
2025.10.02	신청인 김OO에게 결정정본 송달	위의 '확인' 항목 체크	
2025.10.02	피신청인 전OO에게 결정정본 송달	위의 '확인' 항목 체크	
2025.10.02	**종국 : 인용**		
2025.10.27	피신청인 전OO에게 부동산인도명령 발송(공시송달)	위의 '확인' 항목 체크	

- 판결서사본 제공신청
- 판결서 인터넷 열람
- 판결서 방문열람
- 사법통계
- 최근법령정보
- 개인정보파일 +
- 예산집행 실명제 현황
- 전국법원·등기소정보 +
- 관련사이트 +

일반내용 | 진행내용

기본내용 (수원지방법원) 검색화면 청사배치

사건번호	2025타인[illegible]5	사건명	[전자]부동산인도명령
재판부	경매 7계 (전화:(031)210-1267)		
접수일	2025.09.29	종국결과	2025.10.02 인용
항고접수일		항고인	
항고종국일		항고결과	
송달료,보관금,종결에 따른 잔액조회		사건이 종결되고 송달료 종결 혹은 보관금계좌가 종결된 경우에만 조회 가능합니다.	
결정문송달일		확정일	

관련사건내용

법원	사건번호	구분
수원지방법원	2024타경64[illegible]	기타

당사자내용

구분	이름	결정문송달일	확정일
신청인	2. 김OO	2025.10.27	
피신청인	1. 김OO		

★ 냉장고, TV 등 물품 들어내는 강제집행 실행과 집행비용 청구

① 전자소송·대법원 나의 사건 검색에서 인도명령 결정문 송달확인 → 법원 송달증명·집행문부여 신청 → 발급 → 집행관사무소 강제집행신청서 작성 → 강제집행 신청서(송달증명서·집행문부여 첨부) 접수 → 강제집행 비용 납부(지정 은행에 납부) → 집행관으로부터 강제집행일과 시간을 통보 → 강제집행일 시간에 맞춰 입회자 성인 2명과 함께 집행장소 도착 → 냉장고 등 동산을 집 밖으로 들어 낸 후 채무자에게 인도(채무자가 없는 때에는 채무자와 같이 사는 사리를 분별할 지능이 있는 친족 또는 채무자의 대리인이나 고용인에게 그 동산을 인도)

② 문이 잠겨 있을 때는 집행관이 열쇠공을 불러서 문을 열고 들어가 동산에 대한 목록을 작성하고 강제집행, 매수인은 통상 집행관의 허가를 받아 보관창고에 보관

③ 집행관이 채무자·채권자 또는 제3자에게 보관창고 등에 압류물을 보관시킨 때에는 보관자의 표시, 보관시킨 일시·장소와 압류물, 압류표시의 방법과 보관조건을 적은 조서를 작성하여 보관자의 기명날인 또는 서명을 받음

④ 강제개문과 열쇠를 교체할 경우 그 비용도 추가로 소요되고 강제집행 시 물품을 보관 창고에 보관하는 경우 그 보관료는 매수인이 부담. 따라서 강제집행 후 채무자를 상대로 물품을 찾아가라는 최고서를 발송

⑤ 강제집행에 소요된 비용에 대하여 집행비용액확정신청 → 결정 → 송달 → 확정증명서·송달증명서·집행문 부여 신청 → 발급 → 보관창고에 있는 물품에 대하여 동산 매각신청 → 매각 → 보관비용을 공제하고도 남은 돈이 있으면 집행관은 이를 채무자를 위해 공탁(채무자가 나중에 이를 찾아갈 수 있음) → 냉장고 등을 살 사람이 없을 때는 채권자가 물품을 낙찰받아 사용하거나 처분·폐기

⑥ 강제집행 후에는 잠금장치를 새것으로 바꾸고 사진을 찍어 놓고 문을 잠금 → 경고문을 출입문에 부착(소유주의 허락 없이 무단점유시 형법 제319조, 제140조의2에 따라 처벌됨)

⑦ 부동산인도명령에 따른 강제집행을 완료한 후에 집행비용액 확정결정신청 등을 위해 집행관사무소에서 집행조서등본신청서를 작성·제출하여 부동산인도집행조서등본을 발급

⑧ 집행비용액 확정결정신청을 위해서 집행관사무소에서 집행비용계산서를 발급받음

⑨ 집행비용액 확정신청 및 회수

법원 내에 있는 은행에 인지대와 송달료를 납부 → 집행비용액 확정신청서에 집행비용액계산서, 소송등인지의 현금영수필확인서(법원제출용), 송달료납부서(법원제출용)를 법원에 제출 → 법원은 그 내용을 채무자에게 최고서를 발송하여 최고하여 채무자에게 송달 → 집행비용액확정 결정 → 확정증명·송달증명·집행문 부여 신청 → 발급 → 채무자 소유자의 부동산·자동차·동산 등을 강제경매하여 추심하거나 예금채권 등을 압류·추심하여 집행비용을 회수

신 청 서

신청인은 ☑ 로 표시된 부분을 기재합니다.

☑사 건 번 호	20**타인 9876호
☑원고(채권자, 신청인)	김 낙 찰
☑피고(채무자, 피신청인)	박 피 고

위 사건에(판결, 결정, 명령, 화해조서, 인낙조서, 조정조서, 기타:)에 대한 아래의 신청에 따른 제증명을 발급하여 주시기 바랍니다.

20××. × . × .

☑신청인: 김 낙 찰 .... 서명 또는 날인

연락 가능한 전화번호: 010-23××-××××

신청할 제증명 사항을 신청번호에 ○표하시고, 필요한 통수와 발급 대상자의 성명을 기재합니다.

신청 번호	발급 통수	신청의 종류	인지	발급 대상자의 성명 (※주) 재판서의 당사자 모두에 대하여 신청할 경우에는 기재하지 아니함)
①	1	집행문 부여	500원	
②	1	송 달 증 명	500원	
③	1	확 정 증 명	500원	
4		승계송달증명	500원	
⑤	1	재판서·조서의 정본·등본·초본	1,000원	

지방·가정법원 지원 귀중

위 증명 문서를 틀림없이 수령하였습니다.	20 . . .	☑수령인 성명:..서명 또는 날인

[유의 사항] 1. 집행문부여를 신청할 경우에는 법원에서 교부받은 재판서(판결, 결정 등) 정본을 첨부하여야 합니다. 만일 분실하였거나 여러 통을 신청할 경우에는 재도·수통부여 신청서에 기재하여 신청하시기 바랍니다.

2. 발급 대상자의 성명은 집행문부여 신청의 경우 집행대상 당사자를, 송달·확정증명의 경우 상대방의 성명을 각각 기재하시기 바랍니다. 만일 재판서의 당사자 모두에 대하여 신청할 경우에는 기재하지 아니하여도 됩니다.

지방법원 지원

강 제 집 행 신 청 서

지방법원 지원 집행관사무소 집행관 귀하

<table>
<tr><td rowspan="3">채권자</td><td>성 명</td><td>김 낙 찰</td><td>주민등록번호
(사업자등록번호)</td><td>6543**
-7654321</td><td>전화번호
(핸드폰)</td><td>(010-5×××-××××)</td></tr>
<tr><td>주 소</td><td colspan="5">경기도 **시 **로 123번길 11</td></tr>
<tr><td>대리인</td><td colspan="3">성 명( )
주민등록번호( )</td><td>전화번호
(핸드폰)</td><td>( )</td></tr>
<tr><td rowspan="3">채무자</td><td rowspan="2">성 명</td><td rowspan="2">박 피 고</td><td rowspan="2">주민등록번호
(사업자등록번호)</td><td rowspan="2">1234-1234567</td><td>전화번호</td><td></td></tr>
<tr><td>우편번호</td><td>□□□ - □□□</td></tr>
<tr><td>주 소</td><td colspan="5"></td></tr>
<tr><td colspan="2">집행목적물 소재지</td><td colspan="5">채무자의 주소지와 같음 (※다른 경우는 아래에 기재함)</td></tr>
<tr><td colspan="2">집 행 권 원</td><td colspan="5">(가) 수원지방법원 **지원 20**타인 9876호</td></tr>
<tr><td colspan="2">집행의 목적물 및
집 행 방 법</td><td colspan="5">동산압류, 동산가압류, 동산가처분, 부동산점유이전금지가처분, 건물명도, 철거, [부동산인도], 자동차인도, 기타( )</td></tr>
<tr><td colspan="2">청 구 금 액</td><td colspan="5">1. 금 원 청금원금(내역은 뒷면과 같음)
2. 위 돈에 대하여 년 월 일부터(년 월 일까지는 연 % 그 다음 일부터) 그 완제에 이르기까지는 연 %의 비율에 의한 이자.</td></tr>
</table>

위 집행권원에 기한 집행을 하여 주시기 바랍니다.

※ 첨 부 서 류

1. 집행권원 1통
2. 송달증명서 1통
3. 위임장 1통

20 2* . * . * .

위본인이 무인임을 증명함
20 . . .
담당 (인)

채 권 자 김 낙 찰 (인)

대 리 인 (인)

※ 특약사항

1. 본인이 수령 할 예납금 잔액 및 배당금등을 본인의 비용부담하에 오른쪽에 표시 한 예금 계좌에 입금하여 주실 것을 신청합니다.

채 권 자 김 낙 찰 (인)

예금계좌		
	개설은행	우리은행
	예 금 주	김낙찰
	계좌번호	1***-***-***

2. 집행관이 계산한 수수료 기타 비용의 예납통지 또는 강제집행 속행의사 유무 확인 촉구를 2회 이상 받고도 채권자가 상당한 기간 내에 그 예납 또는 속행의 의사표시를 하지 아니 한 때에는 본 건 강제집행위임을 취하한 것으로 보고 완결처분해도 이의없음.

채 권 자 김 낙 찰 (인)

주 1. 굵은 선으로 표시된 부분은 반드시 기재하여야 합니다.(금전채권의 경우 청구금액 포함)
2. 채권자가 개인인 경우에는 주민등록번호를, 법인인 경우에는 사업자등록번호를 기재합니다.

지방법원 지원

부동산인도집행조서

사　　건 : 20
채 권 자 :
채 무 자 :
집 행 권 원 :
집 행 목적물 : 위 집행권원 주문에 표기된 별지목록의 기재와 같다.
집 행 일 시 : 20
집 행 장 소 : 경기도

1. 위 집행권원에 의한 채권자의 위임에 의하여 집행장소에서 채무자 또는 그 가족 및 동거인 등을 만나지 못하였으나 증인2명과 채권자 대리인 을(를) 참여시키고 집행 목적물에 대한 채무자의 점유를 해제하고 집행관이 이를 점유하여 채권자 대리인 에게 인도하였다.
2. 이 절차는 같은 날 :00에 종료하였다.

이 조서는 현장에서 작성하여 집행참여인에게 읽어(보여)주었다.

※ 위 집행장소에 출장하였으나 채무자의 이 개문거부하여 열쇠기능사로 하여금 개문하게 하는 도중 개문행위를 방해하여 진입하여 개문케 한후 채무자의 점유동산을 건물밖으로 반출하고 반출한 물건은 이 반출을 방해하여 그 자리에 두고 채권자에게 보관(별지 보관각서)토록 하였다.

※ 노무정보있음(별지)

20

등본입니다
20
지방법원
집행관

집 행 관:

채 권 자:
채 무 자: 불 참
참 여 자 성 명:
　　　　　주 소:

참 여 자 성 명:
　　　　　주 소:

집행비용확정결정신청서

신 청 인 강 ○ ○
성남시 ○○구 ○○동 ○○
전화 010-2××-××××
피신청인 이 ○ ○
성남시 분당구 분당동 ○○

신청취지

피신청인이 신청인에게 상환하여야 할 집행비용액은 금 ****원임을 확정한다.
라는 재판을 구합니다.

신청이유

1. 신청인은 채무자인 피신청인을 상대로 **지방법원 20**타인 1***호 부동산인도명령을 신청하여 그 결정을 받고, 피신청인에게 자진하여 인도할 것을 요구하였으나 이에 불응하여 부득이 피신청인을 상대로 귀원 소속 집행관에게 위임하여 20** 본***호 부동산인도집행을 완료하였습니다.

2. 이에 신청인은 피신청인에 대하여 집행한 비용 금 ****원이 발생하였습니다. 이에 그 집행비용을 구하고자 이 사건 신청에 이른 것입니다.

첨부서류

1. 집행비용계산서 1부
2. 영수증 사본 1부

20××년 4월 3일
신청인 강 ○ ○(인)
**지방법원 **지원 귀중

★ 법원경매 입찰을 위한 자료 수집

구분	내용	비고
대법원 법원경매	매각물건명세서, 현황조사보고서, 감정평가서, 문건접수/송달내역, 관련사건	등기부 등본 제공하지 않음
유료·무료 경매정보사이트	대법원 법원경매 + 등기부 권리 + 예상배당 등	

법원경매사이트에서 제공하는 경매 정보	
종류	중점 확인·점검사항
매각물건명세서	매각물건명세서는 매수 희망자들에게 사려는 부동산에 관한 정확한 정보를 제공함으로써 예측하지 못한 손해를 입는 것을 방지하고 매각에의 참여를 유도하여 강제집행제도의 기능을 제고시키기 위한 것으로 일반인이 경매기록을 보지 않고도 부동산상의 권리를 쉽게 파악할 수 있도록 하자는데 그 목적이 있음
	- 최선순위 권리와 설정일 - 등기된 부동산에 관한 권리 또는 가처분으로 매각으로 그 효력이 소멸되지 아니하는 것 - 점유자와 점유의 근원, 임차인, 전입일자, 배당요구 등 - 유치권신고, 출입문 상이, 법정지상권 - 농지취득자격증명 제출
	주택임대차보호법상 임차인으로서의 지위와 최선순위 전세권자로서의 지위를 함께 가지고 있는 자가 임차인으로서의 지위에 기하여 배당요구를 하였으나 집행법원이 매각물건명세서를 작성하면서 '등기된 부동산에 관한 권리 또는 가처분으로 매각허가에 의하여 그 효력이 소멸하지 아니하는 것'란에 아무런 기재를 하지 않고 경매를 진행한 사안에서, 위 최선순위 전세권은 경매절차에서의 매각으로 소멸되지 않고 매수인에게 인수되는 것이므로 매각물건명세서를 작성함에 있어서 위 전세권이 인수된다는 취지의 기재를 하였어야 할 것임에도 위와 같은 매각물건명세서의 잘못된 기재로 인하여 위 전세권이 매수인에게 인수되지 않은 것으로 오인한 상태에서 매수신고가격을 결정하고 매각대상 부동산을 매수하였다가 위 전세권을 인수하여 그 전세금을 반환하여야 하는 손해를 입은 매수인에 대하여 경매담당 공무원 등의 직무집행상의 과실로 인한 국가배상책임을 진다(대법원 2009다40790).
감정평가서	- 가격평가시점, 대지권 포함 여부 - 감정평가액의 산출 근거 - 토지 이용 계획 및 제한 사항(정비구역 지정 등) - 건축물현황도상 호수와 실제 입구에 부착되어 있는 호수의 위치가 상이 - 건축물 도면

현황조사보고서	- 점유자의 유형, 소유자, 임차인, 폐문부재 - 소유자·채무자의 가족이 세대주 - 유치권신고자의 점유 - 건축물현황도상 호수와 실제 입구에 부착되어 있는 호수의 위치가 상이
문건접수내역 송달내역	- 채권자들의 배당요구, 교부청구, 유치권 배제 신고, 배당배제
사건내역	- 관련사건

종류	중점 확인·점검사항
등기부 등본	- 표제부 : 토지별도등기 있음, 대지권미등기 - 갑구·을구의 권리 중 최선순위 확인
전입세대확인서 외국인체류확인서 (경매정보 내역 출력 행정복지센터에서 열람)	- 세대주가 전소유자, 세대주가 소유자의 배우자, 상속인 - 최초 전입자와 전입일자(세대합가) - 동거인(사실혼)
토지대장 (정부24)	- 등기부 등본과의 일치여부 - 지적도상의 위치 일치여부 - 개별공시지가 확인
건축물대장	- 등기부 등본과의 일치여부 - 건축허가일, 착공일, 사용승인일, 건축주(건축주 = 토지소유자) - 층별허가 내역 - 용도 일치 여부(※ 건축물대장 1종 근린생활시설 사무소 → 등기부 집합건물 다세대주택 근린시설 업무시설) - 도면과 현황 일치 여부(※ 감정평가서 참조) - 위반건축물 - 전환다세대 여부 - 무허가 미등기 건물 여부, 위반 건축물 여부
토지이용계획확인원, 토지이용규제정보서비스 농지공간포털	- 용도지역 지구 구역 - 정비구역 - 개발제한구역 등 행위제한 내용 - 맹지 진입로 사도 등 도로사항 확인 - 군사시설 문화재 등 각종시설지구의 저촉여부 - 토지거래허가 신고구역 해당 여부 - 농지취득자격증명 발급 여부 - 농업진흥지역 여부
지적도(감정평가서 참조)	- 지번, 지목, 면적 및 권리 관계, 맹지 여부
공시가격알리미	- 공동주택, 단독주택 공시가격과 감정평가액 비교

체납관리비 (관리사무소 등)	- 관리비 체납 여부 확인 ① 아파트 등 집합건물의 관리비는 공용관리비와 개별사용료 및 장기수선충당금으로 구성, 공용관리비는 청소비·경비비·소독비 등 공용부분을 관리하기 위한 비용으로, 인건비가 대부분 ② 개별사용료는 난방비·가스비·전기료·수도료 등 개별세대가 사용하는 각종 요금 ③ 아파트의 전 입주자가 체납한 관리비가 아파트 관리규약의 정함에 따라 그 특별승계인에게 승계되는지 여부에 대하여 공용부분에 한하여 승계(대법원 2001다8677) ④ 공용부분 관리비에 대한 연체료는 특별승계인에게 승계되는 관리비에 포함되지 않음(대법원 2004다3598, 3604) ⑤ 미납된 관리비 중 공용관리비는 낙찰가가 부담. 연체이자를 제외한 원금만 부담

★ 등기부 등본의 권리

등기부 등본의 권리

부동산의 종류, 주소, 면적 등의 현황과 소유자, 근저당권, 가압류 등의 권리관계를 확인할 수 있는 공적인 서류. 표제부, 갑구, 을구로 되어있음. 단독, 다가구 주택은 토지 등기부와 건물 등기부가 존재

단독, 다가구 주택(건물, 토지 등기부)	
표제부	1. 표제부의 표시사항(지번 지목 건물번호 등)
갑구	1. 보존등기일, 소유자 2. 가등기, 가처분, (가)압류, 경매개시결정
을구	1. 근저당권, 전세권, 지상권, 지역권, 임차권 2. 건물이 없는 상태에서 근저당권 설정 여부(법정지상권)

아파트·다세대·연립주택과 같은 집합건물은 토지 등기부 등본과 건물 등기부 등본이 따로 되어 있지 않고 등기부가 1개이고 1개의 등기부에 표제부가 2장

1필지의 토지에 구분(집합) 건물이 건축되면 건물에 대한 보존등기와 소유권·대지권, 토지에는 소유권대지권등기가 다음과 같이 등기.

첫째, 토지등기부의 갑구 소유권에 관한 사항란에 「소유권대지권」이 등기

둘째, 집합건물등기부[집합건물의 등기부 등본 표제부(등기부등본 첫장 1동의 건물의 표시)]에 대지권의 목적인 토지의 소재지번과 건물명칭 및 번호가 표시되고 건물내역이 표시

셋째, 전유부분의 표제부(등기부등본 둘째장)에 그 전유부분에 속하는 건물번호와 건물내역 그리고 대지권종류와 대지권비율이 표시. 대지권등기는 토지에 대한 권리관계를 건물등기부에 표시하는 등기

아파트, 다세대주택, 오피스텔(공동주택, 집합건물)	
표제부	대지권의 목적인 토지의 표시에서 토지면적
표제부	건물면적과 대지권 비율
갑구	1. 보전등기일, 보전등기권자, 소유권자, 가처분, 가등기, 가압류, 압류, 경매개시결정 등
을구	1. 근저당권(근저당권변경 지분포기), 전세권, 지상권, 지역권, 임차권등기

등기부 등본의 효력은 등기부에 기재된 때 비로소 권리 변동적 효력이 발생, 등기된 두 개 이상의 권리순위는 다른 법률규정이 없는 접수일 순 접수날짜가 같으면 접수번호 순으로

등기사항전부증명서(말소사항 포함)
- 집합건물 -

고유번호 1341-[illegible]

[집합건물] 경기도 안양시 만안구 [illegible]동 [illegible] 제5층 제501호

【 표 제 부 】 (1동의 건물의 표시)

표시번호	접 수	소재지번,건물명칭 및 번호	건 물 내 역	등기원인 및 기타사항
1	2018년3월14일	경기도 안양시 만안구 [illegible]동 [illegible] [illegible] [도로명주소] 경기도 안양시 만안구 [illegible]	철근콘크리트구조 경사지붕 5층 단지형다세대주택(7세대) 1층 11.61㎡ 2층 70.97㎡ 3층 70.97㎡ 4층 68.21㎡ 5층 54.06㎡	

(대지권의 목적인 토지의 표시)

표시번호	소 재 지 번	지 목	면 적	등기원인 및 기타사항
1	1. 경기도 안양시 만안구 [illegible]동 [illegible]	대	138.8㎡	2018년3월14일 등기

【 표 제 부 】 (전유부분의 건물의 표시)

표시번호	접 수	건 물 번 호	건 물 내 역	등기원인 및 기타사항
1	2018년3월14일	제5층 제501호	철근콘크리트구조 52.1㎡	

(대지권의 표시)

표시번호	대지권종류	대지권비율	등기원인 및 기타사항
1	1 소유권대지권	138.8분의 31.799	2018년3월9일 대지권 2018년3월14일 등기

갑구

소유권보존	미등기 부동산에 처음으로 소유권을 설정하는 등기

소유권이전	매매, 증여, 상속, 경매 등으로 소유권이전

【 갑 구 】 (소유권에 관한 사항)

순위번호	등 기 목 적	접 수	등 기 원 인	권리자 및 기타사항
1	소유권보존	2018년3월14일 제30937호		소유자 한[illegible] 6[illegible]-******* 경기도 안양시 [illegible]
2	소유권이전	2018년3월14일 제30939호	2018년3월14일 신탁	수탁자 주식회사생보부동산신탁 110111-1617434 서울특별시 강남구 테헤란로 424(대치동,삼성생명대치타워)
	~~신탁~~			~~신탁원부 제2018-3455호~~

【 갑 구 】 (소유권에 관한 사항)

순위번호	등 기 목 적	접 수	등 기 원 인	권리자 및 기타사항
1	소유권보존	2019년3월11일 제16332호		소유자 임[illegible] [illegible]-******* 인천광역시 [illegible]
2	소유권이전	2020년3월10일 제19599호	2019년2월5일 매매	소유자 김[illegible] [illegible]-******* ~~경기도 안산시 [illegible]~~

소유권대지권	토지에 집합건물을 건축하고 집합건물에 대한 보존등기 소유권대지권(대지권비율)를 등기를 하고, 토지 등기부 등본 갑구에는 소유권대지권 등기

【 갑 구 】 (소유권에 관한 사항)

순위번호	등 기 목 적	접 수	등 기 원 인	권리자 및 기타사항
1 (전 2)	소유권이전	2000년3월22일 제11037호	2000년3월16일 협의분할에 의한 상속	소유자 이[illegible]희 [illegible]-******* ~~서울 동작구 [illegible]~~
		열	람	분할로 인하여 순위 제1번을 서울특별시 동작구 [illegible]에서 전사 접수 2002년2월25일 제8912호
1-1	1번등기명의인표시 변경	2007년2월1일 제5419호	2003년12월2일 특수주소변경	이[illegible]희의 주소 서울 동작구 [illegible]동 7-13 [illegible]동 다세대주택 401호
2	소유권대지권			건물의 표시 서울특별시 동작구 [illegible]동 [illegible] [illegible] 제디동 2007년4월23일 등기

신탁	아파트의 소유권이 신탁회사에 있음 → 아파트를 담보로 대출받으면서 소유권을 신탁회사에 맡김 → 매매시 원칙적으로 신탁회사와 매매계약 체결, 원래의 소유자는 입회해서 확인, 원래의 소유자와 매매계약 시 신탁회사의 동의와 확인이 반드시 필요함, 매매대금으로 대출금을 전액 상환하고 신탁해지하는 절차가 수반되어야 함, 매매대금은 신탁회사가 지정한 계좌에 입금, 신탁원부를 발급받아 확인

3	소유권이전	2017년7월3일 제36111호	2017년7월3일 신탁	수탁자 국제자산신탁주식회사 110111-2003236 서울특별시 강남구 테헤란로 419, 20층(삼성동)
	신탁			신탁원부 제2017-2405호

환매특약	매도인이 매매계약과 동시에 체결한 특약을 근거로 하여 후일 소유권을 되찾을 수 있는 권리 환매는 채무자가 돈을 빌릴 때 담보로 제공한 부동산을 채권자에게 일단 소유권을 넘겨주고 후일 일정한 기간 안에 빌린 돈을 갚으면서 부동산의 소유권을 다시 찾아오는 담보제도의 일종으로 이용되고 있음

12	~~소유권이전~~	2019년3월5일 제30583호	2019년2월25일 환매특약부 매매	~~소유자 신 *******~~ ~~서울특별시 노원구~~ ~~805호(동)~~ 매매목록 제2019-506호
~~12-1~~	~~환매특약~~	~~2019년3월5일~~ ~~제30583호~~	~~2019년2월25일~~ ~~특약~~	~~매수인이 지급한 대금 금450,000,000원~~ ~~매매비용 금5,267,400원~~ ~~환매기간 2024년2월24일까지~~ ~~환매권자 주식회사~~ ~~110111-~~ ~~서울특별시 서초구~~ ~~(동, 빌딩)~~

소유권이전청구권가등기 (담보가등기)	장래의 본등기에 대비하여 미리 등기부상의 순위를 보전하기 위하여 행하는 예비등기로 그 자체로는 물권변동의 효력을 갖고 있지 않으나 후에 가등기에 기하여 본등기를 하게 되면 가등기 순위에 소급하여 물권변동의 효력이 생김

6	소유권이전담보가등기	2016년11월11일 제34408호	2016년11월11일 대물반환예약	가등기권자 박 -******* ~~전라북도 전주시~~

6	소유권이전청구권가등기	2020년4월1일 제57849호	2020년3월31일 매매	가등기권자 주식회사 110111- 서울특별시 구로구 , 2층 203호 (신도림동,)

6	소유권이전청구권가등기	2021년4월5일 제61277호	2021년4월1일 매매예약	~~가등기권자 주식회사 종합건설 170111-044 대구광역시 달성군 207호~~
6-1	6번소유권이전청구권이전	2022년2월8일 제18363호	2022년1월28일 양도	가등기권자 양 64 -******* 경상북도 포항시 남구 , 108동 2101호 ( )

가처분	권리관계에 대하여 다툼이 있을 때 매매, 증여, 근저당권, 전세권, 임차권 등 일체의 권리를 설정하지 못하게 부동산을 묶어 놓는 등기

4	가처분	2022년12월23일 제54608호	2022년12월23일 제주지방법원의 가처분결정(2022카단120)	피보전권리 소유권방해배제에 기한 건물철거청구권 채권자 김 -******* 서울 마포구

4	소유권이전청구권가등기	2022년5월17일 제9777호	2020년12월31일 매매예약	가등기권자 홍 -******* 서울특별시 노원구 (동)
4-1	4번가등기소유권이전청구권가처분	2023년5월23일 제8184호	2023년5월22일 서울북부지방법원의 가처분결정(2023카단2)	피보전권리 사해행위 취소를 원인으로 한 원상회복청구권 채권자 최 -******* 서울특별시 , 3층(주택) 금지사항 양도 기타 일체의 처분행위 금지

2	가처분	2019년10월28일 제54023호	2019년10월24일 울산지방법원의 가처분결정(2019카단160)	피보전권리 근저당권설정계약에 기한 근저당권설정등기청구권 채권자 울산행복신용협동조합 181241-0000242 울산광역시 남구 삼산로 327 (삼산동) 금지사항 매매, 증여, 전세권, 저당권,

가압류	금전과 관련된 채권을 가진 채권자가 채권보전을 위해 부동산 등 채무자의 재산을 사용이나 이동을 금지시키는 것 가압류는 금전채권이나 금전으로 환산할 수 있는 채권에 대하여 동산 또는 부동산에 대한 강제집행을 보전하기 위하여 할 수 있음

7	가압류	2020년10월28일 제471291호	2020년10월28일 인천지방법원의 가압류 결정(2020카단100)	청구금액 금3,660,500,000 원 채권자 이 -******* 인천광역시 미추홀구 ( )

압류	집행 기관에 의하여 채무자의 특정 재산에 대한 처분이 제한되는 것

3	압류	2017년5월10일 제47611호	2017년5월10일 압류(덕진구세무과-7[illegible])	권리자 전주시덕진구
4	압류	2017년6월30일 제65310호	2017년6월29일 압류(재산법인납세과-티[illegible])	권리자 국 처분청 북전주세무서

경매개시결정	경매 신청의 적법성을 인정하여 경매 절차 개시를 선고하는 일로 압류의 효력이 있음

9	임의경매개시결정	2022년8월17일 제55056호	2022년8월17일 수원지방법원 성남지원의 임의경매개시결정(2022타경5[illegible]96)	채권자 심[illegible] [illegible]-******* 서울 서초구 [illegible]

28	25번김[illegible]지분가압류	2020년7월23일 제97988호	2020년7월23일 청주지방법원의 가압류 결정(2020카단51348)	청구금액 금10,312,629 원 채권자 윤[illegible] [illegible]-******* 충청북도 제천시 [illegible]
29	14번가처분등기말소	2020년9월21일 제119382호	2019년9월16일 해제	
30	25번김[illegible]지분강제경매개시결정(28번가압류의 본압류로의 이행)	2020년10월6일 제123813호	2020년10월6일 청주지방법원의 강제경매개시결정(2020타경5[illegible]01)	채권자 윤[illegible] [illegible]-******* 충청북도 제천시 [illegible]

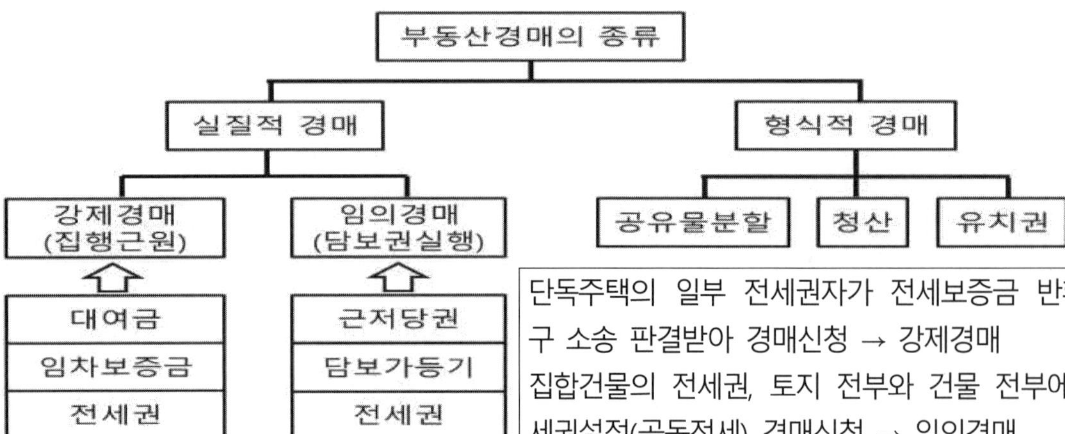

단독주택의 일부 전세권자가 전세보증금 반환청구 소송 판결받아 경매신청 → 강제경매
집합건물의 전세권, 토지 전부와 건물 전부에 전세권설정(공동전세) 경매신청 → 임의경매 또는 강제경매

을구

근저당권	채권자가 채무자 또는 제삼자로부터 점유를 옮기지 않고 그 채권의 담보로 제공된 부동산에 대하여 일반 채권자에 우선하여 변제를 받을 수 있는 약정담보물권 저당권은 채권자가 채권의 담보로 취득한 부동산을 채무자가 대출금채권을 연체하거나 일시에 상환하여야 함에도 불구하고 이를 이행하지 못할 때 담보물을 처분하여 우선 변제받는 권리 채권자가 저당권을 설정한다는 것은 채무를 변제할 때까지 채무자의 부동산을 채권자에게 보관해 두었다가 못 갚으면 보관해 둔 부동산을 처분하여 돈을 회수한다라고 등기부에 등기해 놓은 것. 근저당권은 장래의 채무까지 담보하는 저당권으로 채권액의 120%에서 130% 정도를 채권최고액으로 설정

담보 : 보관 함, 빚에 대한 보증, 채무 불이행 때 채무의 변제를 확보하는 수단으로 채권자에게 제공하는 것(국립국어원 표준국어대사전). 보증은 어떤 사물이나 사람에 대하여 책임지고 틀림이 없음을 증명한다는 뜻

5	근저당권설정	2007년6월21일 제38654호	2007년6월21일 설정계약	~~채권최고액 금153,400,000원~~ 채무자 김[illegible]례 광주시 [illegible] [illegible] 근저당권자 교보생명보험주식회사
5-1	5번근저당권변경	2022년6월15일 제40363호	2022년6월9일 변경계약	채권최고액 금50,000,000원

전세권설정	전세금을 지급하고 타인의 부동산을 점유하여 그 부동산의 용도에 좇아 사용·수익하며, 그 부동산의 전부에 대하여 후순위권리자, 기타 채권자보다 전세금의 우선변제를 받을 수 있는 권리

1) 집합건물, 아파트, 다세대주택 등 집합건물의 전세권

2	전세권설정	2018년2월19일 제5841호	2018년2월13일 설정계약	~~전세금 금111,240,000원~~ 범 위 주거용 건물의 전부 존속기간 서기 2018년 2월 13일 부터 서기 2019년 2월 12일 까지 ~~전세권자 주식회사[illegible]~~ 경기도 안성시 [illegible]
2-1				2번 등기는 건물만에 관한 것임 2018년2월19일 부기
2-2	2번전세권이전	2020년4월27일 제20924호	2020년4월27일 채권양도	전세권자 주택도시보증공사 184371-0003123 부산광역시 남구 문현금융로 40 (문현동, 부산국제금융센터)

2) 단독, 다가구 주택의 전세권

7	전세권설정	2020년12월8일 제193391호	2020년11월27일 설정계약	전세금 금800,000,000원 범 위 건물의 전부 존속기간 2020년 11월 27일 부터 2022년 11월 20일 까지 ~~전세권자 주식회사~~ ~~110111-~~ ~~서울특별시 마포구~~ 공동전세 토지 서울특별시 서대문구

8	전세권설정	2015년10월2일 제57320호	2015년10월2일 설정계약	전세금 금15,000,000원 범 위 건물 중 동쪽 약40㎡ 존속기간 2015년 10월 2일부터 2017년 10월 2일까지 전세권자 문 420 -******* 경상남도 도면 제2015-465호

지상권	타인소유의 토지에 건물 기타의 공작물이나 수목을 소유하기 위하여 그 토지를 사용할 수 있는 권리

3	지상권설정	1999년10월29일 제88625호	1999년10월29일 설정계약	목 적 벽돌조 슬래브지붕 단층 주택의 소유 범 위 토지의 전부 존속기간 1999년 10월29일부터 만30년 지 료 무료 지상권자 농업협동조합

구분지상권	지하 또는 지상의 공간은 상하의 범위를 정하여 건물 기타 공작물을 소유하기 위한 지상권의 목적으로 할 수 있음

【 을 구 】 (소유권 이외의 권리에 관한 사항)

순위번호	등 기 목 적	접 수	등 기 원 인	권리자 및 기타사항
1	구분지상권설정	2009년11월27일 제54120호	2009년11월27일 구분지상권설정계약	목 적 전기공작물(철탑및송전선)의 건설과 소유 범 위 송전선이 통과하는 지표면 326㎡의 상방 14미터이상 50미터이하의 공중공간 존속기간 2009년11월27일부터 전기공작물(철탑및송전선)이 존속하는 기간까지 지 료 지상권존속기간내의 총지료 금15,260,060원정을 일시지급 특약 지상권존속기간중 지료는 증감하지 아니한다. 지상권자 한국전력공사 114671-0001456 서울특별시 강남구 삼성동 167 전산도면번호 09-1313-0000486

【 을 구 】 (소유권 이외의 권리에 관한 사항)				
순위번호	등 기 목 적	접 수	등 기 원 인	권리자 및 기타사항
1	구분지상권설정	2006년12월13일 제71567호	2006년12월13일 설정계약	목 적 지하연결통로의가설 범 위 평균해수면 10.51미터부터 20.31미터사이 존속기간 서울특별시가 필요하다고 인정할 때까지 지상권자 서울특별시

민법 제280조(존속기간을 약정한 지상권) ①계약으로 지상권의 존속기간을 정하는 경우에는 그 기간은 다음 연한보다 단축하지 못한다.

1. 석조, 석회조, 연와조 또는 이와 유사한 견고한 건물이나 수목의 소유를 목적으로 하는 때에는 30년
2. 전호이외의 건물의 소유를 목적으로 하는 때에는 15년
3. 건물이외의 공작물의 소유를 목적으로 하는 때에는 5년

②전항의 기간보다 단축한 기간을 정한 때에는 전항의 기간까지 연장한다.

[토지] 대구광역시 서구 [illegible]

순위번호	등 기 목 적	접 수	등 기 원 인	권리자 및 기타사항
9	지상권설정	2019년6월21일 제65744호	2019년6월21일 설정계약	목 적 건물 기타 공작물이나 수목의 소유 범 위 토지의 전부 존속기간 설정등기일로부터 30년 지 료 무료 지상권자 [illegible]축산업협동조합 170137-[illegible] 대구광역시 동구 동북로 [illegible]
10	근저당권설정	2019년6월21일 제65745호	2019년6월21일 설정계약	채권최고액 금240,000,000원 채무자 공[illegible] 경상북도 구미시 근저당권자 [illegible]축산업협동조합 170137-[illegible] 대구광역시 동구 동북로 [illegible] ([illegible]지점) ~~공동담보 토지 대구광역시 [illegible]~~

본인이 토지에 건물을 신축함에 있어 향후 건물이 완공되어 소유권보존등기를 하는 즉시 은행에 추가로 담보제공을 할 것이고, 만일 건물의 추가담보제공을 지연하거나 제3자 명의로 보존등기를 하게 되어 본인 명의로 소유권보존등기가 불가능하게 될 경우 또는 임의로 토지 또는 건물 소유권을 제삼자에게 이전하는 등으로 인하여 은행이 채권보전에 지장이 있다고 판단하여 담보권을 실행하는 경우에는 어떠한 불이익도 감수하겠으며 이로 인하여 발생하는 모든 비용은 본인이 부담하고 민·형사상의 책임을 지겠다.

지역권	일정한 목적을 위하여 타인의 토지를 자기 토지의 편익에 이용하는 권리

7	요역지지역권			승역지 인천광역시 강화군 [illegible] 93[illegible] 목 적 차마의 통행 및 배수, 인수, 퇴수로 사용, 구거, 하수관 매설 범 위 토지의 전부 2011년7월1일 등기

주택임차권	임대차계약이 종료된 후 임대인으로부터 임차보증금을 반환받지 못한 상태에서, 임차인의 우선변제권을 취득 또는 유지하기 위하여 법원의 집행명령에 따라 이루어지는 등기 임차권등기 이전에 이미 우선변제권을 취득한 상태에서 임차권등기를 마치면 주민등록을 이전하거나 임차목적물을 명도하여도 그 임차인의 우선변제권이 유지

7	주택임차권	2022년6월27일 제74400호	2022년6월17일 서울서부지방법원의 임차권등기명령 (2022카임51[illegible])	임차보증금 금210,000,000원 범 위 건물의 전부 임대차계약일자 2020년5월6일 주민등록일자 2020년6월11일 점유개시일자 2020년6월11일 확정일자 2020년5월14일 임차권자 유[illegible] [illegible]-******* 서울특별시 은평구 [illegible] 601호([illegible])
7-1				7번 등기는 건물만에 관한 것임 2022년6월27일 부기

★ 말소기준권리

임차권을 포함하여 등기부상에 나타나는 권리의 말소·소멸 여부를 판별하는데 기준이 되는 권리

말소기준권리가 될 수 있는 권리

* 최선순위의 근저당권(민사집행법 제91조제2항)
* 최선순위의 가압류·압류(민사집행법 제91조제3항)
* 최선순위의 담보가등기(가등기담보 등에 관한 법률 제12조제1항)
* 최선순위의 전세권(민사집행법 제91조제4항)
* 경매개시결정등기(경매개시 결정등기는 압류의 효력이 있다. 따라서 경매개시결정등기가 최선순위일 경우에는 말소기준권리가 된다.)

2. 대항력 없는 임차인, 소액보증금 최우선변제 임차인

2024타경4 인천지방법원**

매각기일 2025.04.15

소재지	인천 남동구 **동 *** 5층 502호(**빌라)				
물건종류	다세대/빌라	개시결정	2024.03.19	경매구분	임의경매
건물면적	25.85㎡(8.727평)	소유자	김**	감정가	77,000,000원
대지권	11.73㎡(3.548평))	채무자	김**	최저가	(49%) 37,730,000원
매각물건	건물전부, 토지전부	채권자	고**	입찰보증금	(10%)3,773,000원

입찰 진행 내용

구분	매각기일	최저매각가격(원)	상태	매각 35,500,500원 (50%)
1차	2025.02.03	77,000,000	유찰	2025.04.20 : 매각결정기일 매각허가
2차	2025.03.13	53,900,000	유찰	2025.05.30 : 대금지급기한 / 2025.05.21 : 납부
3차	2025.04.15	37,730,.000	매각	2025.07.17 : 배당기일

매각 물건 현황 가격시점 2024.03.27.

목록		지번/토지이용계획/용도/구조/면적		감정가(원)	비고
건물	1	**동 5층 중 5층/5층 502호 다세대주택	28.85㎡ (8.727평)	30,800,000	사용승인 : 2002.01.04
토지	1	전체 239.7㎡(72.509평) 중 11.73㎡ (3.548평:)		46,200,000	
감정가 합계				77,000,000	
토지이용계획		제2종일반주거지역/상대보호구역/가축사육제한구역/과밀억제권역			

임차인 현황 말소기준권리 2009.09.18 소액임차인기준일 2009.09.18. 배당요구종기일 2024.06.10

임차인/대항력		점유부분/기간	전입/확정/배당	보증금/월세(원)	분석	비고
이**	없음	주거용 2009.10.21.-현재까지	전입 : 2009-10-21 확정 · 미상 배당 : 2024-06-10	보:23,000,000 월:250,000	소액임차인 최대 2,000만원	임차인
최**	없음		전입 : 2015-04-16 확정 : 미상 배당 : 없음			임차인

* 본건 현황조사차 현장에 임한 바, 폐문부재로 이해관계인을 만날 수 없어 상세한 점유 및 임대차관계는 알 수 없으나, 전입세대 열람결과 임차인이 점유하는 것으로 추정됨.
* 세대출입문에 임차인의 권리신고 방법 등이 기재된 `안내문`을 부착해 놓았음
* 본건 주소지내 전입세대 열람내역 및 주민등록표 등본 참고.
* 최** : 이**의 모임

등기부 현황(집합)

접수일	등기목적	권리자	채권금액(원)	기타	소멸여부
2009,09.18	소유권이전	김**		매매 99,000,000원	
2009.09.18	근저당권설정	고흥농협	83,200,000	말소기준권리	소멸
2024.03.19	임의경매	고흥농협	청구금액 67,594,841		소멸

소재지	인천 남동구 **동 *** 5층 502호(**빌라)				
물건종류	다세대/빌라	개시결정	2024.03.19	경매구분	임의경매
건물면적	25.85㎡(8.727평)	소유자	김**	감정가	77,000,000원
대지권	11.73㎡(3.548평))	채무자	김**	최저가	(49%) 37,730,000원
매각물건	건물전부, 토지전부	채권자	고**	입찰보증금	(10%)3,773,000원

인천지방법원 경매사건입니다. 인천 남동구에 있는 다세대주택의 감정가격이 77,000,000원입니다. 감정가의 49% 37,730,000원이 최저매각가격입니다. 이 경매물건의 등기부 등본입니다.

등기사항전부증명서(말소사항 포함)
- 집합건물 -

고유번호 1247-2002-

[집합건물] 인천광역시 남동구 빌라 제5층 제502호

【 표 제 부 】 (1동의 건물의 표시)

표시번호	접 수	소재지번,건물명칭 및 번호	건 물 내 역	등기원인 및 기타사항
~~1~~	~~2002년1월21일~~	~~인천광역시 남동구~~ ~~빌라~~	~~철근콘크리트조 슬래브지붕 5층 다세대주택 및 근린생활시설~~ ~~1층 129.96㎡~~ ~~2층 129.24㎡~~ ~~3층 129.24㎡~~ ~~4층 129.24㎡~~ ~~5층 129.24㎡~~	~~도면편철장 1책 84장~~
2		인천광역시 남동구 빌라 [도로명주소] 인천광역시 남동구	철근콘크리트조 슬래브지붕 5층 다세대주택 및 근린생활시설 1층 129.96㎡ 2층 129.24㎡ 3층 129.24㎡ 4층 129.24㎡ 5층 129.24㎡	도로명주소 2019년9월16일 등기

(대지권의 목적인 토지의 표시)

표시번호	소 재 지 번	지 목	면 적	등기원인 및 기타사항
1	1. 인천광역시 남동구	대	239.7㎡	2002년1월21일

【 표 제 부 】 (전유부분의 건물의 표시)

표시번호	접 수	건 물 번 호	건 물 내 역	등기원인 및 기타사항
1	2002년1월21일	제5층 제502호	철근콘크리트조 28.85㎡	도면편철장 1책 84장

[집합건물] 인천광역시 남동구 빌라 제5층 제502호

(대지권의 표시)			
표시번호	대지권종류	대지권비율	등기원인 및 기타사항
1	1 소유권대지권	239.7분의 11.73	2002년1월19일 대지권 2002년1월21일

【 갑 구 】 (소유권에 관한 사항)

순위번호	등 기 목 적	접 수	등 기 원 인	권리자 및 기타사항
1	소유권보존	2002년1월21일 제6513호		소유자 정 식 62 -******* 인천 남동구
2	소유권이전	2002년2월7일 제12778호	2002년1월5일 매매	소유자 김 78 -******* 인천 남동구 맨션 502호
~~3~~	~~임의경매개시결정~~	~~2003년7월24일~~ ~~제76836호~~	~~2003년7월19일~~ ~~인천지방법원의~~ ~~경매개시~~ ~~결정(2003타경1~~ ~~13452)~~	~~채권자 주식회사국민은행~~ ~~서울 중구 남대문로2가 9-1~~ ~~(인천엔피엘관리센터)~~
4	소유권이전	2004년11월5일 제76972호	2004년11월5일 임의경매로 인한 매각	소유자 유 61 -******* 인천 서구 파트 103-203
5	3번임의경매개시결정 등기말소	2004년11월5일 제76972호	2004년11월5일 임의경매로 인한 매각	
6	소유권이전	2004년11월19일 제80822호	2004년11월17일 매매	소유자 김 81 -******* ~~인천 남동구 간석동 주택 104동~~ ~~302호~~
6-1	6번등기명의인표시변경	2006년9월26일 제55738호	2004년12월6일 전거	~~김 의 주소 인천 남동구~~ ~~맨션 502호~~
6-2	6번등기명의인표시변경		2009년9월17일 전거	김 의 주소 인천광역시 남동구 302호 2009년9월18일 부기

[집합건물] 인천광역시 남동구 빌라 제5층 제502호

순위번호	등 기 목 적	접 수	등 기 원 인	권리자 및 기타사항
7	소유권이전	2009년9월18일 제67414호	2009년8월21일 매매	소유자 김 77-******* 서울특별시 관악구 거래가액 금99,000,000원
8	임의경매개시결정	2024년3월19일 제102670호	2024년3월19일 인천지방법원의 임의경매개시결 정(2024타경4)	채권자 고흥농업협동조합 204936-0000134 전라남도 고흥군 고흥읍 여산당촌길 5 (서문리)

【 을 구 】 (소유권 이외의 권리에 관한 사항)				
순위번호	등 기 목 적	접 수	등 기 원 인	권리자 및 기타사항
~~1~~	~~근저당권설정~~	~~2002년2월7일~~ ~~제12779호~~	~~2002년2월7일~~ ~~설정계약~~	~~채권최고액 금54,000,000원~~ ~~채무자 김~~ ~~인천 남동구 맨션 502호~~ ~~근저당권자 주식회사국민은행 110111-2365321~~ ~~서울 중구 남대문로2가 9-1~~ ~~(고척동지점)~~
2	1번근저당권설정 등기말소	2004년11월5일 제76972호	2004년11월5일 임의경매로 인한 매각	
~~3~~	~~근저당권설정~~	~~2006년9월26일~~ ~~제55739호~~	~~2006년9월26일~~ ~~설정계약~~	~~채권최고액 금3,900,000원~~ ~~채무자 김~~ ~~인천 남동구 맨션 502호~~ ~~근저당권자 남동신용협동조합 120141-0000502~~ ~~인천 남동구 만수동 856-1~~
4	3번근저당권설정등 기말소	2008년8월13일 제73447호	2008년8월12일 해지	
~~5~~	~~근저당권설정~~	~~2009년3월5일~~ ~~제14572호~~	~~2009년3월5일~~ ~~설정계약~~	~~채권최고액 금21,840,000원~~ ~~채무자 이~~ ~~인천광역시 남동구 맨션~~ ~~502호~~ ~~근저당권자 남동신용협동조합 120141-0000502~~ ~~인천광역시 남동구 만수동 856-1~~
6	근저당권설정	2009년9월18일	2009년9월18일	채권최고액 금83,200,000원

[집합건물] 인천광역시 남동구 [blurred] 제5층 제502호

순위번호	등 기 목 적	접 수	등 기 원 인	권리자 및 기타사항
		제67415호	설정계약	채무자 김[blurred] 서울특별시 관악구 [blurred] 근저당권자 고흥농업협동조합 204936-0000134 전라남도 고흥군 고흥읍 서문리 219-43
7	5번근저당권설정등기말소	2009년9월21일 제67759호	2009년9월21일 해지	

-- 이 하 여 백 --

관할등기소 인천지방법원 등기국

등기부 등본의 갑구와 을구의 권리를 접수일자로 정리하였습니다.

등기부 현황(집합)

접수일	등기목적	권리자	채권금액(원)	기타	소멸여부
2009,09.18	소유권이전	김**		매매 99,000,000원	
2009.09.18	근저당권설정	고흥농협	83,200,000	말소기준권리	소멸
2024.03.19	임의경매	고흥농협	청구금액 67,594,841		소멸

2009년 9월 18일 근저당권이 최선순위입니다. 근저당권은 민사집행법 제91조제2항에 의해 경매로 인한 매각으로 소멸됩니다. 낙찰받고 소유권이전등기를 할 때 근저당권 1건, 임의경매는 경매로 인한 매각으로 말소됩니다.

■ 최선순위의 근저당권(민사집행법 제91조제2항)

매각부동산 위의 모든 저당권은 매각으로 소멸된다.

최선순위 설정 권리가 근저당권일 때 근저당권이 등기부상의 권리를 말소시키는 기준이 됩니다. 말소기준권리라고 합니다. 말소기준권리는 임차권을 포함하여 등기부상에 나타나는 권리의 말소·소멸 여부를 판별하는데 기준이 되는 권리를 말합니다. 근저당권은 경매로 인한 매각으로 소멸됩니다. 따라서 근저당권 이후 가압류, 경매개시결정은 경매로 인한 매각으로 소멸됩니다.

경매개시결정은 경매 신청의 적법성을 인정하여 경매 절차 개시를 선고하는 일로 압류의 효력이 있습니다. 담보권실행을 위한 경매를 임의경매라고 합니다.

경매물건을 낙찰받아 소유권이전등기를 할 때 등기부에 등기된 근저당권 1건과 임의경매개시결정은 경매로 인한 매각으로 말소됩니다. 경매로 매수할 때 등기부상 인수하는 권리 없는 안전한 물건이 되겠습니다.

점유자 임차인에 대한 내역입니다.

임차인 현황 말소기준권리 2009.09.18 소액임차인기준일 2009.09.18. 배당요구종기일 2024.06.10

임차인/대항력		점유부분/기간	전입/확정/배당	보증금/월세(원)	분석	비고
이**	없음	주거용 2009.10.21.-현재까지	전입 : 2009-10-21 확정 : 미상 배당 : 2024-06-10	보:23,000,000 월:250,000	소액임차인 최대 2,,000만원	임차인
최**	없음		전입 : 2015-04-16 확정 : 미상 배당 : 없음			임차인
* 본건 현황조사차 현장에 임한 바, 폐문부재로 이해관계인을 만날 수 없어 상세한 점유 및 임대차관계는 알 수 없으나, 전입세대 열람결과 임차인이 점유하는 것으로 추정됨 * 세대출입문에 임차인의 권리신고방법 등이 기재된 `안내문`을 부착해 놓았음 * 본건 주소지내 전입세대 열람내역 및 주민등록표 등본 참고. * 최** : 이**의 모임						

현황조사보고서 : 조사일시 2024년 04월 01일 09시 34분 2024년 04월 02일 11시 35분

◆ 임대차정보

번호	소재지	임대차관계
1	인천광역시 남동구 ***로길 **, 5층 502호(**동, **빌라)	0명

◆ 부동산의 현황 및 점유관계조사서

1. 부동산의 점유관계

소재지	인천광역시 남동구 ***로길 **, 5층 502호(**동, **빌라)
점유관계	임차인(별지))점유
기타	* 본건 현황조사차 현장에 임한 바, 폐문부재로 이해관계인을 만날 수 없어 상세한 점유 및 임대차관계는 알 수 없으나, 전입세대 열람결과 임차인이 점유하는 것으로 추정됨. * 세대출입문에 임차인의 권리신고방법 등이 기재된 `안내문`을 부착해 놓았음 * 본건 주소지내 전입세대 열람내역 및 주민등록표 등본 참고.

◆ 임대차관계조사서

[소재지] 인천광역시 남동구 ***로길 **, 5층 502호(**동, **빌라)				
1	점유인	최**	당사자구분	임차인
	점유부분		용도	주거
	점유기간			
	보증(전세금)		차임	
	전입일자	2015.04.16	확정일자	

이 다세대주택의 점유자는 최씨입니다. 전입신고일이 2015년 4월 16일입니다.

주택임대차보호법 제3조제1항은 임대차는 그 등기가 없는 경우에도 임차인이 주택의 인도와 주민등록을 마친 때에는 그 다음 날부터 제삼자에 대하여 효력이 생긴다고 합니다. 이 경우 전입신고를 한 때에 주민등록이 된 것으로 봅니다. 대법원 97다22393 판례는 그 다음날은 0시입니다. 임차인이 제3자에게 자신의 임대차관계를 주장할 수 있는 권리를 임차인의 대항력이라고 합니다. 임차인 최씨의 대항력 발생시기는 2015년 4월 17일 0시입니다.

전입세대확인서입니다.

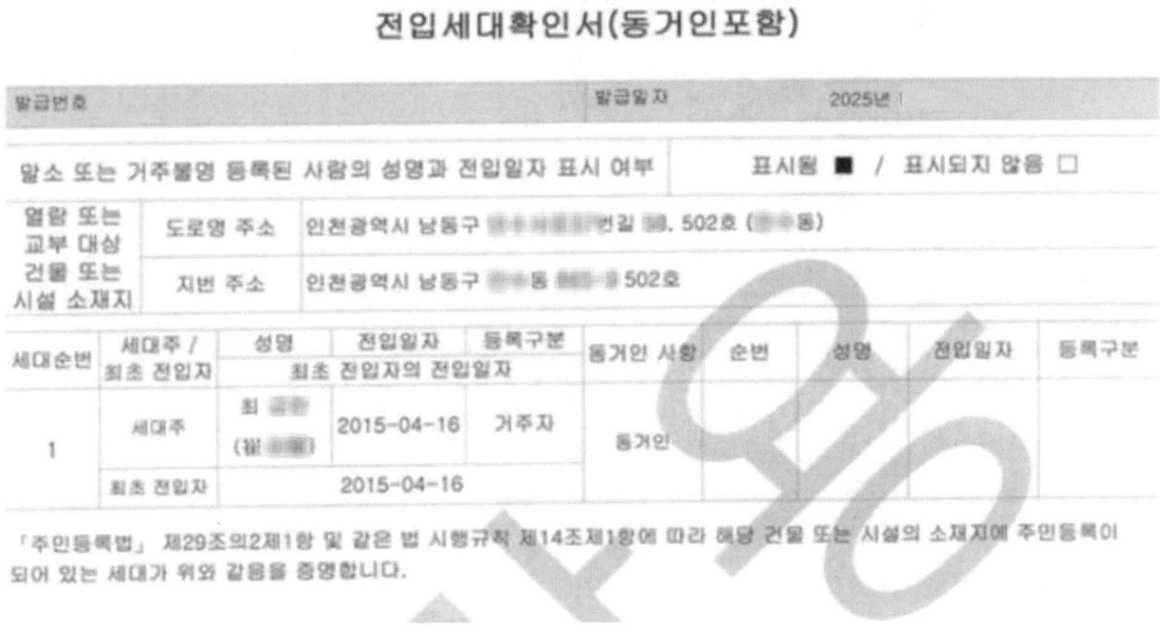

전입세대확인서(동거인포함)

발급번호		발급일자	2025년
말소 또는 거주불명 등록된 사람의 성명과 전입일자 표시 여부		표시됨 ■ / 표시되지 않음 □	
열람 또는 교부 대상 건물 또는 시설 소재지	도로명 주소	인천광역시 남동구 번길 , 502호 (동)	
	지번 주소	인천광역시 남동구 동 502호	

세대순번	세대주 / 최초 전입자	성명	전입일자	등록구분	동거인 사항	순번	성명	전입일자	등록구분
		최초 전입자의 전입일자							
1	세대주	최 ( )	2015-04-16	거주자	동거인				
	최초 전입자	2015-04-16							

「주민등록법」 제29조의2제1항 및 같은 법 시행규칙 제14조제1항에 따라 해당 건물 또는 시설의 소재지에 주민등록이 되어 있는 세대가 위와 같음을 증명합니다.

주민등록 전입세대확인서에는 세대주가 최씨 1명입니다. 최씨의 전입일자는 2015년 4월 16일입니다. 임차인의 전입일자를 등기부 등본의 권리순서에 대입합니다.

등기부 현황(집합), 전입

접수일	등기목적	권리자	채권금액(원)	기타	소멸여부
2009,09.18	소유권이전	김**		매매 99,000,000원	
2009.09.18	근저당권설정	고흥농협	83,200,000	말소기준권리	소멸
2009.10.21	전입	이**	보:23,000,000 월:250,000		소멸
2015.04.16	전입	최**			소멸
2024.03.19	임의경매	고흥농협	청구금액 67,594,841		소멸

임차인의 주민등록 전입신고일이 말소기준권리 설정일(최선순위 근저당권설정일 등)보다 늦으면 임차권은 경매로 소멸합니다. 따라서 낙찰자에게 임차권을 주장할 수 없습니다. 이런 임차인을 대항력 없는 임차인이라고 합니다. 대항력 없는 임차인은 부동산인도명령 대상자입니다.

대법원 판례 99다59306은 경매목적 부동산이 경락된 경우에는 소멸된 선순위 저당권보다 뒤에 등기되었거나 대항력을 갖춘 임차권은 함께 소멸하는 것이고, 따라서 그 경락인은 주택임대차보호법 제3조에서 말하는 임차주택의 양수인 중에 포함된다고 할 수 없을 것이므로 경락인에 대하여 그 임차권의 효력을 주장할 수 없다고 합니다. 따라서 매수인이 임차인에게 주택의 인도를 요구했는데 거절하면 부동산인도명령을 신청하여 인도명령을 받아 강제집행할 수 있습니다.

※ 대항력 : 임차인이 제3자에게 자신의 임대차관계를 주장할 수 있는 권리

대항요건

전입신고

임차인 본인뿐만 아니라 그 배우자나 자녀 등 가족의 주민등록을 포함 (대법원 87다카3093, 94마2134)

입주 및 주민등록을 마친 주택 임차인이 가족의 주민등록은 그대로 둔 채 임차인만 주민등록을 일시 다른 곳으로 옮긴 경우 대항력 있음 (대법원 95다30338)

인도
점유의 이전

대항력 발생시기

그 다음 날 0시

등기가 같은 날 이루어진 경우에 그 선후 관계를 밝혀 선순위 권리자를 정하는 것이 사실상 곤란, 제3자가 인도와 주민등록을 마친 임차인이 없음을 확인하고 등기까지 경료하였음에도 그 후 같은 날 임차인이 인도받아 주민등록을 마침으로 인하여 입을 수 있는 불측의 피해를 방지하기 위하여 임차인보다 등기를 경료한 권리자를 우선시키고자 하는 취지(대법원 97다22393)

1981년 3월 5일 주택의 임대차에 관하여 민법에 대한 특례를 규정함으로써 무주택국민의 주거생활의 안정을 보장하고 임차인의 불편을 해소함은 물론 그 임차권을 보호하여 안정된 임차생활을 영위할 수 있도록 하기 위하여 주택임대차보호법을 제정하였습니다.

주택임대차보호법에서는 지역에 따라 일정액 이하의 소액보증금에 대해서는 보증금 중 일부를 우선변제 해주는 제도가 있습니다. 소액보증금 최우선변제에 대하여 살펴봅시다.

주택임대차보호법 제8조제1항에 의해 소액보증금 최우선변제 임차인은 보증금 중 일정액을 다른 담보물권자보다 우선하여 변제받을 권리가 있습니다. 이 경우 임차인은 주택에 대한 경매개시결정의 등기 전에 주택의 인도와 주민등록을 갖추고 배당요구의 종기까지 배당요구 신청을 하여야 합니다.

말소기준권리

경매로 임차권 소멸 ⇨ 대항력 없는 임차인 ⇨ 인도명령 대상자

2009.09.18. 근저당권 → 2009.10.21. 전입 보증금 23,000,000원 → 2024.03.29. 경매개시결정

⇓ 인천 6,000만원 이하 최대 2,000만원 최우선변제액

⇓ 경매개시결정 전 전입 ▶▶▶▶▶▶▶▶▶▶▶▶▶▶▶▶▶ 매각가격의 1/2 범위내 배당

주택임대차보호법 제8조제1항
1. 경매개시결정일 이전에 주택의 인도와 주민등록을 갖추고 배당요구의 종기까지 배당요구 신청
2. 소액보증금의 범위를 판단하는 기준일 : 담보권설정일
3. 소액임차인이 여러 명이 있을 경우 전부 동 순위
4. 매각가액의 1/2 범위 내에서 배당

입찰 진행 내용

구분	매각기일	최저매각가격(원)	상태	매각 35,500,500원 (50%)
1차	2025.02.03	77,000,000	유찰	2025.04.20 : 매각결정기일 매각허가
2차	2025.03.13	53,900,000	유찰	2025.05.30 : 대금지급기한 / 2025.05.21 : 납부
3차	2025.04.15	37,730,.000	매각	2025.07.17 : 배당기일

35,500,500원에 낙찰되었습니다. 예상 배당입니다.

예상 배당순서 입찰가격 35,500,500원

권리	권리자	채권최고액	예상배당금	미수금	잔액	인수여부
법원경비	법원		1,900,000		33,600,500	
소액임차인	박**	23,000,000	16,800,250	6,199,750	16,800,250	말소
근저당권	남**	83,200,000	16,800,250	66,399,750	0	말소
계			35,500,500		0	

임차인은 소액임차인 최우선변제로 보증금 23,000,000원 중 16,800,250원 배당받을 것으로 예상됩니다. 배당받지 못한 보증금 잔액 6,199,750원이 있습니다. 전입신고일이 말소기준권리 근저당권설정일보다 늦어 경매로 임차권이 소멸되기 때문에 매수인이 인수하지 않습니다.

임차인은 배당요구종기까지(배당요구종기가 연기된 경우에는 그때까지) 주택이 인도와 주민등록이라는 요건이 계속 존속되어야 합니다.

소액보증금의 대상과 보호금액이 사회경제적 여건의 변화에 따라 여러 차례 개정되었습니다. 그래서 임차인보다 우선하는 담보물권이 있는 경우 그 담보물건이 설정된 시점을 기준으로 소액임차인 여부를 판단합니다. 소액보증금 최우선변제 제도에 있어서 중요한 것은 소액보증금의 범위를 판단하는 기준일을 아는 겁니다.

소액임차인에 대한 최우선변제액은 주택가액의 2분의 1 및 상가건물가액의 2분 1의 범위입니다. 소액보증금에 해당되는 임차인이 여러 명 있을 때 이들 소액보증금 최우선변제액의 합이 주택가액의 2분의 1을 초과하는 경우가 있을 수 있습니다. 이런 경우에는 2분의 1 한도 내에서 배당합니다.

대법원 2001다8974 판례는 주택가액의 2분의 1에서 '주택가액'이라 함은 매각대금에다가 집행비용 등을 공제한 실제 배당할 금액이다고 합니다.

한 채의 주택에 소액임차인이 여러 명 있는 경우는 소액임차인들은 전부 같은 순위입니다. 소액임차인이 여럿 있는 경우 배당시 그들의 순위는 대항력 취득시기와 관계없이 전부 같은 순위입니다.

상가건물임대차보호법은 상가건물의 임대차에 대하여 적용합니다. 상가건물임대차보호법의 보호대상이 되는 임차상인의 임대보증금과 소액임차인 최우선변제권은 몇 차례 개정되있습니다. 적용범위를 초과하는 임대차에 대하여는 그러하지 아니합니다.

임대차는 그 등기가 없는 경우에도 임차인이 건물의 인도와 부가가치세법 제8조, 소득세법 제168조 또는 법인세법 제111조에 따른 사업자등록을 신청하면 그 다음 날부터 제3자에 대하여 효력이 생깁니다. 대항요건을 갖추고 관할 세무서장으로부터 임대차계약서상의 확정일자를 받은 임차인은 민사집행법에 따른 경매 또는 국세징수법에 따른 공매 시 임차건물(임대인 소유의 대지를 포함한다)의 환가대금에서 후순위 권리자나 그 밖의 채권자보다 우선하여 보증금을 변제받을 권리가 있습니다. 다만, 이러한 보호를 받기 위해서는 임차건물에 대하여 경매신청의 등기 전에 건물의 인도 및 사업자등록신청을 하여야 합니다.

대법원 2010다56678 판례에 의하면 상가건물 임차인은 사업자등록신청서에 해당 부분의 도면을 첨부하여야 하고, 이해관계인은 임대차의 목적이 건물의 일부분인 경우 그 부분 도면의 열람 또는 제공을 요청할 수 있도록 하고 있으므로, 건물의 일부분을 임차한 경우 그 사업자등록이 제3자에 대한 관계에서 유효한 임대차의 공시방법이 되기 위해서는 특별한 사정이 없는 한 사업자등록신청 시 그 임차 부분을 표시한 도면을 첨부하여야 할 것입니다.

다만 앞서 본 사업자등록이 상가건물 임대차에 있어서 공시방법으로 마련된 취지에 비추어 볼 때, 상가건물의 일부분을 임차한 사업자가 사업자등록시 임차 부분을 표시한 도면을 첨부하지는 않았지만, 예컨대 상가건물의 특정 층 전부 또는 명확하게 구분되어 있는 특정 호실 전부를 임차한 후 이를 제3자가 명백히 인식할 수 있을 정도로 사업자등록사항에 표시한 경우, 또는 그 현황이나 위치, 용도 등의 기재로 말미암아 도면이 첨부된 경우에 준 할 정도로 임차 부분이 명백히 구분됨으로써 당해 사업자의 임차 부분이 어디인지를 객관적으로 명백히 인식할 수 있을 정도로 표시한 경우와 같이 일반 사회통념상 그 사업자등록이 도면 없이도 제3자가 해당 임차인이 임차한 부분을 구분하여 인식할 수 있을 정도로 특정이 되어 있다고 볼 수 있는 경우에는 그 사업자등록을 제3자에 대한 관계에서 유효한 임대차의 공시방법으로 볼 수 있다고 할 것이다고 합니다.

예를 들어 건물 중 2층 일부 부분에 관하여 각 임대차 계을 체결하고, 임차인의 사업자등록증 중 「사업장 소재지」란에 A시 B동 1번지(2층)라고 표시되어 있으나, 임차인이 사업자등록 신청 시 위 점포를 특정할 수 있는 도면을 첨부하였다거나 그 사업자등록이 도면 없이도 제3자가 해당 임차인이 임차한 부분을 구분하여 인식할 수 있을 정도로 특정이 되어 있다고 볼 수 있음을 인정할 만한 자료가 없는 이상, 이 임차인의 사업자등록은 제3자에게 임대차의 공시방법으로서 유효하다고 할 수 없습니다.

상가 건물의 경우는 주택과 달리 보통 보증금과 월세의 형태가 주를 이루고 있습니다. 예를 들어 2021년 2월 10일 기준으로 서울 소재 보증금 3,000만 원에 월세 100만 원이라면 환산보증금은 1억 3,000만원입니다.

환산보증금 계산
30,000,000원 + 100,000,000원(= 1,000,000원 × 100) = 130,000,000원

전세보증금에 월세를 끼고 영업하는 경우 환산보증금 계산방법은 월세 금액에 100을 곱한 금액을 전세보증금에 합치면 됩니다. 예를 들어 보증금이 1억 원이고, 월세가 100만원인 경우 환산

보증금은 2억 원(1억 원 + 100만 원 × 100)이 됩니다.

주택소액임차인 최우선변제액

담보권 설정일	지역	보증금 범위	최우선변제액
1990.2.19 ~ 1995.10.18	특별시, 광역시	2,000만원 이하	700만원 까지
1995.10.19 ~ 2001.9.14	특별시, 광역시(군지역 제외)	3,000만원 이하	1,200만원 까지
2001.9.15 ~ 2008.8.20	서울시, 인천광역시, 수도권 중 과밀억제권역	4,000만원 이하	1,600만원 까지
	광역시(인천, 군지역 제외)	3,500만원 이하	1,400만원 까지
	그 밖의 지역	3,000만원 이하	1,200만원 까지
2008.8.21 ~ 2010.7.25	서울시, 인천광역시, 수도권 중 과밀억제권역	6,000만원 이하	2,000만원 까지
	광역시(인천, 군지역 제외)	5,000만원 이하	1,700만원 까지
	그 밖의 지역	4,000만원 이하	1,400만원 까지
2010.7.26. ~ 2013.12.31	서울특별시	7,500만원 이하	2,500만원 까지
	수도권 중 과밀억제권역 (서울특별시 제외)	6,500만원 이하	2,200만원 까지
	광역시(수도권 중 과밀억제권역, 군지역 제외), 안산시, 용인시, 김포시, 광주시	5,500만원 이하	1,900만원 까지
	그 밖의 지역	4,000만원 이하	1,400만원 까지
2014.1.1 ~ 2016.3.30	서울특별시	9,500만원 이하	3,200만원 까지
	수도권 중 과밀억제권역 (서울특별시 제외)	8,000만원 이하	2,700만원 까지
	광역시(수도권 중 과밀억제권역, 군지역 제외), 안산시, 용인시, 김포시, 광주시	6,000만원 이하	2,000만원 까지
	그 밖의 지역	4,500만원 이하	1,500만원 까지
2016.3.31. ~ 2018.9.17	서울특별시	1억원 이하	3,400만원 까지
	수도권 중 과밀억제권역 (서울특별시 제외)	8,000만원 이하	2,700만원 까지
	광역시(수도권 중 과밀억제권역, 군지역 제외), 안산시, 용인시, 김포시, 광주시, (세종시 포함)	6,000만원 이하	2,000만원 까지
	그 밖의 지역(세종시 제외)	5,000만원 이하	1,700만원 까지
2018.9.18 ~ 2021.5.10	서울특별시	1억1천만원 이하	3,700만원 까지
	수도권 중 과밀억제권역, 세종시, 용인시, 화성시	1억원 이하	3,400만원 까지
	광역시(수도권 정비계획법에 따른 과밀억제권역과 군지역은 제외한다) 안산시, 김포시, 광주시, 파주시	6,000만원 이하	2,000만원 까지
	그 밖의 지역	5,000만원 이하	1,700만원 까지
2021.5.11. ~	서울특별시	1억5천만원 이하	5,000만원 까지
	수도권 중 과밀억제권역, 세종	1억3천만원 이하	4,300만원 까지

2023.2.20	시, 용인시, 화성시		
	광역시(수도권 정비계획법에 따른 과밀억제권역과 군지역은 제외한다) 안산시, 광주시, 파주시. 이천시, 평택시	7,000만원 이하	2,300만원 까지
	그 밖의 지역	6,000만원 이하	2,000만원 까지
2023.2.21. ~	서울특별시	1억6천500만원	5,500만원 까지
	수도권정비계획법에 따른 과밀억제권역, 세종시, 용인시, 화성시, 김포시	1억4천500만원	4,800만원 까지
	광역시(「수도권정비계획법에 따로 과밀억제권역에 포함된 지역과 군지역은 제외한다」), 안산시, 광주시, 파주시, 이천시, 및 평택시	8천500만원	2,800만원 까지
	그 밖의 지역	7천500만원	2,500만원 까지

* 수도정비계획법 중 과밀억제권역

* 서울특별시, 의정부시, 구리시, 하남시, 고양시, 수원시, 성남시, 안양시, 부천시, 광명시, 과천시, 의왕시, 군포시, 시흥시(반월특수지역 제외), 남양주시(호평동, 평내동, 금곡동, 일패동, 이패동, 삼패동, 가운동, 수석동, 지금동 및 도농동에 한한다.),
인천광역시(강화군, 옹진군, 서구 대곡동·불로동·마전동·금곡동·오류동·왕길동·당하동·원당동, 인천경제자유구역 및 남동국가산업단지를 제외)

대지 및 건물이 경매개시되었다가 대지 부분만 낙찰된 경우에도, 그 주택의 소액임차인은 대지 낙찰대금 중에서 보증금을 우선변제받을 수 있을까요?

대법원 판례 2012다45689를 살펴보면 다음과 같습니다. 대항요건 및 확정일자를 갖춘 임차인과 소액임차인은 임차주택과 대지가 함께 경매될 경우뿐만 아니라 임차주택과 별도로 대지만이 경매될 경우에도 대지의 환가대금에 대하여 우선변제권을 행사할 수 있다. 이와 같은 우선변제권은 이른바 법정담보물권의 성격을 갖는 것으로서 임대차 성립 시의 임차 목적물인 임차주택 및 대지의 가액을 기초로 임차인을 보호하고자 인정되는 것이므로, 임대차 성립 당시 임대인의 소유였던 대지가 타인에게 양도되어 임차주택과 대지의 소유자가 서로 달라진 경우에도 임차인은 대지의 경매대금에 대하여 우선변제권을 행사할 수 있다. 이러한 법리는 여러 필지의 임차주택 대지 중 일부가 타인에게 양도되어 일부 대지만이 경매되는 경우도 마찬가지라 할 것이다. 한편 임차인이 대항력과 확정일자를 갖춘 후에 임대차계약이 갱신되더라도 대항력과 확정일자를 갖춘 때를 기준으로 종전 임대차 내용에 따른 우선변제권을 행사할 수 있다고 합니다.

상가건물임대차보호법 적용대상 및 우선변제권의 범위

담보권 설정일	지역	보호법 적용대상	보증금 범위	최우선 변제액
2002.11.1 ~ 2008.8.20	서울특별시	2억4천만원 이하	4,500만원 이하	1,350만원 까지
	과밀억제권역 (서울특별시 제외)	1억9천만원 이하	3,900만원 이하	1,170만원 까지
	광역시(군지역과 인천광역시 지역 제외)	1억5천만원 이하	3,000만원 이하	900만원 까지
	그 밖의 지역	1억4천만원 이하	2,500만원 이하	750만원 까지
2008.8.21 ~ 2010.7.25	서울특별시	2억6천만원 이하	4,500만원 이하	1,350만원 까지
	과밀억제권역 (서울특별시 제외)	2억1천만원 이하	3,900만원 이하	1,170만원 까지
	광역시(군지역과 인천광역시 지역 제외)	1억6천만원 이하	3,000만원 이하	900만원 까지
	그 밖의 지역	1억5천만원 이하	2,500만원 이하	750만원 까지
2010.7.26 ~ 2013.12.31	서울특별시	3억원 이하	5,000만원 이하	1,500만원 까지
	과밀억제권역 (서울특별시 제외)	2억5천만원 이하	4,500만원 이하	1,350만원 까지
	광역시(과밀억제권역에 포함된 지역과 군지역은 제외), 안산시, 용인시, 김포시, 광주시	1억8천만원 이하	3,000만원 이하	900만원 까지
	그 밖의 지역	1억5천만원 이하	2,500만원 이하	750만원 까지
2014.1.1 ~ 2018.1.25	서울특별시	4억원 이하	6,500만원 이하	2,200만원 까지
	과밀억제권역 (서울특별시 제외)	3억원 이하	5,500만원 이하	1,900만원 까지
	광역시(과밀억제권역에 포함된 지역과 군지역은 제외), 안산시, 용인시, 김포시, 광주시	2억4천만원 이하	3,800만원 이하	1,300만원 까지
	그 밖의 지역	1억8천만원 이하	3,000만원 이하	1,000만원 까지
2018.1.26 ~ 2019.4.1	서울특별시	6억1천만원 이하	6,500만원 이하	2,200만원 까지
	과밀억제권역 및 부산광역시(서울특별시 제외)	5억원 이하	5,500만원 이하 (부산:3,800만원/기장:3,000만원)	1,900만원 까지 (부산:1,300만원/기장:1,000만원)
	광역시(과밀억제권역에 포함된 지역과 군지역은 제외), 세종시, 파주시, 화성시, 안산시, 용인시, 김포시, 광주시	3억9천만원 이하	3,800만원 이하	1,300만원 까지
	그 밖의 지역	2억7천만원 이하	3,000만원 이하	1,000만원 까지
2019.4.2 ~	서울특별시	9억원 이하	6,500만원 이하	2,200만원 까지
	과밀억제권역 및 부산광역시(서울특별시 제외)	6억9천만원 이하	5,500만원 이하 (부산:3,800만원/기장:3,000만원)	1,900만원 까지 (부산:1,300만원/기장:1,000만원)
	광역시(과밀억제권역에 포함된 지역과 군지역은 제외), 세종시, 파주시, 화성시, 안산시, 용인시, 김포시, 광주시	5억4천만원 이하	3,800만원 이하	1,300만원 까지
	그 밖의 지역	3억7천만원 이하	3,000만원 이하	1,000만원 까지

- 상가임차인의 최우선 변제금 : 경매신청 등기전에 건물의 인도와 사업자등록을 마쳐야 함(매각금액의 1/2, 개정전 2013.12.31.까지 1/3의 한도)
- 환산보증금 : 전세의 경우 보증금을, 월세의 경우 보증금+(월세X100)

법원에서 제공하는 매각물건명세서로 권리분석을 하겠습니다.

매각물건명세서

사 건	2024타경4▒▒ 부동산임의경매	매각 물건번호	1	작성 일자	2025.01.03	담임법관 (사법보좌관)	▒▒▒
부동산 및 감정평가액 최저매각가격의 표시	별지기재와 같음	최선순위 설정	2009.09.18.근저당권			배당요구종기	2024.06.10

부동산의 점유자와 점유의 권원, 점유할 수 있는 기간, 차임 또는 보증금에 관한 관계인의 진술 및 임차인이 있는 경우 배당요구 여부와 그 일자, 전입신고일자 또는 사업자등록신청일자와 확정일자의 유무와 그 일자

점유자 성 명	점유 부분	정보출처 구 분	점유의 권 원	임대차기간 (점유기간)	보 증 금	차 임	전입신고 일자·외국인 등록(체류지 변경신고)일자·사업자등록신청일자	확정일자	배당 요구여부 (배당요구일자)
이▒▒	전부	권리신고	주거 임차인	2009.10.21.~ 현재까지	23,000,000	250,000	2009.10.21.		2024.06.10
최▒▒		현황조사	주거 임차인				2015.04.16		

<비고>

최▒▒:이▒▒의 모임

※ 최선순위 설정일자보다 대항요건을 먼저 갖춘 주택·상가건물 임차인의 임차보증금은 매수인에게 인수되는 경우가 발생 할 수 있고, 대항력과 우선변제권이 있는 주택·상가건물 임차인이 배당요구를 하였으나 보증금 전액에 관하여 배당을 받지 아니한 경우에는 배당받지 못한 잔액이 매수인에게 인수되게 됨을 주의하시기 바랍니다.

등기된 부동산에 관한 권리 또는 가처분으로 매각으로 그 효력이 소멸되지 아니하는 것
매각에 따라 설정된 것으로 보는 지상권의 개요
비고란

주1 : 매각목적물에서 제외되는 미등기건물 등이 있을 경우에는 그 취지를 명확히 기재한다.

2 : 매각으로 소멸되는 가등기담보권, 가압류, 전세권의 등기일자가 최선순위 저당권등기일자보다 빠른 경우에는 그 등기일자를 기재한다.

사 건	2024타경4▒▒ 부동산임의경매	매각 물건번호	1	작성 일자	2025.01.03	담임법관 (사법보좌관)	▒▒▒
부동산 및 감정평가액 최저매각가격의 표시	별지기재와 같음	최선순위 설정	2009.09.18.근저당권			배당요구종기	2024.06.10

최선순위 설정은 2009년 9월 18일 근저당권입니다. 민사집행법 제91조제2항은 매각부동산 위의 모든 저당권을 매각으로 소멸한다고 합니다. 2009년 9월 18일 근저당권은 경매로 인한 매각으로 소멸됩니다.

등기된 부동산에 관한 권리 또는 가처분으로 매각으로 그 효력이 소멸되지 아니하는 것

등기된 부동산에 관한 권리 즉 이 경매부동산의 등기부에 설정된 근저당권 1건, 임의경매는 소멸

된다는 겁니다. 등기부상 권리 인수하는 것 없다는 뜻입니다.

매각물건명세서

사 건	2024타경4 부동산임의경매	매각 물건번호	1	작성 일자	2025.01.03	담임법관 (사법보좌관)	
부동산 및 감정평가액 최저매각가격의 표시	별지기재와 같음	최선순위 설정	2009.09.18.근저당권			배당요구종기	2024.06.10

부동산의 점유자와 점유의 권원, 점유할 수 있는 기간, 차임 또는 보증금에 관한 관계인의 진술 및 임차인이 있는 경우 배당요구 여부와 그 일자, 전입신고일자 또는 사업자등록신청일자와 확정일자의 유무와 그 일자

점유자 성 명	점유 부분	정보출처 구 분	점유의 권 원	임대차기간 (점유기간)	보 증 금	차 임	전입신고 일자·외국인 등록(체류지 변경신고)일 자·사업자등 록신청일자	확정일자	배당 요구여부 (배당요구일자)
이	전부	권리신고	주거 임차인	2009.10.21.~ 현재까지	23,000,000	250,000	2009.10.21.		2024.06.10
최		현황조사	주거 임차인				2015.04.16		

<비고>

최 :이 의 모임

전입 + 인도 → 근저당권 설정일 이후 전입 → 경매로 임차권 소멸 → 인도명령 대상자

※ 최선순위 설정일자보다 대항요건을 먼저 갖춘 주택·상가건물 임차인의 임차보증금은 매수인에게 인수되는 경우가 발생 할 수 있고, 대항력과 우선변제권이 있는 주택·상가건물 임차인이 배당요구를 하였으나 보증금 전액에 관하여 배당을 받지 아니한 경우에는 배당받지 못한 잔액이 매수인에게 인수되게 됨을 주의하시기 바랍니다.

등기된 부동산에 관한 권리 또는 가처분으로 매각으로 그 효력이 소멸되지 아니하는 것
매각에 따라 설정된 것으로 보는 지상권의 개요
비고란

주1 : 매각목적물에서 제외되는 미등기건물 등이 있을 경우에는 그 취지를 명확히 기재한다.

2 : 매각으로 소멸되는 가등기담보권, 가압류, 전세권의 등기일자가 최선순위 저당권등기일자보다 빠른 경우에는 그 등기일자를 기재한다.

임차인들은 최선순위 설정일 2009년 9월 18일 근저당권 설정 이후 2009년 10월 21일과 2015년 4월 16일 전입신고를 하였습니다. 근저당권이 경매로 소멸되므로, 근저당권 설정일 이후 전입한 임차인들은 경매로 인한 매각으로 임차권이 소멸됩니다. 이런 임차인을 대항력 없는 임차인이라고 합니다.

민사집행법 제136조제1항에 의해 대항력 없는 임차인은 인도명령 대상자입니다. 임차인들이 낙찰자에게 주택의 인도를 거절하면, 부동산인도명령을 신청하여 인도명령을 받아 강제집행할 수 있습니다. 임차인은 배당요구를 하였습니다. 임차인이 배당금을 수령하려면 ①임대차계약서 원본, ②주택임차인은 과거주소변동 사항이 포함된 주민등록표등본 또는 초본, 상가건물임차인은 상가건물 임대차 현황서 등본 ③매수인의 인감이 날인된 임차목적물 명도(퇴거)확인서 ④매수인의 인감증명서를 각 1통씩 배당 당일에 제출하여야 합니다 단, 배당요구종기까지 배당요구한 임차인에 한하여 배

당받을 수 있습니다. 채권자가 배당액을 입금할 예금계좌(예금통장사본 첨부) 및 채권자의 주민등록번호를 신고하면 그 예금계좌에 입금하여 줍니다. 낙찰 후 등기부 등본입니다.

등기사항전부증명서(말소사항 포함)
- 집합건물 -

고유번호 1247-2002-

[집합건물] 인천광역시 남동구 동 빌라 제5층 제502호

【 표 제 부 】 (1동의 건물의 표시)				
표시번호	접 수	소재지번,건물명칭 및 번호	건 물 내 역	등기원인 및 기타사항
~~1~~	~~2002년1월21일~~	~~인천광역시 남동구 동~~ ~~빌라~~	~~철근콘크리트조 슬래브지붕~~ ~~5층 다세대주택 및~~ ~~근린생활시설~~ ~~1층 129.96㎡~~ ~~2층 129.24㎡~~ ~~3층 129.24㎡~~ ~~4층 129.24㎡~~ ~~5층 129.24㎡~~	~~도면편철장 1책 84장~~
2		인천광역시 남동구 동 빌라 [도로명주소] 인천광역시 남동구	철근콘크리트조 슬래브지붕 5층 다세대주택 및 근린생활시설 1층 129.96㎡ 2층 129.24㎡ 3층 129.24㎡ 4층 129.24㎡ 5층 129.24㎡	도로명주소 2019년9월16일 등기

(대지권의 목적인 토지의 표시)				
표시번호	소 재 지 번	지 목	면 적	등기원인 및 기타사항
1	1. 인천광역시 남동구 동	대	239.7㎡	2002년1월21일

【 표 제 부 】 (전유부분의 건물의 표시)				
표시번호	접 수	건 물 번 호	건 물 내 역	등기원인 및 기타사항
1	2002년1월21일	제5층 제502호	철근콘크리트조 28.85㎡	도면편철장 1책 84장

열람일시 : 2025년10월24일 07시57분13초

1/5

[집합건물] 인천광역시 남동구 동 빌라 제5층 제502호

(대지권의 표시)			
표시번호	대지권종류	대지권비율	등기원인 및 기타사항
1	1 소유권대지권	239.7분의 11.73	2002년1월19일 대지권 2002년1월21일

【 갑 구 】 (소유권에 관한 사항)				
순위번호	등 기 목 적	접 수	등 기 원 인	권리자 및 기타사항
1	소유권보존	2002년1월21일 제6513호		소유자 정 62-******* 인천 남동구
2	소유권이전	2002년2월7일 제12778호	2002년1월5일 매매	소유자 김 78-******* 인천 남동구 맨션 502호
3	~~임의경매개시결정~~	~~2003년7월24일 제76836호~~	~~2003년7월19일 인천지방법원의 경매개시 결정(2003타경1 13452)~~	~~채권자 주식회사국민은행 서울 중구 남대문로2가 9-1 (인천엔피엘관리센터)~~
4	소유권이전	2004년11월5일 제76972호	2004년11월5일 임의경매로 인한 매각	소유자 유 61-******* 인천 서구 검암동
5	3번임의경매개시결 정 등기말소	2004년11월5일 제76972호	2004년11월5일 임의경매로 인한 매각	
6	소유권이전	2004년11월19일 제80822호	2004년11월17일 매매	소유자 김 81-******* ~~인천 남동구 간석동 주택 104동 302호~~
6-1	6번등기명의인표시 변경	2006년9월26일 제55738호	2004년12월6일 전거	~~김 의 주소 인천 남동구 동 맨션 502호~~
6-2	6번등기명의인표시 변경		2009년9월17일 전거	김 의 주소 인천광역시 남동구 302호 2009년9월18일 부기

열람일시 : 2025년10월24일 07시57분13초

[집합건물] 인천광역시 남동구 동 빌라 제5층 제502호

순위번호	등 기 목 적	접 수	등 기 원 인	권리자 및 기타사항
7	소유권이전	2009년9월18일 제67414호	2009년8월21일 매매	소유자 김 77 -******* 서울특별시 관악구 거래가액 금99,000,000원
8	~~임의경매개시결정~~	~~2024년3월19일~~ ~~제102670호~~	~~2024년3월19일~~ ~~인천지방법원의~~ ~~임의경매개시결~~ ~~정(2024타경4~~ ~~)~~	~~채권자 고흥농업협동조합 204936-0000134~~ ~~전라남도 고흥군 고흥읍 여산당촌길 5~~ ~~(서문리)~~
9	소유권이전	2025년5월21일 제2476720호	2025년5월21일 임의경매로 인한 매각	공유자 지분 20분의 19 조 86 -******* 인천광역시 서구 청라한내로 ( ) 지분 20분의 1 한 80 -******* 인천광역시 서구 청라한내로 ( )
10	8번임의경매개시결 정등기말소	2025년5월21일 제2476720호	2025년5월21일 임의경매로 인한 매각	

【 을 구 】 (소유권 이외의 권리에 관한 사항)

순위번호	등 기 목 적	접 수	등 기 원 인	권리자 및 기타사항
~~1~~	~~근저당권설정~~	~~2002년2월7일~~ ~~제12779호~~	~~2002년2월7일~~ ~~설정계약~~	~~채권최고액 금54,000,000원~~ ~~채무자 김~~ ~~인천 남동구 맨션 502호~~ ~~근저당권자 주식회사국민은행 110111-2365321~~ ~~서울 중구 남대문로2가 9-1~~ ~~(고척동지점)~~
2	1번근저당권설정 등기말소	2004년11월5일 제76972호	2004년11월5일 임의경매로 인한 매각	
3	~~근저당권설정~~	~~2006년9월26일~~ ~~제55739호~~	~~2006년9월26일~~ ~~설정계약~~	~~채권최고액 금3,900,000원~~ ~~채무자 김~~ ~~인천 남동구 동 맨션 502호~~

열람일시 : 2025년10월24일 07시57분13초

3/5

[집합건물] 인천광역시 남동구 빌라 제5층 제502호

순위번호	등 기 목 적	접 수	등 기 원 인	권리자 및 기타사항
				~~근저당권자 남동신용협동조합 120141-0000502~~ ~~인천 남동구 만수동 856-1~~
4	3번근저당권설정등기말소	2008년8월13일 제73447호	2008년8월12일 해지	
~~5~~	~~근저당권설정~~	~~2009년3월5일~~ ~~제14572호~~	~~2009년3월5일~~ ~~설정계약~~	~~채권최고액 금21,840,000원~~ ~~채무자 이~~ ~~인천광역시 남동구 맨션 502호~~ ~~근저당권자 남동신용협동조합 120141-0000502~~ ~~인천광역시 남동구 만수동 856-1~~
~~6~~	~~근저당권설정~~	~~2009년9월18일~~ ~~제67415호~~	~~2009년9월18일~~ ~~설정계약~~	~~채권최고액 금83,200,000원~~ ~~채무자 김~~ ~~서울특별시 관악구~~ ~~근저당권자 고흥농업협동조합 204936-0000134~~ ~~전라남도 고흥군 고흥읍 서문리 219-43~~
7	5번근저당권설정등기말소	2009년9월21일 제67759호	2009년9월21일 해지	
8	6번근저당권설정등기말소	2025년5월21일 제2476720호	2025년5월21일 임의경매로 인한 매각	
9	근저당권설정	2025년5월21일 제2476721호	2025년5월21일 설정계약	채권최고액 금33,880,000원 채무자 조 인천광역시 서구 청라한내로 동 1503호 (청라동,) 근저당권자 농협은행주식회사 110111-4809385 서울특별시 중구 통일로 120 (충정로1가) (안양호계금융센터)

-- 이 하 여 백 --

대한민국 법원

○ 기본내용 (인천지방법원)

사건번호	2025타인5	사건명	부동산인도명령
재판부	경매2계 (전화:032-860-1602)		
접수일	2025.05.21	종국결과	2025.07.17 배당종결
항고접수일		항고인	
항고종국일		항고결과	
송달료,보관금,종결에 따른 잔액조회			
결정문송달일		확정일	

○ 최근기일내용

일자	시각	기일구분	기일장소	결과
		지정된 기일내용이 없습니다.		

※ 최근 기일 순으로 일부만 보입니다. 반드시 상세보기로 확인하시기 바랍니다.

○ 최근 제출서류 접수내용

일자	내용
접수된 문서내용이 없습니다.	

※ 최근 제출서류 순으로 일부만 보입니다. 반드시 상세보기로 확인하시기 바랍니다.

○ 관련사건내용

법원	사건번호	구분
인천지방법원	2024타경4171	기타

○ 당사자내용

구분	이름	결정문송달일	확정일
신청인	1. 조OO		
피신청인	1. 이OO		

▣ 연습문제

1. 다음 설명 중 맞는 것은?

① 현황조사보고서는 공신력이 인정됨으로 사실과 다를 경우 그 책임을 물을 수 있다.

② 최고가매수인이 매각대금을 납부하지 않아 재경매가 나올 때 최저매각가격이 20% 저감되어 경매를 진행한다.

③ 매각물건명세서의 작성에 중대한 하자가 있는 경우에는 매각허가에 대한 이의사유가 된다.

④ 집행관은 현황조사를 경매개시결정 전에 한다.

⑤ 현황조사보고서는 입찰대상 부동산의 현황을 되도록 정확히 파악하여 일반인에게 그 현황과 권리관계를 공시함으로써 매수 희망자가 입찰대상 물건에 필요한 정보를 쉽게 얻을 수 있게 하여 예측하지 못한 손해를 방지하고자 하는데 그 취지가 있다.

⑥ 대항력 없는 임차인은 부동산인도명령 대상자이다.

⑦ 임차인은 주민등록 전입신고를 하면 그날 대항력이 발생한다.

★ 부동산경매 절차

부동산경매 절차

임의경매 강제경매	경 매 신 청	경매예납금 + 필요서류 경매신청접수
흠결보정 명령 등	↓↓	통상 3일내 검토 & 결정
경매법원심사 개시결정선고	**경매개시결정**	경매기입등기촉탁 결정문 송달
결정을 한 후 바로 조사명령	↓↓	결정 평가명령
평가명령 & 현황조사 조사명령 후 2주내 완료 최고서를 받은 날로부터 14일 이내에 채권계산서 제출 권리신고 및 배당신청, 교부청구	매각환가준비	경매개시결정송달 **평가명령** **현황조사명령** 공과 주무관청에 대한 최고 남을 가망이 없을 경우 경매취소
	↓↓	
매각일, 매각기일, 매각조건 신문공고	매각기일공고	최초매각일 14일 전 공고
	↓↓	
대법원경매사이트에서 매각기일 14일 전부터 감정평가서, 현황조사보고서, 문건접수송달내역 등 열람	매각물건명세서 비치	대법원경매사이트에서 매각기일 7일 전부터 매각물건명세서 열람
	↓↓	
차순위매수신고인	매각기일	최고가매수신고인 결정
매각이의신청	↓↓	7일 내에 매각허가결정
최고가매수인자격심사 매각절차상 하자심사	매각허가결정	최고가매수인에게 매각을 허가하는 매각허가결정선고
즉시항고	↓↓	7일간의 항고기간
매수인의 해제조건부 소유권 취득	매각허가 결정확정	항고가 없거나 항고기각 후 매각허가결정 확정
개시결정에 대한 이의 청구이의의 소 채무이의의 소 집행정지신청	↓↓	
대금불납시 재매각 재매각 3일 전까지 대금납부시 재매각 취소	대각대금납부	소유권 취득
	↓↓	
배당표교부/확정	배당기일	배당표작성 비치(3일전)
7일내 배당이의의 소 제기	↓↓	
배당이의의 소 부당이득반환청구의 소	경매업무의 종결	

지방법원 지원

평 가 명 령

감정평가사사무소 이 귀하

사　　건　　2013타경 7 부동산임의경매 [전자]

소 유 자　　박

위 소유자 소유의 별지기재 부동산에 대한 평가를 하여 20 .2 5. 까지 그 평가서를 제출하되(열람, 비치용 사본 1부 첨부), 평가서에는 다음 각 호의 사항을 기재하고, 부동산의 형상 및 그 소재지 주변의 개황을 알 수 있는 도면.사진 및 토지대장.건축물대장 등본 등을 첨부하여야 합니다.

1. 사건의 표시
2. 부동산의 표시
3. 부동산의 평가액 및 평가년월일
   가.집합건물인 경우에는 건물 및 토지의 배분가액 표시
   나.제시외 건물이 있는 경우에는 반드시 그 가액을 평가하고, 제시외 건물이 경매대상에서 제외되어 그 대지가 소유권 행사를 제한 받는 경우에는 그 가액도 평가
   다.등기부상 지목과 현황이 다른 토지의 경우는 등기부상 지목 및 현황에 따른 각 평가액을 병기
4. 평가의 목적이 토지인 경우에는 지적(공부상 및 실제 면적), 법령에 따른 규제의 유무 및 그 내용과 공시지가(표준지가 아닌 경우에는 비교대상 표준지의 공시지가와 함께 표준지의 위치와 주변의 상황을 평가대상 토지와 비교할 수 있도록 도면.사진 등을 붙여야 합니다.), 그 밖에 평가에 참고가 된 사항(토지이용계획 확인서 등 첨부)
5. 평가의 목적이 건물인 경우에는 그 종류, 구조, 평면적(공부상 및 실제면적), 추정되는 잔존 내구년수 등 평가에 참고가 된 사항
6. 평가액의 구체적 산출 과정 (평가근거를 고려한 요소들에 대한 평가내역을 개별적으로 표시하여야 하고 통합형 설시를 통해 결론만 기재하여서는 아니됩니다.)
7. 대지권 등기가 되어 있지 아니한 집합건물인 경우에는 분양계약내용,분양대금 납부 여부, 등기되지 아니한 사유
8. 기타 집행법원이 기재를 명한 사항

20 . . 1.

현황조사명령

지방법원 집행관 귀하

사　　건　20　타경　　부동산임의경매

별지 기재 부동산에 대한 다음 사항을 조사하여 기재한 현황조사보고서를 20 .11.23.까지 제출하되(열람· 비치용 사본 1부 첨부), 야간· 휴일 현황조사를 실시한 때에는 그 사유를 기재하여 주시기 바랍니다.

1. 부동산의 현황 및 점유관계
   가. 부동산의 위치, 현황, 사용용도 및 내부구조 등(현장 도면 및 사진을 첨부하고, 특히 등기부상 지목은 농지이나 현황이 농지에 해당하는지 여부에 의문이 있는 경우에는 이를 즉시 집행법원에 보고한다.)
   나. 현황조사 대상건물이 멸실되고 다른 건물이 신축되어 있는 경우에는 관계인의 진술과 신· 구 건물의 동일성 상실 여부에 대한 집행관의 의견(구 건물에 대한 멸실등기가 경료되었으면 그 등기부등본을 첨부한다.)
   다. 부동산의 점유자와 소유자가 다른 경우에는 점유자, 점유권원, 점유기간, 점유부분(일부를 점유하는 경우에는 점유부분을 도면에 특정하여 표시한다.)
   라. 감정평가에 중대한 영향을 미칠 수 있는 부합물, 종물, 구성부분(제시외 건물, 고가의 정원석, 건축 중인 건물 등)이 있는 경우에는 그 내용 및 제시외 건물의 보존등기 여부(제시외 건물의 본건물에의 부합여부와 종물성을 판단할 수 있는 제시외 건물 부분에 대한 사진을 첨부한다.)

2. 임대차관계
   가. 임차목적물의 용도, 주민등록(또는 상가건물인 경우 등록사항등의 현황서)상의 동 · 호수와 등기부 등 공부상에 표시된 동 · 호수가 상이한 경우에는 실제 동 · 호수, 주민등록 (또는 등록사항등의 현황서)상의 동 · 호수와 공부상의 동 · 호수(용도가 주거와 영업의 겸용인 경우에는 주거부분 및 영업용부분을 명확히 도면에 구분하여 표시한다.)
   나. 임대차계약의 내용(임차인 성명, 임차보증금, 임차기간, 확정일자 유무 등)
   다. 매각부동산에 여러 명의 임차인이 거주하는 경우에는 각 임차인의 해당 임차부분, 입주인원수, 임차목적물이 주택인 경우 임차인 본인 및 그 가족들의 전· 출입 상황(건물의 내부구조와 각 부분별로 임차인을 표시한 도면을 첨부한다.)
   라. 매각부동산이 주택인 경우 그 소재지에 전입신고된 세대주 전원에 대한 주민등록 등 · 초본, 상가건물인 경우 임차인 전원에 대한 등록사항등의 현황서 및 건물도면의 등본 첨부

3. 기타현황　채권자 : 수산업협동조합중앙회
　　　　　　채무자 : 송
　　　　　　소유자 : 송　　(5　　-　　)
　　　　　　청구금액 : 금　　　52,000,000원

4. 야간 · 휴일 현황조사를 실시한 사유

20　　11.　9.

▣ 연습문제

1. 경매에 참여하는 사람들이 없어 경매물건이 주인을 찾지 못하고 떨어지는 것은 □□

2. 등기부 등본에 등기된 갑구와 을구의 권리는 접수일로 정리하였다. 최선순위 설정인 말소기준권리는 몇 번인가?

①근저딩권 A >> ②근저당권 B>> ③가압류 C >> ④압류 D>> ① 임의경매 B

3. 무잉여, 대항력 없는 확정일자 임차인, 3순위 근저당권자가 경매신청, 배당순위

2019타경1* 서울중앙지방법원 중앙**

매각기일 2019.12.04

소재지	서울 서초구 **동 ** 3층 301호				
물건종류	다세대/빌라	사건접수	2019.03.07	경매구분	임의경매
건물면적	75.88㎡(22.954평)	소유자	정**	감정가	608,000,000원
대지권	35.93㎡(10.869평)	채무자	정**	최저가	(64%) 389,120,000원
매각물건	건물전부, 토지전부	채권자	서**	입찰보증금	(10%) 38,912,000원

입찰 진행 내용

구분	매각기일	최저매각가격(원)	상태	
1차	2019-03-09	608,000,000	유찰	**매각 520,000,000원 (86%)** 2019.12.11 : 매각결정기일 매각허가결정 2020.01.20 : 대금지급기한
2차	2019-10-16	486,400,000	유찰	
입찰변경	2019-11-13	389,120,000	변경	
3차	2019-12-04	389,120,000	매각	

매각 물건 현황 가격시점 2018.10.18

목록		지번/토지이용계획/용도/구조/면적	감정가(원)	비고
건물	1	**동 ** 3층 301호 총 4층 중 3층 건물 75.88㎡(22.95평)	395,200,000 5,208,224(원/㎡)	보존등기 : 2000.11.27
		대지권(대지)287.3㎡ 중 35.93㎡(10.869평)	212,800,000 5,922,627(원/㎡)	
감정가			608,000,000	
비고		● 압류채권자로부터 금 520,000,000원의 매수신청의 보증이 있음		
토지이용계획		도시지역/제2종일반주거지역/상대보호구역/대공방어협조구역/과밀억제권역		

임차인 현황 말소기준권리 2001-10-10 소액임차인기준일 2001-10-10 배당요구종기일 2019-07-22

임차인/대항력		점유부분	전입/확정/배당	보증금/월세	예상배당액 예상인수액	비고
홍**	없음	방3칸 전부/주거(점유:2015.11.17.~)(이**의 배우자	전입 : 2015-11-20 확정 : 2015-11-20 배당 : 2018-12-13	보증금 330,000,000원	배당액 : 330,000,000원 미배당 : 0 인수액 : 없음	
김**	없음	주거(현황서상)				
-본건 부동산을 방문하여 전입세대 열람 내역에 등록된 세대주 이**의 배우자를 만나 문의 한 바, 본건 부동산에는 임차인 가족(동거인 포함)만 거주하고 다른 세입자는 없다고 진술(안내문 교부)						

등기부 현황(집합)

접수일	등기목적	권리자	채권금액(원)	기타	소멸여부
2001,10,10	근저당권	한빛은행	68,000,000	**말소기준권리**	소멸
2012.05.03	소유권이전	정**	315,000,000	전소유자 : 정** 매매(2012.05.02	
2017.08.22	근저당권	서*정	164,000,000		소멸
2017.08.22	근저당권	서*정	32,500,000		소멸
2018.01.16	소유권이전청구권가등기	박**	75,000,000		소멸
2019.03.19	임의경매	서*정		2019타경*****	소멸

2019타경1* 서울중앙지방법원 중앙**

매각기일 2019.12.04

소재지	서울 서초구 **동 ** 3층 301호				
물건종류	다세대/빌라	사건접수	2019.03.07	경매구분	임의경매
건물면적	75.88㎡(22.954평)	소유자	정**	감정가	608,000,000원
대지권	35.93㎡(10.869평)	채무자	정**	최저가	(64%) 389,120,000원
매각물건	건물전부, 토지전부	채권자	서**	입찰보증금	(10%) 38,912,000원

2019타경17** 서울중앙지방법원 경매사건입니다. 타경은 부동산경매사건을 말합니다. 물건의 종류는 다세대주택입니다.

다세대주택이란 한 건물에 '여러 세대'가 거주할 수 있도록 주거공간이 별도로 분리되어 있는 주택으로 공동주택이며, 집합건물입니다.

다세대주택은 주택법 제2조제3호에 따른 공동주택 중 주택법 시행령 제3조제1항제3호에 따라 주택으로 쓰는 1동의 바닥 면적이 660제곱미터 이하이며, 층수가 4층 이하인 주택을 말합니다.

다세대주택과 연립주택의 차이는 면적 660㎡를 기준으로 구분됩니다. 연립주택은 주택으로 쓰는 1개 동의 바닥 면적 합계가 660㎡를 초과하고, 층수가 4층 이하인 주택을 말합니다. 아파트는 주택으로 쓰이는 층수가 5개층 이상인 주택입니다.

공동주택은 건축물의 벽・복도・계단이나 그 밖의 설비 등의 전부 또는 일부를 공동으로 사용하는 각 세대가 하나의 건축물 안에서 각각 독립된 주거생활을 할 수 있는 구조로 된 주택입니다.

집합건물은 하나의 건물 안에 구조적으로 구분된 여러 개의 부분이 있고, 각 부분이 별개의 소유권의 대상이 될 수 있는 건물을 말합니다. 아파트, 오피스텔, 상가, 주상복합, 아파트형 공장 등이 이에 해당합니다. 집합건물은 전유부분과 공용부분으로 구분됩니다. 이러한 집합건물은 「집합건물의 소유 및 관리에 관한 법률」(집합건물법)의 적용을 받습니다. 집합건물은 한 동의 건물 안에서 각 부분이 독립적인 건물처럼 사용할 수 있도록 구조적으로 구분되어 있습니다. 구조상·이용상 독립성이 있습니다.

1동의 건물 내의 구분된 각 부분을 개별적인 소유권을 가질 수 있습니다. 이를 구분소유권이라고 합니다.

<table>
<tr><td colspan="2">집합건물(아파트, 연립주택, 다세대주택, 오피스텔, 상가, 쇼핑몰, 아파트형 공장 등)</td></tr>
<tr><td>전유부분</td><td>공유부분</td></tr>
<tr><td>건물 전체에서 각 세대나 호실이 차지하는 부분, 방, 거실, 주방, 화장실 등</td><td>복도, 계단, 옥상 등 공용으로 사용되는 부분</td></tr>
<tr><td colspan="2">전용면적 : 방, 거실, 주방, 화장실 등의 면적을 더한 것
주거공용면적 : 아파트 계단, 복도, 엘리베이터 등의 면적을 더한 것
기타공용면적 : 단지 내 관리사무소, 주차장 등
서비스면적 : 발코니 면적
공급면적 : 전용면적 + 주거공용면적
계약면적 : 공급면적 + 기타공용면적</td></tr>
</table>

2019타경1* 서울중앙지방법원 중앙**

매각기일 2019.12.04

소재지	서울 서초구 **동 ** 3층 301호				
물건종류	다세대/빌라	사건접수	2019.03.07	경매구분	임의경매
건물면적	75.88㎡(22.954평)	소유자	정**	감정가	608,000,000원
대지권	35.93㎡(10.869평)	채무자	정**	최저가	(64%) 389,120,000원
매각물건	건물전부, 토지전부	채권자	서**	입찰보증금	(10%) 38,912,000원

건물면적은 75.88제곱미터입니다. 평수로 22.954평입니다. 제곱미터를 평수로 전환할 때는 3.3058를 나누면 됩니다. 건물면적은 전유면적 즉 전용면적을 말합니다.

【 표 제 부 】 (전유부분의 건물의 표시)				
표시번호	접 수	건 물 번 호	건 물 내 역	등기원인 및 기타사항
1	2000년11월27일	제3층 제301호	철근콘크리트조 75.88㎡	도면편철장 590 장

대지권은 35.93제곱미터입니다. 평수로 10.869평입니다.

(대지권의 표시)			
표시번호	대지권종류	대지권비율	등기원인 및 기타사항
1	1 소유권대지권	287.3분의 35.93	2000년11월17일 대지권 2000년11월27일

소유권대지권은 집합건물 소유자가 토지를 전부 소유하지 않아도 전체 대지의 사용 권리를 공유하게 됩니다. 부동산등기법에서는 대지권이라고 하며 건물과 분리하여 처분할 수 없다고 합니다.

소재지	서울 서초구 **동 ** 3층 301호				
물건종류	다세대/빌라	사건접수	2019.03.07	경매구분	임의경매
건물면적	75.88㎡(22.954평)	소유자	정**	감정가	608,000,000원
대지권	35.93㎡(10.869평)	채무자	정**	최저가	(64%) 389,120,000원
매각물건	건물전부, 토지전부	채권자	서**	입찰보증금	(10%) 38,912,000원

매각물건은 건물전부와 토지전부입니다. 감정가격은 608,000,000원입니다.

매각 물건 현황 가격시점 2018.10.18

목록		지번/토지이용계획/용도/구조/면적	감정가(원)	비고
건물	1	**동 -48 3층 301호 총 4층 중 3층 건물 75.88㎡(22.95평)	395,200,000 5,208,224(원/㎡)	보존등기 : 2000.11.27
		대지권(대지)287.3㎡ 중 35.93㎡(10.869평)	212,800,000 5,922,627(원/㎡)	

건물면적 75.88제곱미터의 감정가격이 395,000,000원이며, 대지권 가격이 212,800,000원으로 이 다세대주택의 감정가격은 608,000,000원입니다. 감정가격의 가격시점이 중요합니다. 2018년 10월 18일 평가한 금액입니다. 경매물건 평가 후 상당한 기간이 경과 후 입찰이 진행되므로 입찰예정가격을 정할 때 이를 감안하여 입찰가격을 정하여야 합니다. 3차 매각기일은 2019년 12월 4일이었습니다.

물건종류	다세대/빌라	사건접수	2019.03.07	경매구분	임의경매
건물면적	75.88㎡(22.954평)	소유자	정**	감정가	608,000,000원
대지권	35.93㎡(10.869평)	채무자	정**	최저가	(64%) 389,120,000원
매각물건	건물전부, 토지전부	채권자	서**	입찰보증금	(10%) 38,912,000원

경매물건의 소유자는 정씨이며, 채무자도 정씨입니다. 소유자는 등기부등본의 소유권자를 말합니다. 소유권자는 민법 제211조에 의하면 사용, 수익, 처분을 할 권리를 가집니다.

채무자는 다른 사람에게 일정한 행위, 특히 돈을 갚아야 할 의무를 지닌 사람을 말합니다. 돈을 빌린 사람입니다. 채권자는 돈을 받을 권리가 있는 사람으로서 임의경매를 신청한 자입니다.

국가의 공권력을 행사하여 담보권에 내재된 환가권 즉 경매권을 실행하여 피담보채권의 만족을 얻는 절차를 담보권실행이라고 말합니다. 근저당권자가 담보권실행을 위한 경매를 신청하였습니다. 담보권실행을 위한 경매를 임의경매라고 합니다.

매각물건	건물전부, 토지전부	채권자	서**	입찰보증금	(10%) 38,912,000원

입찰 진행 내용

구분	매각기일	최저매각가격(원)	상태
1차	2019-03-09	608,000,000	유찰
2차	2019-10-16	486,400,000	유찰
입찰변경	2019-11-13	389,120,000	변경
3차	2019-12-04	389,120,000	매각

매각 520,000,000원 (86%)
2019.12.04 : 채권자 차액지급신고서 제출
2019.12.11 : 매각결정기일 매각허가결정
2019.12.25 : 최고가매수인 대금지급기한통지서 발송
2020.01.20 : 대금지급기한
2020.02.12 : 배당기일

입찰 진행 내용에서 매각기일과 입찰결과를 알 수 있습니다. 이 경매사건의 경우 두 번 유찰되고 세번째 입찰에서 낙찰되었습니다. 유찰이란 입찰 결과 매수자가 없어 매각이 결정되지 아니한 경우를 말합니다. 한 번 유찰할 때 최저매각가격은 30%씩 떨어집니다. 20%씩 떨어지는 법원도 있습니다. 서울중앙지방법원은 20%씩 떨어집니다.

2019년 12월 4일 진행된 3차 매각기일에 감정가격 608,000,000원의 64%인 389,120,000원이 최저입찰가로 진행되었는데 응찰자가 5명이었습니다. 520,000,000원에 입찰한 서씨가 최고가매수신고인으로 결정되었습니다. 입찰참여시 매수신증보증금은 최저입찰가격의 10%인 38,912,000원입니다.

등기부 등본 현황을 보면 등기부상의 갑구와 을구란의 권리에 관한 사항이 나와 있습니다. 정보내용 중 가장 중요한 부분입니다. 등기부등본 갑구에는 압류, 가압류, 가등기, 가처분, 경매기입등기 등 소유권에 관련된 사항이 설정일자별로 기재되며 을구에는 근저당권, 전세권, 지상권, 지역권 등 소유권 이외의 권리가 설정일자별로 기재됩니다.

이 경매물건의 경우 근저당권 3건, 가등기 1건과 임의경매개시결정이 등기되어 있습니다.

등기부 현황(집합)

접수일	등기목적	권리자	채권금액(원)	기타	소멸여부
2001,10,10	근저당권	한빛은행	68,000,000	**말소기준권리**	소멸
2012.05.03	소유권이전	정**	315,000,000	전소유자 : 정** 매매(2012.05.02	
2017.08.22	근저당권	서*정	164,000,000		소멸
2017.08.22	근저당권	서*정	32,500,000		소멸
2018.01.16	소유권이전청구권가등기	박**	75,000,000		소멸
2019.03.19	임의경매	서*정		2019타경*****	소멸

등기부 현황은 등기부의 갑구와 을구의 권리를 접수일 순으로 정리한 것입니다. 등기부의 권리 중 2001년 10월 10일 근저당권이 최선순위입니다.

저당권**은** 채권자가 채무자 또는 제삼자로부터 점유를 옮기지 않고 그 채권의 담보로 제공된 부동산에 대하여 일반 채권자에 우선하여 변제를 받을 수 있는 약정담보물권입니다.

근저당권은 계속적인 거래 관계에서 생기는 다수의 채권을 담보하기 위해 담보물이 부담해야 할 최고액을 정해 두고 결산기에 확정하는 채권을 그 범위 안에서 담보하는 저당권입니다.

담보**는** 보관 함이란 뜻입니다. 빚에 대한 보증이라고도 합니다. 국립국어원 표준국어대사전에 의하면 채무 불이행 때 채무의 변제를 확보하는 수단으로 채권자에게 제공하는 것입니다. 보증은 어떤 사물이나 사람에 대하여 책임지고 틀림이 없음을 증명한다는 뜻입니다.

소유권이전청구권가등기는 장래의 본등기에 대비하여 미리 등기부상의 순위를 보전하기 위하여 행하는 예비등기로 그 자체로는 물권변동의 효력을 갖고 있지 않으나 후에 가등기에 기하여 본등기를 하게 되면 가등기 순위에 소급하여 물권변동의 효력이 생깁니다.

경매개시결정은 경매 신청의 적법성을 인정하여 경매 절차 개시를 선고하는 일로 압류의 효력이 생깁니다. 임의경매개시결정은 근저당권자가 담보권실행을 위한 경매입니다.

민사집행법 제91조제2항에 의해 경매부동산의 근저당권은 매각 즉 경매로 소멸됩니다.

■ **최선순위의 근저당권(민사집행법 제91조제2항)**

매각부동산 위의 모든 저당권은 매각으로 소멸된다.

등기부에 등기된 갑구와 을구의 권리를 접수일자로 정리했을 때 최선순위 권리가 근저당권입니다. 근저당권은 민사집행법 제91조제2항에 의해 경매로 인한 매각으로 소멸됩니다. 낙찰받고 소유권이전등기를 할 때 근저당권과 근저당권 이후 권리는 등기부에서 말소됩니다.

최선순위 설정 권리가 근저당권일 때 근저당권이 등기부상의 권리를 말소시키는 기준이 됩니다. 말소기준권리라고 합니다. 경매물건을 낙찰받아 소유권이전등기를 할 때 근저당권 3건과 가등기 1건 임의경매개시결정은 경매로 인한 매각으로 말소됩니다. 경매로 매수할 때 등기부상 인수하는 권리 없는 안전한 물건이 되겠습니다.

임차인 현황 말소기준권리 2001-10-10 소액임차인기준일 2001-10-10 배당요구종기일 2019-07-22

임차인/대항력		점유부분	전입/확정/배당	보증금/월세	예상배당액 예상인수액	비고
홍**	없음	방3칸 전부/주거(점유:2015.11.17.~)(이**의 배우자	전입 : 2015-11-20 확정 : 2015-11-20 배당 : 2018-12-13	보증금 330,000,000원	배당액 : 330,000,000원 미배당 : 0 인수액 : 없음	
김**	없음	주거(현황서상)				
-본건 부동산을 방문하여 전입세대 열람 내역에 등록된 세대주 이**의 배우자를 만나 문의 한 바, 본건 부동산에는 임차인 가족(동거인 포함)만 거주하고 다른 세입자는 없다고 진술(안내문 교부)						

이 다세대주택의 점유자는 홍씨입니다. 전입신고일이 2015년 11월 20일이며, 확정일자도 2015년 11월 20일입니다. 보증금은 330,000,000원입니다.

주택임대차보호법 제3조제1항은 임대차는 그 등기가 없는 경우에도 임차인이 주택의 인도와 주민등록을 마친 때에는 그 다음 날부터 제삼자에 대하여 효력이 생긴다고 합니다. 이 경우 전입신고를 한 때에 주민등록이 된 것으로 봅니다. 대법원 97다22393 판례는 그 다음날은 0시입니다. 상가건물인 경우 세무서에 사업자등록이 되어 있는지 확인합니다.

임차인이 제3자에게 자신의 임대차관계를 주장할 수 있는 권리를 임차인의 대항력이라고 합니다. 주민등록은 전입신고를 말하며 그 다음 날은 0시입니다. 2015년 11월 21일 0시부터 임차인의 대항력이 발생합니다.

등기부 현황(집합), 진압. 확정일자

접수일	등기목적	권리자	채권금액(원)	기타	소멸여부
2001,10,10	근저당권	한빛은행	68,000,000	**말소기준권리**	소멸
2012.05.03	소유권이전	정**	315,000,000	전소유자 : 정** 매매(2012.05.02	
2015.11.20	전입+확정일자	홍**	330,000,000	경매로 임차권소멸	소멸
2017.08.22	근저당권	서*정	164,000,000		소멸
2017.08.22	근저당권	서*정	32,500,000		소멸
2018.01.16	소유권이전청구권가등기	박**	75,000,000		소멸
2019.03.19	임의경매	서*정		2019타경17***	소멸

임차인의 전입일자가 최선순위 근저당권설정일 보다 늦습니다. 근저당권이 말소되므로 임차권도 경매로 소멸됩니다.

주택임대차보호법 제3조5는 임차권은 임차주택에 대하여 민사집행법에 따른 경매가 행하여진 경우에는 그 임차주택의 경락(競落)에 따라 소멸한다고 합니다. 다만, 보증금이 모두 변제되지 아니한, 대항력이 있는 임차권은 그러하지 아니하다고 합니다.

임차인의 주민등록 진입신고일이 말소기준권리 설정일(최선순위 근저당권설정일 등)보다 늦으면 임차권은 경매로 소멸합니다. 따라서 낙찰자에게 임차권을 주장할 수 없습니다. 이런 임차인을 대항력 없는 임차인이라고 합니다.

대법원 판례 99다59306은 경매목적 부동산이 경락된 경우에는 소멸된 선순위 저당권보다 뒤에 등기되었거나 대항력을 갖춘 임차권은 함께 소멸하는 것이고, 따라서 그 경락인은 주택임대차보호법 제3조에서 말하는 임차주택의 양수인 중에 포함된다고 할 수 없을 것이므로 경락인에 대하여 그 임차권의 효력을 주장할 수 없다고 합니다.

창원지방법원 2000라189 판례는 용익권은 그에 우선하는 저당권이 경락에 의하여 소멸함에 따라 함께 소멸하는 것이므로, 위 저당권의 실행으로서 압류의 등기가 된 경우에는, 비록 위 용익권에 의한 점유가 압류 이전에 이루어졌다고 하더라도 위 저당권설정시를 압류의 효력발생시로 보아 그 후의 점유개시자는 모두 압류의 효력이 발생한 후에 점유를 시작한 부동산 점유자로서 인도명령의 상대방이 된다고 합니다. 대항력 없는 임차인은 부동산인도명령 대상자입니다. 용익권은 다른 사람의 소유물을 사용하거나 일정 기간 동안 사용하여 이익을 얻을 수 있는 권리를 말합니다.

임차인은 확정일자를 받았습니다. 주택임대차보호법 제3조의2제2항에 의하면 대항요건과 임대차계약증서상의 확정일자를 갖춘 임차인은 「민사집행법」에 따른 경매 또는 「국세징수법」에 따른 공매를 할 때에 임차주택(대지를 포함한다)의 환가대금에서 후순위권리자나 그 밖의 채권자보다 우선하여 보증금을 변제받을 권리가 있다고 합니다.

주택임대차보호법상의 우선변제권이란 임차주택에 관한 경매절차 등에서 후순위 권리자 기타 일반채권자보다 우선하여 임차보증금을 변제받는 권리입니다. 확정일자 및 확정일자 있는 증서의 의미에 대하여 살펴보면 다음과 같습니다.

확정일자란 증서에 대하여 그 작성한 일자에 관한 완전한 증거가 될 수 있는 것으로 법률상 인정되는 일자를 말한다. 당사자가 나중에 변경하는 것이 불가능한 확정된 일자를 가리키고, 확정일자 있는 증서란 위와 같은 일자가 있는 증서로서 민법 부칙 제3조 소정의 증서를 말한다(대법원 98다28879)

주택임차인의 우선변제권이 인정되는 요건으로 대항력 및 확정일자를 규정한 취지는 임대인과 임차인 사이의 담합으로 임차보증금의 액수를 사후에 변경하는 것을 방지하는 데 있습니다. 즉 임차인이 보증금을 받기 위해 법원에 배당요구를 하거나 매수인에게 계약서를 제출할 때 소유자와 임차인이 짜고 계약서를 새로 작성하여 고액의 보증금을 요구할 수 있습니다. 그래서 확정일자를 받은 계약서를 법원이 인정하고 배당순위를 결정합니다.

임차인의 전입신고와 우선변제권

전입신고	확정일자	우선변제권의 효력 발생시기
2025년 3월 1일	2025년 3월 1일	2025년 3월 2일 0시
2025년 3월 1일	2025년 4월 1일	2025년 4월 1일
2025년 3월 1일	2025년 2월 1일	2025년 3월 2일 0시

※ 대항력 발생시기 : 2025년 3월 2일 0시

우선변제권의 발생이 발생하는 시점은 임대차계약서상의 확정일자를 부여받은 당일부터입니다. 대법원 97다22393 판례는 확정일자를 입주 및 주민등록일과 같은 날 또는 그 이전에 갖춘 경우에는 우선변제적 효력은 대항력과 마찬가지로 인도와 주민등록을 마친 다음날을 기준으로 발생한다고 합니다.

확정일자 임차인의 권리분석	
주택의 인도·주민등록 전입신고 없이(대항력 요건 없이) 확정일자만 받았을 경우	아무 효력 없다.
주택의 인도·주민등록 전입신고일 이전에 확정일자를 받을 경우	대항력 발생일은 주택의 인도와 주민등록 전입을 마친 다음날이며 우선변제적 효력발생 시기도 전입신고를 마친 다음날 효력 발생한다.
주택의 인도·주민등록 전입신고·확정일자·근저당권 설정이 모두 같은 날 일 때	주민등록 전입신고일 익일부터 우선변제권 효력이 발생하므로 근저당권보다 후순위로 배당. 이 경우 대항력 없다.
주택의 인도·주민등록 전입신고를 갖춘 다음날에 확정일자·근저당권 설정이 동일한 날에 이루어졌을 때	대항력 발생 시기는 주민등록 전입신고를 마친 다음날 0시부터이므로 대항력 있고, 확정일자의 효력 발생 시기는 근저당권설정일과 동일한 날이므로 배당요구를 하였을 경우 임차인과 저당권자는 같은 순위로 채권액에 비례하여 평등배당을 받는다. 보증금 전액을 회수하지 못했다면 낙찰자로부터 잔여보증금 전액을 반환받을 수 있다.
주민등록 전입신고와 확정일자 ⇨ (근)저당권설정 ⇨ 전세보증금 인상 임대인과 계약 갱신 ⇨ 인상분 확정일자	인상 전 보증금액에 한하여 매수인에게 대항할 수 있고 근저당권보다 우선변제권이 있다. 보증금 중 인상된 부분에 대하여는 근저당권자 보다 우선변제를 주장할 수 없다.

법원은 등기부에 등기된 근저당권자, 가압류권자 등 채권자들에게 배당요구할 것을 최고하고 조세 기타 공과를 주관하는 관계기관에 대해 경매할 부동산에 관한 채권의 유무와 한도를 배당요구의 종기까지 통지하도록 최고합니다. 이는 우선 채권인 조세채권의 유무, 최저매각가격으로 압류채권자의 채권에 우선하는 부동산의 모든 부담과 절차 비용을 변제하고도 남을 가망이 있는지를 확인함과 동시에 주관 행정관청 등으로 하여금 조세 등에 대한 교부청구의 기회를 주기 위한 것입니다. 교부는 무엇을 내어 줌이란 뜻입니다.

배당순위는 민법·상법, 그 밖의 법률에 의한 우선순위에 따라 정하여집니다. 배당참가채권이 모두 일반채권이면 평등한 비율로 배당을 받게 되지만, 우선변제채권이 있으면 민법·상법 기타 법률에 의한 우선순위에 따라 배당합니다.

배당순위는 원칙적으로 물권(전세권, 근저당권, 담보가등기 등) 상호 간에는 등기설정일 선후에 따라 결정됩니다.

경매입찰예정자는 선순위 임차인보다 먼저 배당되는 국세와 지방세 등의 미납세액을 입찰 전 알 수 없습니다. 자칫 잘못하면 체납상당액 만큼 임차인의 보증금 인수 금액이 증가하여 입찰예정자는 예상치 못한 손실이 발생할 수 있습니다.

국세기본법 제81조의13(비밀유지), 지방세기본법 제86조(비밀유지)에 따라 타인에게는 과세정보를 제공할 수 없기 때문에 법원의 경매정보에는 세금의 종류와 체납세액에 대한 정보가 없습니다. 그런데 문건접수내역에 세무서, 지방자치단체, 건강보험공단 등의 교부청구가 있다면 미납세금 등이 있다고 보면 됩니다. 경매정보를 가지고 직접 교부청구권자를 방문하여 확인할 필요가 있습니다.

경매물건의 배당순위는 다음과 같습니다.

배당순위	
구분	권 리
1순위	경매비용
2순위	필요비, 유익비 비용상환청구권 필요비 : 부동산을 보존하는 데 필요한 비용으로 수도설비, 전기시설, 보일러 등 설치비용 유익비 : 부동산의 가치를 증가시키는 데 들어간 비용 발코니 확장, 증축 등
3순위	소액임차보증금 임금채권(최종 3개월분의 임금, 최종 3년간의 퇴직급여 등)
4순위	국세 지방세 중 당해세 (상속세·증여세·종합부동산세·재산세) ※2023.4.1.부터 국세 중 당해세 법정기일이 임차인 확정일자보다 늦으면 보증금 먼저 배당)
5순위	설정일자(근저당권, 전세권, 확정일자 임차인) 전 법정기일이나 납부기한이 도래한 조세채권이나 조세채권 다음으로 징수하는 공과금
6순위	조세채권의 법정기일 및 조세채권 다음 순위로 징수하는 공과금의 납부기한 전에 설정 등기된 담보채권(근저당권, 전세권, 확정일자 임차인)
7순위	3순위 임금채권 이외의 임금채권
8순위	6순위 법정기일이 늦은 조세채권
9순위	조세채권 다음 순으로 징수하는 공과금
10순위	일반채권(가압류, 집행근원에 의거 신고한 일반채권 등)

대법원 94다37646 판례는 임차주택이 임차기간의 만료 전에 경매되는 경우, 대항력을 갖춘 임차인의 배당요구를 임대차 해지의 의사표시로 볼 수 있다고 합니다. 대법원 2005다21166 판례는 보증금이 전액 변제되지 아니한 대항력 있는 임차권은 보증금을 반환받을 때까지 임대차관계는 존속되는 것으로 본다고 합니다.

경매신청채권자가 2017년 8월 22일 근저당권자 서씨입니다. 경매신청 채권자보다 선순위로 근저당권 68,000,000원과 임차인의 보증금 330,000,000원이 있습니다. 최저매각가격이 389,120,000원입니다. 만일 389,120,000원에 낙찰된다면 경매신청채권자가 배당받지 못하게 됩니다.

이럴 때 법원은 민사집행법 제102조에 의해 경매 진행 절차를 취소할 수 있습니다. 이는 경매가 진행되더라도 경매를 신청한 채권자가 소기의 목적을 달성할 수 없고, 법원도 이익이 없는 불필요한 진행을 막기 위해서입니다. 즉, 경매절차비용(감정료, 신문공고료, 현황조사료 등)과 경매신청채권보다 배당순위가 빠른 채권을 갚고 나서 경매신청채권자에게 지급될 배당금이 없는 경우 경매진행절차를 취소합니다. 법원에서는 취소결정을 내리기 전 경매를 신청한 채권자에게 위와 같은 무잉여 사실을 통지하고, 해당 부동산을 매수할 의사가 있는지를 물어봅니다. 송달내역과 문건접수내역에서 확인할 수 있습니다.

문건/송달내역

■ 문건접수내역

접수내역	접수내역	결과
2019.03.18	채권자 서** 특별송달신청 제출	
2019.03.20	등기소 서******* 등기필증 제출	
2019.04.11	채권자 서** 특별송달신청 제출	
↓↓		
2019.09.03	집행관 김** 기일입찰조서 제출	
2019.10.16	집행관 김** 기입입찰조서 제출	
2019.10.30	채권자 서** 채권자매수신청서 제출	
2019.12.04	채권자 서** 차액지급신고서 제출	

■ 문건송달내역

접수일	접수내역	결과
2019.03.08	채권자 서** 보정명령등본 발송	2019.03.14. 도달
2019.03.22	채무자겸소유자 정** 개시결정정본 발송	2019.03.28. 폐문부재
2019.10.23	채권자 서** 매수통지서 발송	2019.10.28. 도달
2019.11.16	배당요구권자 근***** 매각 및 매각결정기일통시서 발송	2019.11.28. 송달간주

만약 채권자가 매수하지 않는다면 무잉여로 인해 경매는 취소됩니다. 채권자가 통지를 받은 날부터 1주일 이내에 부동산상의 부담과 비용을 갚고 남을 만한 가격을 정하여 매수신청을 할 수 있습니다. 압류채권자로부터 금 520,000,000원의 매수신청의 보증이 있다고 합니다. 520,000,000원이 최저입찰가격이 됩니다. 채권자인 매수신청인은 매수신청액과 최저매각가격의 차익을 입찰보증금으로 제공해야 합니다.

경매신청 채권자의 매수신고금액과 일반 입찰자의 입찰가격이 동일한 경우 입찰자가 최고가매수신고인이 되고 경매신청채권자는 입찰보증금을 돌려받게 됩니다.

목록		지번/토지이용계획/용도/구조/면적	감정가	비고
건물	1	**동 -48 3층 301호 총 4층 중 3층 건물 75.88㎡(22.95평)	395,200,000 5,208,224(원/㎡)	보존등기 : 2000.11.27
		대지권(대지)287.3㎡ 중 35.93㎡(10.869평)	212,800,000 5,922,627(원/㎡)	
비고		● 압류채권자로부터 금 520,000,000원의 매수신청의 보증이 있음		
토지이용계획		도시지역/제2종일반주거지역/상대보호구역/대공방어협조구역/과밀억제권역		

무잉여로 인한 경매절차 취소시 경매신칭비용은 어떻게 될까요? 경매신칭비용을 매긱대금에서 미리 공제하고 있기는 하나 이것은 매각을 전제로 한 것이고 감정가격이 낮거나 경매진행 중에 최저

입찰가격이 하락하여 경매신청채권자의 채권에 우선하는 부동산의 모든 부담과 절차비용을 변제하면 남을 것이 없겠다고 인정한 때에는 신청채권자에게 매수통지를 하고 매수의사가 없으면 경매절차취소결정을 하게 되는데, 이때에는 이미 지출한 집행비용은 받을 방법이 없고, 남는 비용은 환급받을 수 있습니다.

법원에서 제공하는 매각물건명세서를 가지고 권리분석을 하도록 하겠습니다. 매각물건명세서는 매각기일 1주일 전부터 대법원경매사이트에서 열람할 수 있습니다. 매각물건명세서로 권리분석을 해보겠습니다.

매각물건명세서

사 건	2019타경17** 부동산임의경매	매각 물건번호	1	작성 일자	2019.11.19	담임법관 (사법보좌관)	김**
부동산 및 감정평가액 최저매각가격의 표시	별지기재와 같음	최선순위 설정	2001.10.10. 근저당권			배당요구종기	2019.07.22

부동산의 점유자와 점유의 권원, 점유할 수 있는 기간, 차임 또는 보증금에 관한 관계인의 진술 및 임차인이 있는 경우 배당요구 여부와 그 일자, 전입신고일자 또는 사업자등록신청일자와 확정일자의 유무와 그 일자

점유자 성 명	점유 부분	정보출처 구 분	점유의 권 원	임대차기간 (점유기간)	보 증 금	차 임	전입신고 일자, 사업자등록 신청일자	확정일자	배당 요구여부 (배당요구일자)
김*애		현황조사	주거 임차인				2019.08.12	미상	
이*홍		현황조사	주거 임차인				2015.11.20	미상	
홍*희	방3칸 전부	권리신고	주거 임차인	2015.11.17~	330,000,000		2015.11.20	2015.11.20	2018.12.13

<비고>

홍*희:현황조사서상 임차인 이*홍의 배우자임.

※ 최선순위 설정일자보다 대항요건을 먼저 갖춘 주택·상가건물 임차인의 임차보증금은 매수인에게 인수되는 경우가 발생 할 수 있고, 대항력과 우선변제권이 있는 주택·상가건물 임차인이 배당요구를 하였으나 보증금 전액에 관하여 배당을 받지 아니한 경우에는 배당받지 못한 잔액이 매수인에게 인수되게 됨을 주의하시기 바랍니다.

등기된 부동산에 관한 권리 또는 가처분으로 매각으로 그 효력이 소멸되지 아니하는 것

매각에 따라 설정된 것으로 보는 지상권의 개요

비고란

- 압류채권자로부터 금 520,000,000원의 매수신청의 보증이 있음

최선순위 설정은 2001년 10월 10일 근저당권입니다. 민사집행법 제91조제2항은 매각부동산 위의 모든 저당권을 매각으로 소멸한다고 합니다. 2001년 10월 10일 근저당권은 경매로 인한 매각으로 소멸됩니다.

부동산 및 감정평가액 최저매각가격의 표시	별지기재와 같음	최선순위 설정	2001.10.10. 근저당권	배당요구종기	2019.07.22

최선순위 설정일 이후 권리들은 경매로 인한 매각으로 소멸됩니다.

등기된 부동산에 관한 권리 또는 가처분으로 매각으로 그 효력이 소멸되지 아니하는 것

등기된 부동산에 관한 권리 즉 이 경매부동산의 등기부에 설정된 근저당권 3건, 가등기 1건 임의경매 1건이 모두 소멸된다는 겁니다. 등기부상 권리 인수하는 것 없다는 뜻입니다.

매각물건명세서

사 건	2019타경1 부동산임의경매	매각 물건번호	1	작성 일자	2019.11.19	담임법관 (사법보좌관)	
부동산 및 감정평가액 최저매각가격의 표시	별지기재와 같음	최선순위 설정	2001.10.10. 근저당권			배당요구종기	2019.07.22

부동산의 점유자와 점유의 권원, 점유할 수 있는 기간, 차임 또는 보증금에 관한 관계인의 진술 및 임차인이 있는 경우 배당요구 여부와 그 일자, 전입신고일자 또는 사업자등록신청일자와 확정일자의 유무와 그 일자

점유자 성 명	점유 부분	정보출처 구 분	점유의 권 원	임대차기간 (점유기간)	보 증 금	차 임	전입신고 일자, 사업자등록 신청일자	확정일자	배당 요구여부 (배당요구일자)
김■애		현황조사	주거 임차인				2019.08.12	미상	
이■홍		현황조사	주거 임차인				2015.11.20	미상	
홍■희	방3칸 전부	권리신고	주거 임차인	2015.11.17~	330,000,000		2015.11.20	2015.11.20	2018.12.13

<비고>

홍■희:현황조사서상 임차인 이■홍의 배우자임

전입 + 인도

2001.10.10. 근서당권설정 이후 전입
경매로 임차권 소멸 → 부동산인도명령 대상자

※ 최선순위 설정일자보다 대항요건을 먼저 갖춘 주택·상가건물 임차인의 임차보증금은 매수인에게 인수되는 경우가 발생 할 수 있고, 대항력과 우선변제권이 있는 주택·상가건물 임차인이 배당요구를 하였으나 보증금 전액에 관하여 배당을 받지 아니한 경우에는 배당받지 못한 잔액이 매수인에게 인수되게 됨을 주의하시기 바랍니다.

최선순위 설정일 2001년 10월 10일 근저당권보다 임차인들의 대항요건 즉 전입과 인도가 먼저 갖추지 않았습니다. 즉 2001년 10월 10일 근저당권 설정 이후 전입신고를 하였습니다. 근저당권이 경매로 소멸되므로, 근저당권 설정일 이후 전입한 임차인들은 경매로 인한 매각으로 임차권이 소멸됩니다. 이런 임차인을 대항력 없는 임차인이라고 합니다.

민사집행법 제136조제1항에 의해 대항력 없는 임차인은 인도명령 대상자입니다. 임차인들이 낙찰자에게 주택의 인도를 거절하면, 부동산인도명령을 신청하여 인도명령을 받아 강제집행할 수 있습니다.

민사집행법 제136조(부동산인도명령 등)제1항 법원은 매수인이 대금을 낸 뒤 6월 이내에 신청하면 채무자·소유자 또는 부동산 점유자에 대하여 부동산을 매수인에게 인도하도록 명할 수 있다. 다만, 점유자가 매수인에게 대항할 수 있는 권원에 의하여 점유하고 있는 것으로 인정되는 경우에는 그러하지 아니하다.

매각물건명세서의 비고란에 압류채권자로부터 금 520.000000의 매수신청의 보증이 있음이 기재되어 있습니다. 520,000,000원이 최저입찰가격이 됩니다.

비고란
- 압류채권자로부터 금 520,000,000원의 매수신청의 보증이 있음

입찰 진행 내용

구분	매각기일	최저매각가격(원)	상태
1차	2019-03-09	608,000,000	유찰
2차	2019-10-16	486,400,000	유찰
입찰변경	2019-11-13	389,120,000	변경
3차	2019-12-04	389,120,000	매각

매각 520,000,000원 (86%)
2019.12.04 : 채권자 차액지급신고서 제출
2019.12.11 : 매각결정기일 매각허가결정
2019.12.25 : 최고가매수인 대금지급기한통지서 발송
2020.01.20 : 대금지급기한
2020.02.12 : 배당기일

입찰결과 경매신청 채권자 서씨가 최고가매수신고인이 되었습니다 이 물건에 5명이 응찰했는데 응찰자 4명이 무잉여에 대하여 몰랐던 겁니다. 이 경매사건의 예상 배당순서는 다음과 같습니다.

예상 배당순서 입찰예정가 5억 2,000만원 (최저매각가기준)				단위 만원	
권리	**권리자**	**채권액**	**예상배당금**	**미수금**	**인수여부**
법원경비	법원		537		-
근저당	한빛은행	6,800	6,800	0	말소
임차인	홍**	3억 3,000	3억 3,000	0	말소
근저당	서**	1억 400	1억 400	0	말소
근저당	서**	3,250	1,262	1,987	말소
근저당	박**	7,500	0	7,500	인수
가등기	박**	0	0	0	말소

이 경매물건의 전입세대확인서입니다.

전입세대 열람 내역(동거인포함)

신청주소: 서울특별시 서초구 바우뫼로41길 , 301호

순번	세대주성명 / 주소	전입일자	등록구분	최초전입자	전입일자	등록구분	동거인수	동거인사항 순번	성명	전입일자	등록구분
1	김 **	2015-11-20	사망말소	김 **	2015-11-20	사망말소					
	서울특별시 서초구 바우뫼로41길 -6, 301호 (양재동)										
2	김 **	2016-08-12	거주자	김 **	2016-08-12	거주자					
	서울특별시 서초구 바우뫼로41길 -6, 301호 (양재동)										
3	이 **	2015-11-20	거주자	이 **	2015-11-18	거주자	2	1	이 **	2015-11-18	거주자
	서울특별시 서초구 바우뫼로41길 -6, 301호 (양재동)										
								2	이 **	2015-11-18	거주자

- 이하여백 -

세대주는 한 가구를 이끄는 주가 되는 사람입니다. 대법원 2007다61496 판례에서 세대별 주민등록표상에 배우자 또는 직계 존비속으로 이루어진 세대의 세대주를 말한다고 합니다. 세대원은 통상 세대주 및 그 배우자와 동일한 주소 또는 거소에서 생계를 같이하는 가족을 의미합니다.

세대별 주민등록표의 등재순위는 세대주, 배우자, 세대주의 직계존비속의 순위로 하고, 그 외에는 세대주의 신고에 따릅니다. 다만, 가족의 범위에 속하지 아니하는 사람은 동거인란에 등록합니다.

대법원은 2000다5732 판례에서 동거인은 동일한 세대에 속하여 생활을 같이 하는 자입니다. 반드시 법률상 친족관계에 있어야 하는 것은 아니다고 합니다.

민법 제779조(가족의 범위)
① 다음의 자는 가족으로 한다. 1. 배우자, 직계혈족 및 형제자매 2. 직계혈족의 배우자, 배우자의 직계혈족 및 배우자의 형제자매
② 제1항 제2호의 경우에는 생계를 같이 하는 경우에 한 한다.

주민등록 전입신고할 때 소유자의 세대에 동거인으로 전입신고 즉 세대편입을 하는 경우에는 신거주지의 세대주 확인이 필요합니다. 세대편입이란 이사할 곳에 이미 세대주가 있고 그 세대주의 세대원으로 들어가는 것을 말합니다. 이미 세대가 해당 주소지에 존재하며, 전입지에 세대원 전부 또는 일부가 전입하는 경우 세대편입을 통한 전입신고가 가능합니다.

동거인이 있는 경우에는 동거인의 전입일자도 확인해서 최선순위 근저당권 등 말소기준권리 설정일자와 비교해 대항력 유무를 판단해야 합니다. 동거인이 임차인으로 매각물건명세서에 나타납니다.

점유자 중에는 소유자나 임차인의 사실혼 관계에 있는 자가 있습니다. 사실혼 관계에 있는 자가 동거인으로 세대편입된 경우가 있습니다.

동거인에 대한 전주지방법원 2007가단1120 판례는 주택임대차보호법이 국민들의 주거생활 안정보장을 목적으로 하는 점, 같은 법 제9조는 임차인의 사망시 가정공동생활을 하는 사실상의 혼인관계에 있는 자도 임대차상의 권리·의무를 승계하도록 규정하고 있습니다. 제3조로서는 임차인과 공동생활을 하는 자가 법률혼 관계인지 여부를 알 수 있는 방법이 없는 점 등에 비추어 사실혼 배우자의 주민등록에 대하여도 배우자나 자녀 등 점유보조자의 주민등록과 같이 공시기능을 인정하여 대항력이 발생한다. 비록 사실혼 배우자라 하더라도 임차인과 공동생활을 하였다면 그 주민등록을 법률상 배우자나 다른 점유보조자와 같이 보아 대항력 있는 것으로 본다고 합니다.

대법원 96다30786 판례는 부동산인도명령의 상대방이 채무자인 경우에 그 인도명령의 집행력은 당해 채무자는 물론 채무자와 한 세대를 구성하며 독립된 생계를 영위하지 아니하는 가족과 같이 그 채무자와 동일시되는 자에게도 미친다고 합니다. 동거인이 소유자와 사실혼 관계에 있는 배우자라면 임차인이 아닙니다.

최선순위 근저당권 설정일 2001년 10월 10일보다 모두 늦습니다. 대항력 없는 임차인입니다. 세대주 김씨와 이씨는 대항력 없는 임차인으로 인도명령 대상자입니다. 이씨의 세대에 동거인 2명이 있습니다. 대법원 2005다642554 판례는 주택임대차보호법 제3조제1항에 정한 대항요건은 임차인이 당해 주택에 거주하면서 이를 직접 점유하는 경우뿐만 아니라 타인의 점유를 매개로 하여 이를 간접점유하는 경우에도 인정될 수 있다고 합니다. 세대주와 함께 거주하고 있는 가족이나 동거인 또는 고용인 등에 대하여는 별도의 집행근원 없이도 집행할 수 있습니다. 점유보조자로서 독립된 점유자에 해당한다고 볼 수 없기 때문입니다.

통상 부부와 그 자녀가 일정한 주택에 동거하는 경우, 생계의 중심은 남편이고 아버지인 경우가 대다수이지만, 아내가 생계의 중심으로서 주택의 임대차 명의인으로 되어 있는 경우는 임차 주택의 점유자는 아내이고, 님편과 자녀는 점유보조자라고 힐 수 있습니다.

민법 제195조에 의하면 가사상, 영업상 기타 유사한 관계에 의하여 타인의 지시를 받어 물건에

대한 사실상의 지배를 하는 때에는 그 타인만을 점유자로 한다고 합니다.

전입세대확인서가 아래와 같습니다.

전입세대확인서(동거인포함)

발급번호		발급일자	2025년 3월 31일

말소 또는 거주불명 등록된 사람의 성명과 전입일자 표시 여부	표시됨 ■ / 표시되지 않음 □

열람 또는 교부 대상 건물 또는 시설 소재지	도로명 주소	경기도 성남시 구 번길 22, B1호 (동)
	지번 주소	경기도 성남시 구 동 B1호

세대순번	세대주 / 최초 전입자	성명	전입일자	등록구분	동거인 사항	순번	성명	전입일자	등록구분
			최초 전입자의 전입일자						
1	세대주	문 (文)	2018-10-15	거주자	동거인				
	최초 전입자		2008-09-03						

「주민등록법」 제29조의2제1항 및 같은 법 시행규칙 제14조제1항에 따라 해당 건물 또는 시설의 소재지에 주민등록이 되어 있는 세대가 위와 같음을 증명합니다.

2025년 3월 31일

세대주 문씨의 전입일자는 2018년 10월 15일입니다. 최초 전입자의 전입일자가 2008년 9월 3일입니다. 이럴 때에는 최초 전입자의 전입일인 2008년 9월 3일을 전입일자로 보고 대항력 여부를 판단합니다. 세대합가입니다. 세대합가는 이미 가족 중에 세대가 존재하는 전입지에 세대원 전부 혹은 일부가 전입하면서 세대주를 변경하는 경우를 세대합가라고 합니다. 가족이 함께 전입신고를 하고 거주하다가 아내와 자녀는 그대고 두고 아내를 세대주를 변경하고 남편은 부산하고 주민등록을 옮겼습니다. 지방근무를 마치고 가족이 있는 곳으로 주민등록을 옮기면서 남편을 세대주로 변경하였습니다. 이와 같이 세대주와 가족이 따로 살다가 합치면서 전입신고를 하면서 세대주를 변경하는 경우를 세대합가라고 합니다.

권리분석

1. 등기부등본 분석
   ① 최선순위 설정(말소기준권리) : 근저당권
   ② 등기부상 인수하는 권리 : 없음
2. 점유자 분석
   ① 임차인 : 대항력 없는 임차인으로 부동산인도명령 대상자
3. 기타
   무잉여로 압류채권자가 520,000,000원에 매수신청, 520,000,000원이 최저입찰가격이 됨

▣ 연습문제

1. 다음 중에서 배당순위가 제일 빠른 것은?

① 재산세 ② 소액보증금 최우선변제액 ③ 근저당권 ④ 공과금 ⑤ 건강보험료

4. 가압류가 최선순위, 차순위 매수신고

2021타경2 순천지원**

매각기일 2023.06.19

소재지	전남 광양시 광영동 ***, 11층 1108호				
물건종류	아파트	개시결정	2021.04.08	경매구분	강제경매
건물면적	60㎡(18.15평)	소유자	주**	감정가	39,100,000원
대지권	23.98㎡(7.254평)	채무자	주**	최저가	(9.4%) 3,674,000원
매각물건	토지·건물 일괄매각	채권자	㈜우리	입찰보증금	(20%) 734,800원

입찰 진행 내용

구분	매각기일	최저매각가격(원)	상태
1차	2021-09-13	39,100,000	유찰
2차	2021-11-01	27,370,000	유찰
3차	2021-12-13	21,896,000	유찰
4차	2021-12-13	17,517,000	
매각 18,517,000원(47.36%) 입찰 1명 미납			
5차	2022-05-09	17,517,000	
6차	2022-06-20	14,014,000	
매각 16,100,000원(41.18%) 입찰 1명 미납			
13차	2023-06-19	3,674,000	매각

매각 3,985,000원(10.19%) / 차순위매수신고

2023-06-27 : 최고가매각허가결정
2023-07-04 : 최고가매수인 대금지급기한통지서 발송
2022-07-27 : 대금지급기한 / 미납
2023-08-02 : 차순위매수신고인, 최고가매수신고 매각결정기일통지서 발송
2023-08-07 : 매각결정기일/차순위매각허가결정
2023-08-17 : 차순위매수인 대금지급통지서 발송
2023-09-07 : 대금지급기한 / 납부(2023.09.07)
2023-09-20 : 배당기일

매각 물건 현황 가격시점 2021.04.19. / 보존등기일 1992-12-17

목록		지번/토지이용계획/용도/구조/면적	감정가(원)	비고
건물	1	16층 중 11층/ 가동 11층 1108호 아파트	27,230,000	사용승인일:1992.11.27
토지		전체 13718㎡(4149.695평) 중 23.98㎡(7.254평) 가동 11층1108호	11,730,000	
감정가 합계			39,100,000	

임차인 현황 말소기준권리 2020-09-07 소액임차인기준일 2023-06-19 배당요구종기일 2021-07-05

임차인/대항력		점유부분	전입/확정/배당	보증금/월세(원)	예상배당액 예상인수액	비고
이**	있음	주거용 전부 2020.05.20.~ 2022-05.19.	전입 : 2020-05-21 확정 : 2020-05-25 배당 : 없음	보증금 33,000,000	배당액 : 없음 미배당 : 0 보증금 전액 매수인 인수	

* 현지출장 시 만난 임차인 이**의 남편 김*열 진술에 의하면 본인 가족만 거주하고 있다고 함.
* 전입세대열람 내역을 확인한 바, 이** 세대가 전입 등재되어 있음
* 이** : 배당요구 하지 아니함

등기부 현황(집합)

접수번호	등기목적	권리자	채권금액(원)	기타	소멸여부
2017,06.27	소유권이전	주**			
2020.09.07	가압류	㈜우리카드	10,579,121	말소기준등기	소멸
2021.04.08	강제경매(가압류의 본압류로의 이행	㈜우리카드	청구금액 12,049,747		소멸
2021.04.19	압류	국민건강보험	32,500,000		소멸

물건종류	아파트	개시결정	2021.04.08	경매구분	강제경매
건물면적	60㎡(18.15평)	소유자	주**	감정가	39,100,000원
대지권	23.98㎡(7.254평)	채무자	주**	최저가	(9.4%) 3,674,000원
매각물건	토지·건물 일괄매각	채권자	㈜우리카드	입찰보증금	(20%) 734,800원

경매물건의 소유자는 주씨이며, 채무자도 주씨입니다. 채권자는 ㈜우리카드입니다. 경매종류는 강제경매입니다. 강제경매는 돈을 빌려주었는데 갚지 않는 경우, 임대차기간이 끝났는데도 임대보증금을 돌려주지 않을 경우 지급명령 등을 신청해 법원으로부터 대여금이나 보증금을 반환하라는 판결문 즉 집행근원을 가지고 경매신청하는 것을 말합니다.

채권자가 돈을 달라는 소송을 제기하여 판결을 받기까지는 많은 시간이 걸리게 되고 그 사이에 채무자가 부동산을 처분하거나 근저당권을 설정하면 소송에서 승소하더라도 채권을 변제받지 못할 수 있습니다. 재판확정 전에 채무자가 그의 재산을 사용이나 이동을 금하는 가압류를 하고 지급명령 등 재판에서 승소 판결받아 경매신청합니다. 가압류의 본압류로의 이행입니다.

주요 등기사항 요약 (참고용)

[주 의 사 항]

본 주요 등기사항 요약은 증명서상에 말소되지 않은 사항을 간략히 요약한 것으로 증명서로서의 기능을 제공하지 않습니다. 실제 권리사항 파악을 위해서는 발급된 증명서를 필히 확인하시기 바랍니다.

고유번호 2046-1996-7[illegible]

[집합건물] 전라남도 광양시 광영동 [illegible] 아파트 제가동 제11층 제1108호

1. 소유지분현황 (갑구)

등기명의인	(주민)등록번호	최종지분	주 소	순위번호
주[illegible] (소유자)	6[illegible]1-*******	단독소유	광주광역시 [illegible] 503호([illegible])	10

2. 소유지분을 제외한 소유권에 관한 사항 (갑구)

순위번호	등기목적	접수정보	주요등기사항	대상소유자
12	가압류	2020년9월7일 제24665호	청구금액 금10,579,121 원 채권자 주식회사우리카드	주[illegible]
13	강제경매개시결정	2021년4월8일 제8685호	채권자 주식회사우리카드	주[illegible]

3. (근)저당권 및 전세권 등 (을구)

- 기록사항 없음

[참 고 사 항]

가. 등기기록에서 유효한 지분을 가진 소유자 혹은 공유자 현황을 가나다 순으로 표시합니다.
나. 최종지분은 등기명의인이 가진 최종지분이며, 2개 이상의 순위번호에 지분을 가진 경우 그 지분을 합산하였습니다.
다. 지분이 통분되어 공시된 경우는 전체의 지분을 통분하여 공시한 것입니다.
라. 대상소유자가 명확하지 않은 경우 '확인불가'로 표시될 수 있습니다. 정확한 권리사항은 등기사항증명서를 확인하시기 바랍니다.

등기부 현황(집합)

접수번호	등기목적	권리자	채권금액(원)	기타	소멸여부
2017,06.27	소유권이전	주**			
2020.09.07	가압류	㈜우리카드	10,579,121	**말소기준등기**	소멸
2021.04.08	강제경매(가압류의 본압류로의 이행	㈜우리카드	청구금액 12,049,747		소멸
2021.04.19	압류	국민건강보험	32,500,000		소멸

우리카드가 2020년 9월 7일 신용카드이용대금에 대하여 가압류 후 2020년 10월 22일 지급명령을 신청하고, 2020년 11월 6일 카드대금을 지급하라는 지급명령을 받았습니다. 채무자 주씨에게 지급명령정본과 독촉절차안내서, 전자소송안내서가 2020년 11월 18일 송달되었고 2020년 12월 11일 채권자 우리카드에게 지급명령정본 송달되었습니다. 2020년 12월 5일 지급명령이 확정되었습니다. 우리카드는 주씨의 아파트에 대하여 강제경매를 신청하여 경매개시결정을 판결받아 경매가 진행됩니다.

2020년 9월 7일 가압류가 최선순위 권리입니다. 최선순위의 가압류·압류는 민사집행법 제91조제3항에 의해 말소기준권리가 됩니다.

> 민사집행법 제91조제3항
> 지상권·지역권·전세권 및 등기된 임차권은 저당권·압류채권·가압류채권에 대항할 수 없는 경우에는 매각으로 소멸된다.

등기부 등본의 가압류, 강제경매, 압류는 경매로 인한 매각으로 말소됩니다. 이 경매물건의 점유자는 임차인입니다. 전입일자는 2020년 5월 21일입니다. 임차인은 전입신고를 하면 그 다음 날 0시부터 대항력이 발생합니다. 2020년 5월 22일 0시부터 대항력이 발생합니다. 임차인의 보증금 33,000,000원입니다.

임차인 현황 말소기준권리 2020-09-07 소액임차인기준일 2023-06-19 배당요구종기일 2021-07-05

임차인/대항력		점유부분	전입/확정/배당	보증금/월세(원)	예상배당액 예상인수액	비고
이**	있음	주거용 전부 2020.05.20.~ 2022-05.19.	전입 : 2020-05-21 확정 : 2020-05-25 배당 : 없음	보증금 33,000,000	배당액 : 없음 미배당 : 0 보증금 전액 매수인 인수	

임차인 이씨의 전입일자와 확정일자가 말소기준권리인 가압류 설정일보다 먼저입니다.

등기부 현황(집합), 진입, 확정일자

접수번호	등기목적	권리자	채권금액(원)	기타	소멸여부
2017,06.27	소유권이전	주**			
2020.05.21	전입	이**	33,000,000	배당요구 없음	
2020.05.25	확정일자	이**			
2020.09.07	가압류	㈜우리카드	10,579,121	말소기준등기	소멸
2021.04.08	강제경매(가압류의 본압류로의 이행	㈜우리카드	청구금액 12,049,747		소멸
2021.04.19	압류	국민건강보험	32,500,000		소멸

임차인의 전입일자가 말소기준권리인 2020년 9월 7일 가압류보다 먼저입니다. 경매로 임차권이 소멸되지 않습니다. 이런 임차인을 대항력 있는 임차인이라고 합니다. 대항력 있는 임차인이란 임대차기간 동안 거주할 수 있고 임대차 기간 종료 후 보증금을 반환받을 수 있는 권리가 있는 임차인을 말합니다. 임차인은 배당요구를 하여야만 매각대금에서 배당을 받을 수 있습니다. 배당요구종기일이 2021년 7월 5일입니다. 임차인은 배당요구하지 않았습니다. 대항력 있는 임차인이 배당요구하지 않으면 매수인은 임대차기간 종료 후 낙찰자가 임차인에게 보증금 전액을 지급하여야 합니다.

물건종류	아파트	개시결정	2021.04.08	경매구분	강제경매
건물면적	60㎡(18.15평)	소유자	주**	감정가	39,100,000원
대지권	23.98㎡(7.254평)	채무자	주**	최저가	(9.4%) 3,674,000원
매각물건	토지·건물 일괄매각	채권자	㈜우리	입찰보증금	(20%) 734,800원

입찰 진행 내용

구분	매각기일	최저매각가격(원)	상태
1차	2021-09-13	39,100,000	유찰
2차	2021-11-01	27,370,000	유찰
3차	2021-12-13	21,896,000	유찰
4차	2021-12-13	17,517,000	
매각 18,517,000원(47.36%) 입찰 1명 미납			
5차	2022-05-09	17,517,000	유찰
6차	2022-06-20	14,014,000	
매각 16,100,000원(41.18%) 입찰 1명 미납			
13차	2023-06-19	3,674,000	매각

매각 3,985,000원(10.19%)/차순위매수신고
2023-06-27 : 최고가매각허가결정
2023-07-04 : 최고가매수인 대금지급기한통지서 발송
2023-07-27 : 대금지급기한 / 미납
2023-08-02 : 차순위매수신고인, 최고가매수신고 매각결정기일통지서 발송
2023-08-07 : 매각결정기일/차순위매각허가결정
2023-08-17 : 차순위매수인 대금지급통지서 발송
2023-09-07 : 대금지급기한 / 납부(2023.09.07)

감정가격이 39,100,000원 최저입찰가격 17,517,000원인 4차 매각기일에 1명이 감정가격의 47.36%인 18,517,000원에 최고가매수신고하였습니다. 매각허가가 확정되었으나 대금지급기한까지 매각대금을 납부하지 않았습니다. 매각대금을 미납하면 최저입찰가격의 10%인 보증금 1,751,700원은 반환하여 주지 않습니다.

6차 매각기일에도 1명이 최고가매수신고를 했지만, 매각대금을 납부하지 않았습니다. 최저매각가격이 3,674,000원인 13차 매각기일날 감정가격의 10.19%인 3,985,000원에 최고가매수신고인이 선정되었고, 차순위매수신고가 있었습니다.

차순위매수신고는 최고가매수신고금액 3,985,000원에서 입찰보증금 734,800원을 뺀 금액보다 높게 매수신고한 사람만 할 수 있습니다.

2023년 6월 27일 최고가매각허가결정이 나고 2023년 7월 27일 대금지급기한이었지만 최고가매수인은 매각대금을 납부하지 않았습니다.

법원은 차순위매수신고인에게 2023년 8월 2일 차순위매수신고인과 최고가매수신고에게 매각결정기일통지서 발송하였고, 2023년 8월 7일 매각결정기일날 차순위매각허가결정이 났습니다. 2023년 9월 7일 대금지급기한이었는데 2023년 9월 7일 차순위매수인이 매각대급을 납부했습니다.

법원에서 제공하는 매각물건명세서를 가지고 권리분석을 하도록 하겠습니다. 매각물건명세서는 매각기일 1주일 전부터 대법원경매사이트에서 열람할 수 있습니다.

매각물건명세서

사 건	2021타경2 부동산강제경매		매각 물건번호	1	작성 일자	2023.06.02	담임법관 (사법보좌관)	김
부동산 및 감정평가액 최저매각가격의 표시	별지기재와 같음		최선순위 설정	2020.09.07.가압류			배당요구종기	2021.07.05

부동산의 점유자와 점유의 권원, 점유할 수 있는 기간, 차임 또는 보증금에 관한 관계인의 진술 및 임차인이 있는 경우 배당요구 여부와 그 일자, 전입신고일자 또는 사업자등록신청일자와 확정일자의 유무와 그 일자

점유자 성 명	점유 부분	정보출처 구 분	점유의 권 원	임대차기간 (점유기간)	보 증 금	차 임	전입신고 일자, 사업자등록 신청일자	확정일자	배당 요구여부 (배당요구일자)
이		현황조사	주거 임차인		35,000,000		2020.05.21		
	전부	권리신고	주거 임차인	2020.05.20. ~ 2022.05.19.	33,000,000		2020.05.21.	2020.05.25.	

<비고>

이 :배당요구 하지 아니함

대항력 있는 임차인→배당요구 없음→33,000,000원 보증금 매수인 인수

※ 최선순위 설정일자보다 대항요건을 먼저 갖춘 주택·상가건물 임차인의 임차보증금은 매수인에게 인수되는 경우가 발생 할 수 있고, 대항력과 우선변제권이 있는 주택·상가건물 임차인이 배당요구를 하였으나 보증금 전액에 관하여 배당을 받지 아니한 경우에는 배당받지 못한 잔액이 매수인에게 인수되게 됨을 주의하시기 바랍니다.

등기된 부동산에 관한 권리 또는 가처분으로 매각으로 그 효력이 소멸되지 아니하는 것

해당사항없음

매각에 따라 설정된 것으로 보는 지상권의 개요

해당사항없음

비고란

주1 : 매각목적물에서 제외되는 미등기건물 등이 있을 경우에는 그 취지를 명확히 기재한다.

2 : 매각으로 소멸되는 가등기담보권, 가압류, 전세권의 등기일자가 최선순위 저당권등기일자보다 빠른 경우에는 그 등기일자를 기재한다.

등기된 부동산에 관한 권리 또는 가처분으로 매각으로 그 효력이 소멸되지 아니하는 것

최선순위 설정 권리가 2020년 9월 7일 가압류입니다. 가압류는 민사집행법 제92조3항에 의해 말소기준권리가 됩니다. 경매로 인한 매각으로 등기된 부동산에 관한 권리 즉 가압류, 압류, 강제경매는 경매로 인한 매각으로 말소됩니다. 임차인은 전입신고일이 말소기준권리인 최선순위 설정 가압

류 보다 먼저 갖춘 임차인입니다. 대항력 있는 임차인으로 배당요구하지 않았습니다. 임차인의 보증금은 매수인이 인수합니다.

권리분석

1. 등기부등본 분석
   ① 최선순위 설정(말소기준권리) : 가압류　　② 등기부상 인수하는 권리 : 없음
2. 점유자 분석
   ① 임차인 : 대항력 있는 임차인으로 배당요구하지 않음 : 임차인의 보증금 매수인이 인수

등기사항전부증명서(말소사항 포함)
- 집합건물 -

고유번호 2046-1996-

[집합건물] 전라남도 광양시 제가동 제11층 제1108호

【 표 제 부 】 (1동의 건물의 표시)

표시번호	접 수	소재지번,건물명칭 및 번호	건 물 내 역	등기원인 및 기타사항
~~1~~ ~~(전 1)~~	~~1992년12월17일~~	~~전라남도 동광양시~~ ~~-1~~ ~~아파트 제가동~~	~~철근콘크리트 벽식조~~ ~~슬래브지붕 16층 아파트~~ ~~1층 792.3㎡~~ ~~2층 1572.09㎡~~ ~~3층 1557.99㎡~~ ~~4층 1557.99㎡~~ ~~5층 1557.99㎡~~ ~~6층 1557.99㎡~~ ~~7층 1557.99㎡~~ ~~8층 1557.99㎡~~ ~~9층 1557.99㎡~~ ~~10층 1557.99㎡~~ ~~11층 1557.99㎡~~ ~~12층 1557.99㎡~~ ~~13층 1557.99㎡~~ ~~14층 1557.99㎡~~ ~~15층 1557.99㎡~~ ~~16층 1557.99㎡~~ ~~지하층 904.68㎡~~	~~도면편철장 제34책제245면~~ 부동산등기법 제177조의 6 제1항의 규정에 의하여 2001년 05월 18일 전산이기
2		~~전라남도 광양시 광영동~~ ~~아파트 제가동~~	~~철근콘크리트 벽식조~~ ~~슬래브지붕 16층 아파트~~ ~~1층 792.3㎡~~ ~~2층 1572.09㎡~~ ~~3층 1557.99㎡~~ ~~4층 1557.99㎡~~ ~~5층 1557.99㎡~~ ~~6층 1557.99㎡~~ ~~7층 1557.99㎡~~ ~~8층 1557.99㎡~~	~~1995년1월1일~~ ~~행정구역명칭변경으로 인하여~~ ~~2001년5월30일 등기~~ ~~도면편철장 제34책제245면~~

[집합건물] 전라남도 광양시 [illegible] [illegible] [illegible]아파트 제가동 제11층 제1108호

표시번호	접 수	소재지번,건물명칭 및 번호	건 물 내 역	등기원인 및 기타사항
			~~9층 1557.99㎡~~ ~~10층 1557.99㎡~~ ~~11층 1557.99㎡~~ ~~12층 1557.99㎡~~ ~~13층 1557.99㎡~~ ~~14층 1557.99㎡~~ ~~15층 1557.99㎡~~ ~~16층 1557.99㎡~~ ~~지하층 904.68㎡~~	
3		전라남도 광양시 [illegible] [illegible] [illegible] 제가동 [도로명주소] 전라남도 광양시 [illegible]로 [illegible]	철근콘크리트 벽식조 슬래브지붕 16층 아파트 1층 792.3㎡ 2층 1572.09㎡ 3층 1557.99㎡ 4층 1557.99㎡ 5층 1557.99㎡ 6층 1557.99㎡ 7층 1557.99㎡ 8층 1557.99㎡ 9층 1557.99㎡ 10층 1557.99㎡ 11층 1557.99㎡ 12층 1557.99㎡ 13층 1557.99㎡ 14층 1557.99㎡ 15층 1557.99㎡ 16층 1557.99㎡ 지하층 904.68㎡	도로명주소 2011년12월1일 등기

(대지권의 목적인 토지의 표시)

표시번호	소 재 지 번	지 목	면 적	등기원인 및 기타사항
1 (전 1)	1. 전라남도 동광양시 [illegible]동 [illegible]	대	13718㎡	1992년12월17일
2 ~~(전 2)~~				~~1 번 등기에 대하여 별도등기 있음~~ ~~1992년12월17일~~
				부동산등기법 제177조의 6 제1항의 규정에 의하여 1번 내지 2번 등기를 2001년 05월 18일 전산이기

열람일시 : 2025년09월27일 06시31분55초

[집합건물] 전라남도 광양시 [blurred]아파트 제가동 제11층 제1108호

표시번호	소 재 지 번	지 목	면 적	등기원인 및 기타사항
3				2번별도등기말소 2011년3월9일

【 표 제 부 】 (전유부분의 건물의 표시)				
표시번호	접 수	건 물 번 호	건 물 내 역	등기원인 및 기타사항
1 (전 1)	1992년12월17일	제11층 제1108호	철근콘크리트벽식조 60㎡	도면편철장 제34책제245면
				부동산등기법 제177조의 6 제1항의 규정에 의하여 2001년 05월 18일 전산이기

(대지권의 표시)

표시번호	대지권종류	대지권비율	등기원인 및 기타사항
1 (전 1)	1 소유권대지권	1371800분의 2398	1992년11월27일 대지권 1992년12월17일
			부동산등기법 제177조의 6 제1항의 규정에 의하여 2001년 05월 18일 전산이기

【 갑 구 】 (소유권에 관한 사항)				
순위번호	등 기 목 적	접 수	등 기 원 인	권리자 및 기타사항
1 (전 1)	소유권보존	1992년12월17일 제23056호		소유자 주식회사[blurred]주택 200111-[blurred] 광주 동구 [blurred]
				부동산등기법 제177조의 6 제1항의 규정에 의하여 2001년 05월 18일 전산이기
1-1	1번등기명의인표시변경	2006년2월6일 제2350호	2005년12월24일 본점이전	주식회사[blurred]주택의 주소 광양시 [blurred] 787-[blurred]
1-2	1번등기명의인표시변경	2006년2월6일 제2351호	2005년7월28일 상호변경	주식회사[blurred]주택의 성명(명칭) 주식회사[blurred]주택
2	압류	~~2005년9월30일 제21442호~~	~~2005년9월29일 압류(징수-6[blurred]~~	~~채권자 근로복지공단 111271-0007455 서울 영등포구 영등포동 2가 94-267~~

열람일시 : 2025년09월27일 06시31분55초

3/7

순위번호	등 기 목 적	접 수	등 기 원 인	권리자 및 기타사항
			-62497)	(이수지사)
3	임의경매개시결정	2005년11월18일 제25508호	2005년11월10일 광주지방법원순천지원의 경매개시 결정(2005타경30[illegible])	채권자 주식회사국민은행 110111-2365321 서울 중구 남대문로 2가 9-1 (광주여신관리센터)
4	3번임의경매개시결정등기말소	2005년12월21일 제27962호	2005년12월16일 취하	
5	2번압류등기말소	2006년2월3일 제2298호	2006년2월1일 해제	
6	소유권이전	2006년9월7일 제20210호	2006년8월20일 매매	소유자 양[illegible] 46[illegible]-******* 광양시 광영동 [illegible]아파트 가-1108 거래가액 금46,000,000원
6-1	6번등기명의인표시변경		2007년10월30일 전거	양[illegible]의 주소 광주광역시 서구 [illegible] [illegible]아파트 101-703 2011년3월29일 부기
7	소유권이전	2011년3월29일 제9439호	2011년3월28일 증여	소유자 이[illegible] 62[illegible]-******* 광주광역시 북구 [illegible]
7-1	7번등기명의인표시변경		2011년10월31일 도로명주소	이[illegible]의 주소 광주광역시 북구 [illegible] [illegible]([illegible]동) 2013년10월16일 부기
8	가압류	2016년7월13일 제17032호	2016년7월13일 광주지방법원의 가압류결정(2016카단50[illegible])	청구금액 금17,000,000 원 채권자 신용보증기금 114271-0001636 대구 동구 첨단로 7 (신서동) (광주첨단지점)
9	임의경매개시결정	2016년9월20일 제22854호	2016년9월20일 광주지방법원 순천지원의 임의경매개시결정(2016타경103[illegible])	채권자 주식회사 우리은행 110111-0023393 서울 중구 소공로 51 (회현동1가) (광주지원센터)
10	소유권이전	2017년6월27일	2017년6월27일	소유자 주[illegible] 64[illegible]-*******

열람일시 : 2025년09월27일 06시31분55초

[집합건물] 전라남도 광양시 [blurred] 아파트 제가동 제11층 제1108호

순위번호	등 기 목 적	접 수	등 기 원 인	권리자 및 기타사항
		제15288호	임의경매로 인한 매각	광주광역시 동구 [illegible]
11	8번가압류, 9번임의경매개시결정 등기말소	2017년6월27일 제15288호	2017년6월27일 임의경매로 인한 매각	
12	~~가압류~~	~~2020년9월7일 제24665호~~	~~2020년9월7일 서울중앙지방법원의 가압류 결정(2020카단8[illegible])~~	~~청구금액 금10,579,121 원~~ ~~채권자 주식회사우리카드 110111-5101839~~ ~~서울특별시 종로구 종로1길 50 (중학동, 더케이트윈타워)~~
13	~~강제경매개시결정(12번가압류의 본압류로의 이행)~~	~~2021년4월8일 제8685호~~	~~2021년4월8일 광주지방법원 순천지원의 강제경매개시결정(2021타경2[illegible])~~	~~채권자 주식회사우리카드 110111-5101839~~ ~~서울특별시 종로구 종로1길 50 (중학동, 더케이트윈타워)~~ ~~(채권관리부)~~
14	~~압류~~	~~2021년4월19일 제9502호~~	~~2021년4월19일 압류(자격징수부-903[illegible])~~	~~권리자 국민건강보험공단 111471-0008863~~ ~~강원도 원주시 건강로 32(반곡동, 국민건강보험공단)~~ ~~(인천중부지사)~~
15	14번압류등기말소	2021년9월29일 제23902호	2021년9월29일 해제	
16	~~압류~~	~~2023년9월7일 제20931호~~	~~2023년9월7일 압류(세무1과-13[illegible])~~	~~권리자 중구(인천광역시) 2311~~
17	소유권이전	2023년9월18일 제21609호	2023년9월7일 강제경매로 인한 매각	소유자 이[illegible] 81[illegible]-******* 전라남도 광양시 [illegible], 가동 1108호([illegible]아파트)
18	12번가압류, 13번강제경매개시결정, 16번압류등기말소	2023년9월18일 제21609호	2023년9월7일 강제경매로 인한 매각	
19	소유권이전	2025년6월2일 제2752281호	2025년5월29일 매매	소유자 강[illegible] 66[illegible]-******* 경상남도 고성군 [illegible]

[집합건물] 전라남도 광양시 [illegible] 아파트 제가동 제11층 제1108호

순위번호	등 기 목 적	접 수	등 기 원 인	권리자 및 기타사항
				401호 (유원리치빌) 거래가액 금34,000,000원

【 을 구 】 (소유권 이외의 권리에 관한 사항)

순위번호	등 기 목 적	접 수	등 기 원 인	권리자 및 기타사항
~~1~~ ~~(전 1)~~	~~근저당권설정~~	~~1992년12월17일~~ ~~제23057호~~	~~1992년12월15일~~ ~~추가설정계약~~	~~채권최고액 금5,966,800,000원~~ ~~채무자 주식회사 [illegible] 주택~~ ~~광주 동구 [illegible]~~ ~~근저당권자 한국주택은행 111235-0001908~~ ~~서울 영등포구 여의도동 36-3~~ ~~(동광양지점)~~ ~~공동담보 [illegible] 토지의담보물에추가~~ ~~공동담보목록 제108호~~
				부동산등기법 제177조의 6 제1항의 규정에 의하여 2001년 05월 18일 전산이기
~~1-1~~	~~1번근저당권이전~~	~~2006년9월7일~~ ~~제20216호~~	~~2001년11월1일~~ ~~회사합병~~	~~근저당권자 주식회사국민은행 110111-2365321~~ ~~서울 중구 남대문로2가 9-1~~ ~~(순천기업금융지점)~~
2	~~근저당권설정~~	~~2006년9월7일~~ ~~제20211호~~	~~2006년9월7일~~ ~~설정계약~~	~~채권최고액 금32,400,000원~~ ~~채무자 양 [illegible]~~ ~~광양시 광영동 [illegible] 파트 가-1108~~ ~~근저당권자 주식회사우리은행 110111-0023393~~ ~~서울 중구 회현동1가 203~~ ~~(순천지점)~~
3	1번근저당권설정등기말소	2006년9월7일 제20217호	2006년9월7일 일부포기	
4	2번근저당권설정등기말소	2017년6월27일 제15288호	2017년6월27일 임의경매로 인한 매각	
5	~~근저당권설정~~	~~2017년6월27일~~ ~~제15289호~~	~~2017년6월27일~~ ~~설정계약~~	~~채권최고액 금13,200,000원~~ ~~채무자 주 [illegible]~~ ~~광주광역시 동구 [illegible]~~ ~~근저당권자 광주동부신용협동조합~~

열람일시 : 2025년09월27일 06시31분55초

[집합건물] 전라남도 광양시 [blurred] 아파트 제가동 제11층 제1108호

순위번호	등 기 목 적	접 수	등 기 원 인	권리자 및 기타사항
				200141-0001876 광주광역시 [blurred]
6	5번근저당권설정등기말소	2019년1월15일 제1046호	2019년1월14일 해지	
7	근저당권설정	2025년6월2일 제2752409호	2025년6월2일 설정계약	채권최고액 금40,000,000원 채무자 강[blurred] 경상남도 고성군 [blurred] 401호 ([blurred]) 근저당권자 이[blurred] 57[blurred]-******* 경상남도 고성군 [blurred]

-- 이 하 여 백 --

관할등기소 광주지방법원 순천지원 광양등기소

말소기준권리와 매각물건명세서의 최선순위 설정
임차권을 포함하여 등기부상에 나타나는 권리의 말소 여부를 판별하는데 기준이 되는 권리
■ 최선순위의 근저당권(민사집행법 제91조제2항) 매각부동산 위의 모든 저당권은 매각으로 소멸된다. ■ 최선순위의 가압류·압류(민사집행법 제91조제3항) 지상권 · 지역권 · 전세권 및 등기된 임차권은 저당권 · 압류채권 · 가압류채권에 대항할 수 없는 경우에는 매각으로 소멸된다. ※**돈**과 관련된 근저당권·전세권·압류·가압류·담보가등기·경매개시결정은 말소기준권리가 되고, **가처분·소유권이전청구권가등기·지상권·지역권**은 말소기준권리가 되지 못함

▣ 연습문제 다음 빈칸에 맞는 말은?

1. 최선순위 근저당권은 □□□□□□가 된다. 매각 부동산 위의 모든 □□□은 매각으로 □□된다.
2. □□□□□□는 경매물건의 □□□을 포함하여 등기부상 나타나는 모든 권리의 □□ □□를 판별하는데 □□이 되는 권리이다.

힌트
각 권 기 당 말 물 매 명 멸 리 소 서 세 임 준 저 차

5. 압류가 최선순위, 임대차계약 후 전세보증금 대출받고 근질권을 설정한 임차인

2023타경12**서울남부					
소재지	서울 양천구 신월동 ** 제101동 제403호				
물건종류	도시형생활주택	개시결정	2023.11.28	경매구분	강제경매
건물면적	24.65㎡(7.457평)	소유자	김**	감정가	206,000,000원
대지권	15.17㎡(4.71평)	채무자	김**	최저가	(80%) 164,800,000원
매각물건	건물·토지 일괄매각	채권자	서울보증보험	입찰보증금	(10%) 16,480,000원

입찰 진행 내용

구분	매각기일	최저매각가격(원)	상태	매각 236,900,000원 (115%)
1차	2024-10-10	206,000,000	유찰	2024.11.20 : 매각결정기일 매각허가
2차	2024-11-13	164,000,000	매각	2024.12.02 : 대금지급기한 / 2024.12.02 : 납부

매각 물건 현황 가격시점 2023.12,06

목록		지번/토지이용계획/용도/구조/면적	감정가	비고
건물	1	양천구 신월동 ** 제101동 제403호 총 7층 중 4층 다세대주택 건물 24.65㎡(7.457평)	61,800,000원	사용승인일 2019.05.01
토지	1	대지권(대지) 805.23㎡ 중 15.17㎡(4.71평)	144,200,000원	
감정가 합계			206,000,000원	
토지이용계획		제2종일반주거지역/소로3류(폭 8m 미만)/가축사육제한구역/상대보호구역		

임차인 현황 말소기준권리일 2020-09-17 **소액임차인기준일** 2024-11-13 **배당요구종구일** 2024-03-04

임차인/대항력		점유부분	전입/확정/배당	보증금/월세	분석	비고
차**	있음	주거용 건물 전부	전입 : 2019-09-02 확정 : 2019-08-21 배당 : 2023-11-30	보증 217,000,000원	미배당 보증금 매수인이 인수	임차권등기자
기타사항	- 현장에 임하였으나 아무도 만나지 못하여 점유관계 미상임 별도의 확인이 요함, 주민등록표등록에는 소유자가 아닌 세대주 차** 세대가 등재되어 있으므로, 그를 그 동본에 의해 일응 임차인으로 기재함 -차**:임차권 등기일은 2023,10,30.이며, 신청채권자 서울보증보험 주식회사는 임차권자 차**의 임차보증금반환채권 중 일부(207,000,000원 한도)에 대한 근질권 양수인임.					

전입세대 / 관리비 체납

전입세대	관리비 체납내역
전입 차** 2019.09.02	-없음

등기부 현황(집합)

접수번호	등기목적	권리자	채권금액(원)	기타등기사항	소멸여부
2019.09.02	소유이전	김**		매매	
2020.09.17	압류	김포세무서장		말소기준권리	소멸
2021.10.26	가압류	주택도시보증공사	10,639,000,000		소멸
2023.10.30	주택임차권	차**	217,000,000	전입:2019.09.02. 확정:2019.08.21. 대위등기 서울보증보험	
2023.11.28	강제경매	서울보증보험		2023타경 1***	소멸
2024.03.13	압류	서울강북구			소멸

소재지	서울 양천구 신월동 ** 제101동 제403호				
물건종류	도시형생활주택	개시결정	2023.11.28	경매구분	강제경매
건물면적	24.65㎡(7.457평)	소유자	김**	감정가	206000,000원
대지권	15.17㎡(4.71평)	채무자	김**	최저가	(80%) 164,800,000원
매각물건	건물·토지 일괄매각	채권자	서울보증보험	입찰보증금	(10%) 16,480,000원

경매물건의 종류가 도시형생활주택입니다. 도시형생활주택은 주택건설기준과 부대시설 등의 설치기준 및 적용을 배제·완화하여 소규모 주택을 저렴하고 신속하게 공급하여 서민의 주거안전에 기여하고자 2009년 5월 4일부터 도입한 주택유형입니다.

도시형생활주택은 300대 미만의 국민주택규모에 해당하는 주택으로서 「국토의 계획 및 이용에 관한 법률」에 따른 도시지역에 건설하는 원룸형 주택, 단지형 연립주택, 단지형 다세대주택이 있습니다.

정부가 2025년 1월 21일부터 무주택자의 주거안정을 도모하고 시장의 수요에 맞추어 국민주택규모에 해당하는 주택 중 세대별 주거전용면적이 60제곱미터를 초과하는 도시형 생활주택의 공급을 촉진하기 위하여 도시형 생활주택의 유형 중 종전의 '소형 주택'의 명칭을 '아파트형 주택'으로 변경하고, 해당 주택의 요건 중 세대별 주거전용면적을 60제곱미터로 제한하던 것을 삭제하여 전용면적 상한도 60㎡에서 85㎡로 확대했습니다.

채권자는 서울보증보험입니다. 경매종류는 강제경매입니다.

등기부 현황(집합)

접수일	등기목적	권리자	채권금액(원)	기타등기사항	소멸여부
2019.09.02	소유권이전	김**		매매	
2020.09.17	압류	김포세무서장		**말소기준권리**	소멸
2021.10.26	가압류	주택도시보증공사	10,639,000,000		소멸
2021.11.03	압류	양천구			소멸
2021.12.20	압류	양천세무서			소멸
2022.04.20	압류	강북구			소멸
2023.10.30	주택임차권	차**	217,000,000	전입:2019.09.02. 확정:2019.08.21. 대위등기 서울보증보험	
2023.11.28	강제경매	서울보증보험		2023타경 1***	소멸
2024.03.13	압류	서울강북구			소멸

입찰 전 등기부 등본입니다.

등기사항전부증명서(말소사항 포함)
- 집합건물 -

고유번호 2501-2019-01

[집합건물] 서울특별시 양천구 신월동 [illegible] 제101동 제4층 제403호

【 표 제 부 】 (1동의 건물의 표시)

표시번호	접 수	소재지번,건물명칭 및 번호	건 물 내 역	등기원인 및 기타사항
1	2019년5월9일	서울특별시 양천구 신월동 [illegible] [illegible] 제101동 [도로명주소] 서울특별시 양천구 남부순환로[illegible]	철근콘크리트구조 평스라브지붕 7층 공동주택 및 근린생활시설 지1층 29.41㎡ 1층 142.71㎡ 1층 12.32㎡ 2층 155.03㎡ 3층 155.03㎡ 4층 123.07㎡ 5층 123.07㎡ 6층 123.07㎡ 7층 113.92㎡ 옥탑1층 12.32㎡(연면적제외)	

(대지권의 목적인 토지의 표시)

표시번호	소 재 지 번	지 목	면 적	등기원인 및 기타사항
1	1. 서울특별시 양천구 신월동 [illegible]	대	805.2㎡	2019년5월9일 등기

【 표 제 부 】 (전유부분의 건물의 표시)

표시번호	접 수	건 물 번 호	건 물 내 역	등기원인 및 기타사항
1	2019년5월9일	제4층 제403호	철근콘크리트구조 24.65㎡	

[집합건물] 서울특별시 양천구 신월동 [illegible] 제101동 제4층 제403호

(대지권의 표시)			
표시번호	대지권종류	대지권비율	등기원인 및 기타사항
1	1 소유권대지권	805.2분의 15.57	2019년5월8일 대지권 2019년5월9일 등기

【 갑 구 】 (소유권에 관한 사항)

순위번호	등 기 목 적	접 수	등 기 원 인	권리자 및 기타사항
1	소유권보존	2019년5월9일 제78783호		소유자 주식회사[illegible] 110111-2[illegible] 서울특별시 영등포구 도림[illegible]
2	소유권이전	2019년9월2일 제158578호	2019년4월25일 매매	소유자 김[illegible] 7[illegible]1-******* 경기도 김포시 [illegible]
3	압류	2020년9월17일 제213400호	2020년9월16일 압류(체납징세과-티901[illegible])	권리자 국 처분청 김포세무서장
4	가압류	2021년10월26일 제247043호	2021년10월26일 부산지방법원 동부지원의 가압류 결정(2021카단10[illegible])	청구금액 금10,639,000,000 원 채권자 주택도시보증공사 184371-0003123 부산 남구 문현금융로 40 (문현동, 부산국제금융센터) 18층 (서울서부관리센터 대리인 공대운)
5	압류	2021년11월3일 제256771호	2021년10월7일 압류(징수과-[illegible])	권리자 양천구(서울특별시) 1130
6	압류	2021년12월20일 제300912호	2021년12월14일 압류(체납징세과-티600[illegible])	권리자 국 처분청 양천세무서장
7	압류	2022년4월20일 제85628호	2022년2월23일 압류(세무2과-2[illegible])	권리자 강북구(서울특별시) 1134

2/4

[집합건물] 서울특별시 양천구 신월동 [illegible] 제101동 제4층 제403호

순위번호	등 기 목 적	접 수	등 기 원 인	권리자 및 기타사항
~~8~~	~~강제경매개시결정~~	~~2023년7월10일 제122040호~~	~~2023년7월10일 서울남부지방법원의 강제경매개시결정(2023타경113[illegible])~~	~~채권자 메리츠화재해상보험 주식회사 110111-0013328 서울 강남구 강남대로 382 (역삼동, 메리츠타워) (일반손해사정파트 박정원)~~
9	강제경매개시결정	2023년11월28일 제213657호	2023년11월28일 서울남부지방법원의 강제경매개시결정(2023타경125[illegible])	채권자 서울보증보험 주식회사 110111-0099774 서울특별시 종로구 김상옥로 29 (연지동) (경원신용지원단)
10	8번강제경매개시결정등기말소	2023년11월29일 제214275호	2023년11월6일 취소기각결정	
11	압류	2024년3월13일 제54460호	2024년3월8일 압류(세무1과)	권리자 서울특별시강북구 1134

【 을 구 】 (소유권 이외의 권리에 관한 사항)

순위번호	등 기 목 적	접 수	등 기 원 인	권리자 및 기타사항
1	주택임차권	2023년10월30일 제194701호	2023년10월26일 서울남부지방법원의 임차권등기명령(2023카임14487)	임차보증금 금217,000,000원 범 위 건물전부 임대차계약일자 2019년7월15일 주민등록일자 2019년9월2일 점유개시일자 2019년9월2일 확정일자 2019년8월21일 임차권자 차[illegible] 9[illegible]-******* 서울특별시 양천구 [illegible] 101동 403호 ([illegible]) 대위자 서울보증보험주식회사 서울특별시 종로구 김상옥로 29 (연지동) 대위원인 2021.11.12.자 근질권부 임차보증금반환채권 양수도계약
1-1				1번 등기는 건물만에 관한 것임 2023년10월30일 부기

2020년 9월 19일 압류가 최선순위입니다. 압류는 집행 기관에 의하여 채무자의 특정 재산에 대한 처분이 제한되는 겁니다. 국세징수법 제43조에 의해 세무공무원이 재산을 압류한 경우 체납자는 압류한 재산에 관하여 양도, 제한물권의 설정, 채권의 영수, 그 밖의 처분을 할 수 없습니다.

지방자치단체의 장은 지방세기본법 제33조에 의해 납세자가 재산세, 등록세 등에 대하여 납부 독촉장을 받고 지정된 기한까지 지방자치단체의 징수금을 완납하지 아니할 때는 납세자의 재산을 압류합니다.

가압류·압류는 민사집행법 제91조제3항에 의해 말소기준권리가 됩니다.

민사집행법 제91조제3항 지상권・지역권・전세권 및 등기된 임차권은 저당권・압류채권・가압류채권에 대항할 수 없는 경우에는 매각으로 소멸된다.

등기부 등본의 압류, 가압류, 강제경매는 경매로 인한 매각으로 말소됩니다. 임차인의 전입일자 2019년 9월 2일입니다.

임차인/대항력		점유부분	전입/확정/배당	보증금/월세	분석	비고
차**	있음	주거용 건물 전부	전입 : 2019-09-02 확정 : 2019-08-21 배당 : 2023-11-30	보증 217,000,000원	미배당 보증금 매수인이 인수	임차권등기자

등기부 현황(집합), 전입, 확정일자

접수일	등기목적	권리자	채권금액(원)	기타등기사항	소멸여부
2019.08.21	확정일자	차**			
2019.09.02	소유권이전	김**		매매	
2019.09.02	전입	차**	217,000,000		
2020.09.17	압류	김포세무서장		**말소기준권리**	소멸
2021.10.26	가압류	주택도시보증공사	10,639,000,000		소멸
2021.11.03	압류	양천구			
2021.12.20	압류	양천세무서			
2022.04.20	압류	강북구			
2023.10.30	주택임차권	차**	217,000,000	전입:2019.09.02. 확정:2019.08.21. 대위등기 서울보증보험	
2023.11.28	강제경매	서울보증보험	청구금액 206,229,241	2023타경 1***	소멸
2024.03.13	압류	서울강북구			소멸

최선순위 설정 권리가 2020년 9월 17일 압류입니다. 압류는 민사집행법 제91조제3항에 의해 말소기준권리가 됩니다. 경매로 인한 매각으로 등기된 부동산에 관한 권리 즉 압류, 가압류, 강제경매는 경매로 인한 매각으로 말소됩니다.

임차인은 전입신고일이 말소기준권리인 최선순위 설정 압류보다 먼저 갖춘 임차인입니다. 대항력 있는 임차인입니다. 경매로 임차권이 소멸되지 않습니다. 배당받지 못한 보증금 잔액을 매수인이 인수합니다. 매각물건명세서로 권리분석을 하겠습니다.

매각물건명세서

사 건	2023타경1 부동산강제경매	매각 물건번호	1	작성 일자	2024.08.30	담임법관 (사법보좌관)	이
부동산 및 감정평가액 최저매각가격의 표시	별지기재와 같음	최선순위 설정	2020.09.17 압류			배당요구종기	2024.03.04

부동산의 점유자와 점유의 권원, 점유할 수 있는 기간, 차임 또는 보증금에 관한 관계인의 진술 및 임차인이 있는 경우 배당요구 여부와 그 일자, 전입신고일자 또는 사업자등록신청일자와 확정일자의 유무와 그 일자

점유자 성 명	점유 부분	정보출처 구 분	점유의 권 원	임대차기간 (점유기간)	보 증 금	차 임	전입신고 일자·외국인 등록(체류지 변경신고)일자·사업자등록신청일자	확정일자	배당 요구여부 (배당요구일자)
차	건물 전부	등기사항 전부증명서	주거 주택임차권자	2019.09.02	217,000,000		2019.09.02.	2019.08.21	
	403호	현황조사	주거 임차인	미상	미상	미상	2019년 9월 2일(전입세대 확인서)	미상	

<비고>

차 :주택임차권 등기일은 2023.10.30.이며, 신청채권자 서울보증보험 주식회사는 임차권자 차 의 임차보증금반환채권 중 일부(207,600,000원 한도)에 대한 근질권 양수인임.

※ 최선순위 설정일자보다 대항요건을 먼저 갖춘 주택·상가건물 임차인의 임차보증금은 매수인에게 인수되는 경우가 발생 할 수 있고, 대항력과 우선변제권이 있는 주택·상가건물 임차인이 배당요구를 하였으나 보증금 전액에 관하여 배당을 받지 아니한 경우에는 배당받지 못한 잔액이 매수인에게 인수되게 됨을 주의하시기 바랍니다.

등기된 부동산에 관한 권리 또는 가처분으로 매각으로 그 효력이 소멸되지 아니하는 것

매수인에게 대항할 수 있는 임차인이 있음(임대차보증금 217,000,000원, 전입일자 2019.09.02., 확정일자 2019.08.21.) 배당에서 보증금이 전액 변제되지 아니하면 매수인이 인수함

매각에 따라 설정된 것으로 보는 지상권의 개요

비고란

주1 : 매각목적물에서 제외되는 미등기건물 등이 있을 경우에는 그 취지를 명확히 기재한다.

2 : 매각으로 소멸되는 가등기담보권, 가압류, 전세권의 등기일자가 최선순위 저당권등기일자보다 빠른 경우에는 그 등기일자를 기재한다.

최선순위 설정 권리가 2020년 9월 17일 압류입니다. 압류는 민사집행법 제91조제3항에 의해 말소기준권리가 됩니다. 경매로 인한 매각으로 등기된 부동산에 관한 권리 즉 압류, 가압류, 강제경매는 경매로 인한 매각으로 말소됩니다.

임차인은 전입신고일이 말소기준권리인 최선순위 설정 압류보다 먼저 갖춘 임차인입니다. 대항력 있는 임차인입니다. 배당받지 못한 보증금 잔액을 매수인이 인수합니다. 경매신청채권자인 서울보증보험은 임차권자 차씨의 임차보증금반환채권 중 일부(207,760,000원)에 대한 근질권 양수인입니다. 근질권부 임차보증금반환채권 양수도계약을 원인으로 주택임대권 대위등기를 하였습니다.

주택임차권등기는 임대차계약이 종료된 후 임대인으로부터 임차보증금을 반환받지 못한 상태에서,

임차인의 우선변제권을 취득 또는 유지하기 위하여 법원의 집행명령에 따라 이루어지는 등기입니다. 임차인이 임대차계약 만료 후 보증금을 돌려받지 못하고 있을 때 등기부 등본에 돌려받지 못한 보증금이 있음을 표시하는 것으로, 주택임차권을 설정하면 세입자가 거주하던 집에서 이사를 나가더라도 미반환 전세보증금을 우선적으로 받을 수 있는 권리가 유지됩니다.

주택임대차보호법 제3조2의제7항에 의하면 금융기관 등이 임차권등기명령(제3조의3제5항, 제3조의4제1항)에 따른 우선변제권을 취득한 임차인의 보증금반환채권을 계약으로 양수한 경우에는 양수한 금액의 범위에서 우선변제권을 승계합니다. 배당에서 보증금이 전액 변제되지 아니하면 잔액을 매수인이 인수합니다.

<table>
<tr><th colspan="2">임차인/대항력</th><th>점유부분</th><th>전입/확정/배당</th><th>보증금/월세</th><th>분석</th><th>비고</th></tr>
<tr><td>차**</td><td>있음</td><td>주거용
건물 전부</td><td>전입 : 2019-09-02
확정 : 2019-08-21
배당 : 2023-11-30</td><td>보증
217,000,000원</td><td>미배당 보증금 매수인이 인수</td><td>임차권등기자</td></tr>
<tr><td>기타사항</td><td colspan="6">- 현장에 임하였으나 아무도 만나지 못하여 점유관계 미상임. 별도의 확인이 요함, 주민등록표등록에는 소유자가 아닌 세대주 차** 세대가 등재되어 있으므로, 그를 그 동본에 의해 일응 임차인으로 기재함
-차**:임차권 등기일은 2023,10,30.이며, 신청채권자 서울보증보험 주식회사는 임차권자 차**의 임차보증금반환채권 중 일부(207,000,000원 한도)에 대한 근질권 양수인임.</td></tr>
</table>

임차인 차씨는 2019년 7월 15일 임대차계약 체결하였습니다. 보증금 217,000,000원이며, 임대차기간 2019년 9월 2일 ~ 2021년 9월 1일까지 입니다. 행정복지센터에 2019년 8월 21일 임대차신고하고 임대차계약서에 확정일자를 부여받았습니다.

임차인은 2019년 8월 22일 디은행으로 173,000,000원을 대출받았습니다. 변제기한을 대출실행일로부터 2년으로 정하였습니다.

2019년 8월 23일 임차인은 임대계약상의 보증금반환채권을 대출채무에 관한 담보목적으로 담보한도액을 207,600,000원으로 하여 디은행에 근질권을 설정하여 주고, 같은 날 임대인에게 질권설정사실을 통지하였습니다.

서울보증보험은 2019년 9월 2일(전입신고일 : 전세보증금지급일) 임차인과의 사이에 임차인의 임대차보증금 대출금 채무에 대하여 임차자금대출용 개인금융신용 보험약정을 체결하였습니다. 계약내용은 보험가입금액 190,300,000원 보험기간 2019.09.02. ~ 2021.09.01. 지연손해금율 보험금 지급일의 다음날부터 30일까지는 연 6%, 그 다음날부터 다 갚는 날까지는 연 9%입니다. 서울보증금은 디은행에 개인금융신용 보험증권을 발급하였습니다.

2021년 9월 1일경 임차인이 대출금채무 173,025,357원을 연체하는 보험사고가 발생하였는바, 2021년 11월 12일 서울보증은 대출계약 보험에 기하여 디은행에 보험금 174,908,213원을 지급하였습니다.

2021년 11월 12일 디은행은 대출금채무에 대한 근질권을 서울보증보험에 양도하였고, 2022년 5월 26일과 및 2022년 6월 13일 임대인에게 양도사실을 통지하였습니다.

질권은 채권자가 채무를 갚을 때까지 목적물을 맡아 두었다가 갚지 않을 때 그 목적물로 우선 변제 받을 수 있는 권리를 말합니다. 동산(물건)이나 채권, 주식 등 양도 가능한 권리(권리질권)에 설정할 수 있으며, 부동산에는 저당권만 설정할 수 있습니다. 근질권은 설정 시 최고액을 정해 두고, 실제 채권액이 변동해도 최고액 이내에서 담보권을 행사할 수 있습니다.

2022년 12월 7일 서울보증보험은 임차인과 임대인을 상대로 대신 갚아준 돈을 달라는 구상금을 달라고 서울중앙지방법원에 접수하였습니다.

이 사건에 대하여 임차인은 임대인으로부터 임대차계약상의 보증금 217,000,000원을 돌려받기 전까지는 부동산을 임대인에게 인도할 수 없다고 항변하였습니다.

법원은 민법 제352조에 의하면 질권설정자 즉 임차인은 질권자 디은행의 동의 없이 질권의 목적된 권리를 소멸하게 할 수 없으므로 채권에 대하여 질권을 설정한 임차인은 질권자 디은행의 동의 없이는 그 채권에 대하여 이행을 청구할 수도 없다. 그러므로 질권설정자인 임차인은 질권의 목적된 임대차보증금 채권 중 질권자인 원고가 동의하지 않는 207,600,000원 부분에 대하여는 임대인에게 이행을 청구할 수 없어서 그 채권 부분에 대하여는 동시이행의 항변권을 행사할 수도 없다. 따라서 임차인은 임대인으로부터 임대차보증금 9,400,000원(217,000,000원 - 207,600,000원)을 지급받음과 동시에 임대인에게 부동산을 인도할 의무가 있으므로, 임차인의 항변은 위 인정범위 내에서만 이유가 있고 나머지 부분은 이유가 없다고 판단했습니다.

법원은 구상금 사건에 대하여 2023년 10월 13일 다음과 같이 판결선고하였습니다.

첫째, 임차인은 서울보증보험에 174,908,213원 및 이에 대하여 지급기일 다음날인 2021년 11월 13일부터 30일인 되는 2021년 12월 12일까지는 연 6%의, 그 다음날부터 이 사건 소장부본송달일인 2022년 12월 21일까지는 연 6.15%의, 그 다음날부터는 다 갚는 날까지는 연 12%의 각 비율로 계산한 돈을 지급하라.

둘째, 임차인은 임대인으로부터 9,400,000원 지급받음과 동시에 부동산을 임대인에게 인도하라.

셋째, 임대인은 임차인으로부터 부동산을 인도받음과 동시에 임차인과 공동하여 서울보증보험에게 207,600,000원의 한도 내에서 첫째항의 기재 돈을 지급하라.

넷째, 소송비용 중 서울보증과 임차인 사이에 생긴 부분은 1/10은 서울보증이, 9/10을 임차인이, 서울보증과 임대인 사이에 생긴 부분은 임대인 각 부담한다.

판결도달일 2023년 10월 18일, 확정일 2023년 11월 2일입니다. 2024년 12월 17일 서울보증보험은 송달 및 확정증명, 집행문재도부여 신청하였습니다. 2023년 10월 30일 임차보증금반환채권 양수도계약을 대위원인으로 주택임차권 등기를 마치고 강제경매신청하여 경매가 진행된 사건입니다.

구분	매각기일	최저매각가격	상태	**매각 236,900,000원 (115%)**
1차	2024-10-10	206,000,000	유찰	2024.11.20 : 매각결정기일 매각허가
2차	2024-11-13	164,000,000	매각	2024.12.02 : 대금지급기한 / 2024.12.02 납부

최고가매수신고가격이 236,900,000원입니다. 매각대금에서 경매비용이 3,282,000원 배당하면 233,618,000원입니다. 서울보증보험이 207,760,000원, 임차인이 9,400,000원 배당받을 것으로 예상됩니다.

만일 임차인보다 먼저 배당되는 당해세가 있다면 보증금의 일부를 매수인이 인수할 수도 있습니다. 매수인은 임차인을 상대로 배당기일인 2025년 1월 23일 부동산인도명령을 신청하여 인도명령

(2025타인3022)을 받았습니다.

대한민국 법원

기본내용 (서울남부지방법원)

사건번호	2025타인3(	사건명	[전자]부동산인도명령
재판부	경매4계		
접수일	2025.01.23	종국결과	2025.02.06 인용
항고접수일		항고인	
항고종국일		항고결과	
보존여부	기록보존됨		
송달료,보관금,종결에 따른 잔액조회			
결정문송달일		확정일	

최근기일내용

일자	시각	기일구분	기일장소	결과
		지정된 기일내용이 없습니다.		

※ 최근 기일 순으로 일부만 보입니다. 반드시 상세보기로 확인하시기 바랍니다.

최근 제출서류 접수내용

일자	내용
2025.02.03	피신청인 소송대리인 법OOOOOOOOOO 소송위임장 제출
2025.02.04	피신청인 소송대리인 법OOOOOOOOOO 답변서(각종신청) 제출
2025.02.14	신청인 이OO 집행문부여신청
2025.02.14	신청인 이OO 송달증명서

소송비용확정 결정은 임대인이 서울보증에 상환하여야 소송비용액은 4,795,290원, 임차인이 서울보증에 상환하여야 할 소송비용액은 5,328,100원으로 결정되었습니다.

<table>
<tr><td colspan="3">1. 소송 총비용</td><td>2. 임대인과 임차인들이 서울보증에게 상환하여야 할 소송비용액</td></tr>
<tr><td>심급</td><td>비목</td><td>비용액(원)</td><td rowspan="10">가. 임대인이 상환하여야 할 소송비용액 금 4,795,290원
=(10,656,200×1/2 * ×9/10)
* 피고들 간의 부담재판이 상이하므로 소송목적의 값에 정해지는 변화사 보수 및 인지대는 당사자 소송목적의 값에 따라 안분하고 송달료 등은 피고들의 수에 따라 균분하여야 하나, 피고들 소송목적의 값이 동일하므로 피고 수(2)로 균분.
나, 임차인이 서울보증에게 상환하여야 할 소송비용액 금 5,328,100원(10,646,200×1/2)</td></tr>
<tr><td rowspan="3">1심</td><td>변호사보수</td><td>9,898,164</td></tr>
<tr><td>인지대</td><td>679,100</td></tr>
<tr><td>송달료</td><td>45,562</td></tr>
<tr><td colspan="2">소계</td><td>10,622,562</td></tr>
<tr><td>본안비용소계</td><td></td><td>10,622,562</td></tr>
<tr><td>소송비용확정신청</td><td>인지대</td><td>900</td></tr>
<tr><td></td><td>송달료</td><td>32,738</td></tr>
<tr><td colspan="2">신청비용소계</td><td>33,638</td></tr>
<tr><td colspan="2">합계</td><td>10,656,200</td></tr>
</table>

지방법원 지원

결 정

사 건 20 부동산인도명령
신 청 인

피 신 청 인

주 문

피신청인은 신청인에게 별지목록 기재 부동산을 인도하라.

이 유

이 법원 20 타경 호 부동산임의경매에 관하여 신청인의 인도명령 신청이

이유있다고 인정되므로 주문과 같이 결정한다.

20 .
판사 김

상대방에게 인도명령문이 송달되면 부동산인도명령은 인용됨
인용은 법원이 당사자의 신청을 받아들여 주는 것. 신청한 대로 재판을 해 주는 것으로 원고 승소와 같은 것으로 보면 된다. 대법원 나의 사건검색이나 전자소송에서 점유자에게 부동산인도명령 송달여부를 확인

낙찰 후 등기부 등본입니다.

등기사항전부증명서(말소사항 포함)
- 집합건물 -

고유번호 2501-2019-[illegible]

[집합건물] 서울특별시 양천구 신월동 [illegible] 제101동 제4층 제403호

【 표 제 부 】 (1동의 건물의 표시)				
표시번호	접 수	소재지번,건물명칭 및 번호	건 물 내 역	등기원인 및 기타사항
1	2019년5월9일	서울특별시 양천구 신월동 [illegible] 제101동 [도로명주소] 서울특별시 양천구 남부순환로[illegible]	철근콘크리트구조 평스라브지붕 7층 공동주택 및 근린생활시설 지1층 29.41㎡ 1층 142.71㎡ 1층 12.32㎡ 2층 155.03㎡ 3층 155.03㎡ 4층 123.07㎡ 5층 123.07㎡ 6층 123.07㎡ 7층 113.92㎡ 옥탑1층 12.32㎡(연면적제외)	

(대지권의 목적인 토지의 표시)				
표시번호	소 재 지 번	지 목	면 적	등기원인 및 기타사항
1	1. 서울특별시 양천구 신월동 [illegible]	대	805.2㎡	2019년5월9일 등기

【 표 제 부 】 (전유부분의 건물의 표시)				
표시번호	접 수	건 물 번 호	건 물 내 역	등기원인 및 기타사항
1	2019년5월9일	제4층 제403호	철근콘크리트구조 24.65㎡	

열람일시 : 2025년10월11일 23시32분38초

[집합건물] 서울특별시 양천구 신월동 제101동 제4층 제403호

(대지권의 표시)			
표시번호	대지권종류	대지권비율	등기원인 및 기타사항
1	1 소유권대지권	805.2분의 15.57	2019년5월8일 대지권 2019년5월9일 등기

【 갑 구 】 (소유권에 관한 사항)				
순위번호	등 기 목 적	접 수	등 기 원 인	권리자 및 기타사항
1	소유권보존	2019년5월9일 제78783호		소유자 주식회사 110111-2 서울특별시 영등포구
2	소유권이전	2019년9월2일 제158578호	2019년4월25일 매매	소유자 김 7 ******* 경기도 김포시 1501호 (구래
3	~~압류~~	~~2020년9월17일~~ ~~제213400호~~	~~2020년9월16일~~ ~~압류(체납징세과-티90185)~~	~~권리자 국~~ ~~처분청 김포세무서장~~
4	~~가압류~~	~~2021년10월26일~~ ~~제247043호~~	~~2021년10월26일~~ ~~부산지방법원 동부지원의 가압류 결정(2021카단1)~~	~~청구금액 금10,639,000,000 원~~ ~~채권자 주택도시보증공사 184371-0003123~~ ~~부산 남구 문현금융로 40 (문현동, 부산국제금융센터) 18층~~ ~~(서울서부관리센터 대리인 공대운)~~
5	~~압류~~	~~2021년11월3일~~ ~~제256771호~~	~~2021년10월7일~~ ~~압류(징수과-)~~	~~권리자 양천구(서울특별시) 1130~~
6	~~압류~~	~~2021년12월20일~~ ~~제300912호~~	~~2021년12월14일~~ ~~압류(체납징세과-티60)~~	~~권리자 국~~ ~~처분청 양천세무서장~~
7	~~압류~~	~~2022년4월20일~~ ~~제85628호~~	~~2022년2월23일~~ ~~압류(세무2과-2)~~	~~권리자 강북구(서울특별시) 1134~~

[집합건물] 서울특별시 양천구 신월동 [illegible] 제101동 제4층 제403호

순위번호	등 기 목 적	접 수	등 기 원 인	권리자 및 기타사항
~~8~~	~~강제경매개시결정~~	~~2023년7월10일 제122040호~~	~~2023년7월10일 서울남부지방법원의 강제경매개시결정(2023타경113[illegible])~~	~~채권자 메리츠화재해상보험 주식회사 110111-0013328 서울 강남구 강남대로 382 (역삼동, 메리츠타워) (일반손해사정파트 박정원)~~
~~9~~	~~강제경매개시결정~~	~~2023년11월28일 제213657호~~	~~2023년11월28일 서울남부지방법원의 강제경매개시결정(2023타경125[illegible])~~	~~채권자 서울보증보험 주식회사 110111-0099774 서울특별시 종로구 김상옥로 29 (연지동) (경원신용지원단)~~
10	8번강제경매개시결정등기말소	2023년11월29일 제214275호	2023년11월6일 취소기각결정	
~~11~~	~~압류~~	~~2024년3월13일 제54460호~~	~~2024년3월8일 압류(세무1과)~~	~~권리자 서울특별시강북구 1134~~
12	소유권이전	2024년12월2일 제226767호	2024년12월2일 강제경매로 인한 매각	소유자 이[illegible]미 7[illegible]-******* 서울특별시 강동구 [illegible]
13	3번압류, 4번가압류, 5번압류, 6번압류, 7번압류, 9번강제경매개시결정, 11번압류등기말소	2024년12월2일 제226767호	2024년12월2일 강제경매로 인한 매각	

【 을 구 】 (소유권 이외의 권리에 관한 사항)

순위번호	등 기 목 적	접 수	등 기 원 인	권리자 및 기타사항
~~1~~	~~주택임차권~~	~~2023년10월30일 제194701호~~	~~2023년10월26일 서울남부지방법원의 임차권등기명령(2023카임14[illegible])~~	~~임차보증금 금217,000,000원 범 위 건물전부 임대차계약일자 2019년7월15일 주민등록일자 2019년9월2일 점유개시일자 2019년9월2일 확정일자 2019년8월21일~~

열람일시 : 2025년10월11일 23시32분38초

[집합건물] 서울특별시 양천구 신월동 제101동 제4층 제403호

순위번호	등 기 목 적	접 수	등 기 원 인	권리자 및 기타사항
				~~임차권자 차 9 -*******~~ ~~서울특별시 양천구 남부순환로~~ ~~101동 403호 (신월동)~~
				~~대위자 서울보증보험주식회사~~ ~~서울특별시 종로구 김상옥로 29 (연지동)~~ ~~대위원인 2021.11.12.자 근질권부~~ ~~임차보증금반환채권 양수도계약~~
~~1-1~~				~~1번 등기는 건물만에 관한 것임~~ ~~2023년10월30일 부기~~
2	~~근저당권설정~~	~~2024년12월2일~~ ~~제226768호~~	~~2024년12월2일~~ ~~설정계약~~	~~채권최고액 금147,600,000원~~ ~~채무자 이 미~~ ~~서울특별시 강동구~~ ~~근저당권자 수산업협동조합~~ ~~114238-~~ ~~서울특별시 마포구~~ ~~( )~~
3	1번주택임차권등기말소	2025년2월25일 제553655호	2024년12월2일 강제경매로 인한 매각	
4	2번근저당권설정등기말소	2025년3월18일 제1058225호	2025년3월18일 해지	

-- 이 하 여 백 --

관할등기소 서울남부지방법원 등기국

▣ 연습문제

1. 다음 설명 중 옳은 것을 골라라

① 말소기준권리는 등기부상에 나타나는 모든 권리의 말소 여부를 판별하는데 기준이 되는 권리를 말한다. 말소되는 권리에 임차권은 포함되지 않는다.

② 최선순위 근저당권은 말소기준권리가 되며, 경매로 인한 매각으로 소멸된다.

③ 가압류, 압류는 말소기준권리가 되지 않는다.

④ 말소기준권리설정일보다 나중에 전입신고한 임차인은 대항력 없는 임차인으로 부동산인도명령 대상자이다.

⑤ 주민등록이라는 대항요건은 배우자나 자녀 등 가족의 주민등록은 포함하지 않는다.

⑥ 임차인은 임대차계약서에 확정일자인을 받으면 보증금 전액을 보호받을 수 있다

⑦ 주민등록이라는 대항요건은 배우자나 자녀 등 가족의 주민등록은 포함하지 않는다.

⑧ 최우선변제 소액임차인들은 전부 같은 순위이다.

⑨ 임차인 본인이 주민등록을 하지 않았거나, 일시 주민등록을 다른 곳으로 전출했다가 다시 전입했다 하더라도 다른 동거가족 중 1인이라도 주소지 변경 없이 계속 주민등록이 되어 있었다. 이럴 경우 대항력이 있다.

6. 배당요구하지 않은 최선순위 전세권

<table>
<tr><th colspan="6">2022타경3** 부산지방법원 동부산</th></tr>
<tr><td>소재지</td><td colspan="5">부산 수영구 **동 ** ** *** 101동 18층 1802호</td></tr>
<tr><td>물건종류</td><td>아파트</td><td>사건접수</td><td>2022.10.27</td><td>경매구분</td><td>임의경매</td></tr>
<tr><td>건물면적</td><td>59.4m²(25.66평)</td><td>소유자</td><td>김**</td><td>감정가</td><td>1,010,000,000원</td></tr>
<tr><td>대지권</td><td>43.9m²(13.28평)</td><td>채무자</td><td>주**</td><td>최저가</td><td>(17%) 169,450,000원</td></tr>
<tr><td>매각물건</td><td>건물전부, 토지전부</td><td>채권자</td><td>하나은행</td><td>입찰보증금</td><td>(10%) 16,945,000원</td></tr>
</table>

입찰 진행 내용

<table>
<tr><th>구분</th><th>매각기일</th><th>최저매각가격(원)</th><th>상태</th><td rowspan="10">매각 190,011,111원 (19%)
2024.08.05 : 매각결정기일 매각허가결정
2024.09.06 : 대금지급기한 / 2024.09.04 : 납부
2024.10.30 : 배당기일
2024.10.30 : 배당종결</td></tr>
<tr><td>1차</td><td>2023-10-23</td><td>1,010,000,000</td><td>유찰</td></tr>
<tr><td>2차</td><td>2023-11-27</td><td>808,000,000</td><td>유찰</td></tr>
<tr><td>3차</td><td>2024-01-02</td><td>646,400,000</td><td>유찰</td></tr>
<tr><td>4차</td><td>2024-02-06</td><td>517,120,000</td><td>유찰</td></tr>
<tr><td>5차</td><td>2024-03-12</td><td>413,696,000</td><td>유찰</td></tr>
<tr><td>6차</td><td>2024-04-16</td><td>330.957,000</td><td>유찰</td></tr>
<tr><td>7차</td><td>2024-05-21</td><td>264,766,000</td><td>유찰</td></tr>
<tr><td>8차</td><td>2024-06-24</td><td>211,813,000</td><td>유찰</td></tr>
<tr><td>9차</td><td>2024-07-29</td><td>169,450,000</td><td>매각</td></tr>
</table>

매각 물건 현황 가격시점 2022.11.09

<table>
<tr><th colspan="2">목록</th><th>지번/토지이용계획/용도/구조/면적</th><th>감정가(원)</th><th>비고</th></tr>
<tr><td rowspan="2">건물</td><td rowspan="2">1</td><td>**동 *** 비스타 101동 18층 1802호 총 27층 중 18층
건물 84.8264m²(25.66평)</td><td>707,000,000
8,334,669(원/m²)</td><td>보존등기
2017.09.12</td></tr>
<tr><td>대지권(대지) 41171.4m² 중 43.9m²(13.27평)</td><td>303,000,000
6,902,050(원/m²)</td><td></td></tr>
<tr><td colspan="2">토지이용계획</td><td colspan="3">제2종일반주거지역/지구단위계획구역/상대보호구역/절대보호구역</td></tr>
<tr><td colspan="2">부동산현황</td><td colspan="3">-조사목적물 관리사무소를 방문하여 여직원에게 문의한 바, 회사 사택으로 사용하는 용도로 입주 신고되어 있으나 거주 여부는 잘 모르겠으며, 위 여직원이 입주신고된 연락처로 연락을 시도하였으나 전화를 받지 않으며 입주신고자 이름과 연락처는 개인정보라며 진술 거부함</td></tr>
</table>

임차인 현황

<table>
<tr><th>임차인/대항력</th><th>점유부분</th><th>전입/확정/배당</th><th>보증금/월세</th><th>예상배당액
예상인수액</th><th>비고</th></tr>
<tr><td colspan="6">임차인현황 자료가 없음.</td></tr>
</table>

등기부 현황(집합)

접수일	등기목적	권리자	채권금액(원)	기타등기사항	소멸여부
2020.12.31	전세권	지에스칼텍스	600,000,000	2020.12.31.~2023.1.30	인수
2021.01.21	소유권이전	김**	870,000,000	전소유자:김*매 매매(2020.12.07.)	
2021,02.09	근저당권	하나은행	미화 600,000달러	**말소기준권리**	소멸
2022.08.08	가압류	중소기업은행	683,638,056		소멸
2022.08.22	가압류	한국**보험공사	90,000,000		소멸
2022.10.31	임의경매	하나은행	청구금액 649,711,255	2022타경***	소멸

소재지	부산 수영구 **동 ** ** *** 101동 18층 1802호				
물건종류	아파트	사건접수	2022.10.27	경매구분	임의경매
건물면적	59.4㎡(25.66평)	소유자	김**	감정가	1,010,000,000원
대지권	43.9㎡(13.28평)	채무자	주**	최저가	(17%) 169,450,000원
매각물건	건물전부, 토지전부	채권자	하나은행	입찰보증금	(10%) 16,945,000원

입찰 진행 내용

구분	매각기일	최저매각가격(원)	상태	
1차	2023-10-23	1,010,000,000	유찰	
2차	2023-11-27	808,000,000	유찰	**매각 190,011,111원 (19%)**
3차	2024-01-02	646,400,000	유찰	2024.08.05 : 매각결정기일 매각허가결정
4차	2024-02-06	517,120,000	유찰	2024.09.06 : 대금지급기한 / 2024.09.04 : 납부
5차	2024-03-12	413,696,000	유찰	2024.10.30 : 배당기일
6차	2024-04-16	330.957,000	유찰	2024.10.30 : 배당종결
7차	2024-05-21	264,766,000	유찰	
8차	2024-06-24	211,813,000	유찰	
9차	2024-07-29	169,450,000	매각	

물건의 종류는 아파트입니다. 부동산 특히 아파트는 내구재로서 소비재와 투자재의 속성을 동시에 갖고 있습니다. 아파트를 사용 목적으로 매수하는 사람도 있지만, 자본이득을 얻기 위한 투기 목적으로 부동산 매수하는 투기적 수요자도 있습니다. 부동산은 거주수요와 투기수요가 동시에 작동하고 있습니다.

아파트를 매입한 후 전세로 임대했다가 아파트 가격이 상승한 후 매도하였을 때 자본이득을 얻을 수 있습니다. 자기 아파트에 직접 거주하는 자가점유자는 실제 주거로 이용할 목적으로 아파트를 산다고 해도 돈을 주고 산 아파트의 가격이 오르기를 기대합니다. 아파트 한 채를 소유하고 그 아파트에 실제로 거주하는 사람들도 자본이득을 위한 투자가치가 배제되었다고 할 수 없습니다. 아파트 가격이 오르면 매매차익을 통해 자산을 증식할 수 있습니다.

이 아파트의 감정가격은 1,010,000,000원입니다. 최저매각가격은 감정가의 17%인 169,450,000원입니다. 감정가의 19%인 190,011,111원에 매각되었습니다.

임차인 현황

임차인/대항력	점유부분	전입/확정/배당	보증금/월세	예상배당액 예상인수액	비고
임차인현황 자료가 없음.					

등기부 현황(집합)

접수일	등기목적	권리자	채권금액(원)	기타등기사항	소멸여부
2020.12.31	전세권	지에스칼텍스	600,000,000	2020.12.31.~2023.1.30	인수
2021.01.21	소유권이전	김**	870,000,000	전소유자:김*매 매매(2020.12.07.)	
2021,02.09	근저당권	하나은행	미화 600,000달러	**말소기준권리**	소멸
2022.08.08	가압류	중소기업은행	683,638,056		소멸
2022.08.22	가압류	한국**보험공사	90,000,000		소멸
2022.10.31	임의경매	하나은행	청구금액 649,711,255	2022타경***	소멸

등기부 등본에 의하면 소유자는 전세권설정 6억원이 있는 아파트를 8억7천만원에 매수하였습니다. 소유자 김씨는 투기자라고 볼 수 있습니다.

전세권은 전세금을 지급하고 타인의 부동산을 점유하여 그 부동산의 용도에 좇아 사용·수익하며, 그 부동산의 전부에 대하여 후순위권리자, 기타 채권자보다 전세금의 우선변제를 받을 수 있는 권리입니다.

[집합건물] 부산광역시 수영구 [illegible]동 [illegible] 제101동 제18층 제1802호

【 을 구 】 (소유권 이외의 권리에 관한 사항)

순위번호	등 기 목 적	접 수	등 기 원 인	권리자 및 기타사항
1	전세권설정	2020년12월31일 제88536호	2020년12월31일 설정계약	전세금 금600,000,000원 범 위 주거용 건물의 전부 존속기간 2020년 12월 31일부터 2023년 1월 30일까지 전세권자 지에스칼텍스주식회사 110111-0078819 서울특별시 강남구 논현로 508(역삼동)
1-1				1번 등기는 건물만에 관한 것임 2020년12월31일 부기
2	근저당권설정	2021년2월9일 제7451호	2021년2월9일 설정계약	채권최고액 미화 금600,000달러 채무자 주식회사에이[illegible] 부산광역시 서구 [illegible], [illegible]호([illegible]동, [illegible]) 근저당권자 주식회사하나은행 110111-0672538 서울특별시 중구 을지로 35(을지로1가) (동대신역지점)

-- 이 하 여 백 --

전세계약을 하고 등기부 등본에 전세보증금, 범위, 존속기간 등을 등기한 전세권설정자는 존속기간이 만료되었는데 임대인인 소유자가 전세금의 반환을 지체하면 민법 제318조에 의해 민사집행법의 정한 바에 의하여 전세권의 목적물 경매를 청구할 수 있습니다. 그리고 후순위권리자 보다 전세금의 우선변제를 받을 권리가 있습니다.

전세권설정은 사회 관행상 부르는 등기되지 않는 전세와는 다릅니다. 여기서 말하는 전세권은 등기부 등본에 전세권설정 등기가 되어 있는 것을 말합니다. 전세권의 존속기간은 10년을 넘지 못합니다. 당사자의 약정기간이 10년을 넘는 때에는 이를 10년으로 단축합니다. 건물에 대한 전세권의 존속기간을 1년 미만으로 정한 때에는 이를 1년으로 합니다. 전세권의 설정은 이를 갱신할 수 있습니다. 그 기간은 갱신한 날로부터 10년을 넘지 못합니다. 건물의 전세권설정자가 전세권의 존속기간 만료전 6월부터 1월까지 사이에 전세권자에 대하여 갱신거절의 통지 또는 조건을 변경하지 아니하면 갱신하지 아니한다는 뜻의 통지를 하지 아니한 경우에는 그 기간이 만료된 때에 전전세권과 동일한 조건으로 다시 전세권을 설정한 것으로 봅니다. 이 경우 전세권의 존속기간은 그 정함이 없는 것으로 봅니다. 전세권의 존속기간을 약정하지 아니한 때에는 각 당사자는 언제든지 상대방에 대하여 전세권의 소멸을 통고할 수 있고 상대방이 이 통고를 받은 날로부터 6월이 경과하면 전세권은 소멸합니다.

전세권설정 등기를 하지 않고 임대차계약을 한 주택의 인도와 주민등록을 마친 임차인은 전세 기간이 끝났는데 집주인이 전세보증금을 돌려주지 않으면 전세금반환청구 소송이나 지급명령을 신청

전세보증금을 돌려주라는 판결을 받아 주택을 강제경매 할 수 있습니다.

등기부 현황(집합)

접수일	등기목적	권리자	채권금액(원)	기타등기사항	소멸여부
2020.12.31	전세권	지에스칼텍스	600,000,000	2020.12.31.~2023.1.30.	인수
2021.01.21	소유권이전	김**	870,000,000	전소유자:김*매 매매(2020.12.07.)	
2021.02.09	근저당권	하나은행	미화 600,000달러	**말소기준권리**	소멸
2022.08.08	가압류	중소기업은행	683,638,056		소멸
2022.08.22	가압류	한국**보험공사	90,000,000		소멸
2022.10.31	임의경매	하나은행	청구금액 649,711,255	2022타경***	소멸

근저당권자 하나은행이 경매신청하였습니다. 임의경매입니다. 등기부 등본의 권리순서가 전세권 ⇒ 소유권이전 ⇒ 근저당권 ⇒ 가압류 ⇒ 가압류 ⇒ 임의경매 순입니다. 전세권설정자가 배당요구를 하지 않았습니다. 최선순위 전세권설정자가 배당요구하지 않으면 전세권은 말소되지 않습니다.

매각물건명세서

사 건	2022타경3[illegible] 부동산임의경매	매각 물건번호	1	작성 일자	2024.07.05	담임법관 (사법보좌관)	한
부동산 및 감정평가액 최저매각가격의 표시	별지기재와 같음	최선순위 설정	2021.2.9. 근저당권			배당요구종기	2023.01.12

부동산의 점유자와 점유의 권원, 점유할 수 있는 기간, 차임 또는 보증금에 관한 관계인의 진술 및 임차인이 있는 경우 배당요구 여부와 그 일자, 전입신고일자 또는 사업자등록신청일자와 확정일자의 유무와 그 일자

점유자 성 명	점유 부분	정보출처 구 분	점유의 권 원	임대차기간 (점유기간)	보 증 금	차 임	전입신고 일자·외국인 등록(체류지 변경신고)일자·사업자등록신청일자	확정일자	배당 요구여부 (배당요구일자)
지에스칼텍스주식회사	주거용 건물의 전부	등기사항 전부증명서	주거 전세권자	2020.12.31.~2023.1.30.	600,000,000				

<비고>

지에스칼텍스주식회사:전세권자 지에스칼텍스주식회사는 전세권자로서 전세권설정등기일은 2020.12.31.임

※ 최선순위 설정일자보다 대항요건을 먼저 갖춘 주택·상가건물 임차인의 임차보증금은 매수인에게 인수되는 경우가 발생 할 수 있고, 대항력과 우선변제권이 있는 주택·상가건물 임차인이 배당요구를 하였으나 보증금 전액에 관하여 배당을 받지 아니한 경우에는 배당받지 못한 잔액이 매수인에게 인수되게 됨을 주의하시기 바랍니다.

등기된 부동산에 관한 권리 또는 가처분으로 매각으로 그 효력이 소멸되지 아니하는 것

을구 순위 1번 2020.12.31. 접수 전세권(2020.12.31.자 제88536호)은 말소되지 않고 매수인에게 인수됨

매각에 따라 설정된 것으로 보는 지상권의 개요

비고란

주1 : 매각목적물에서 제외되는 미등기건물 등이 있을 경우에는 그 취지를 명확히 기재한다.

2 : 매각으로 소멸되는 가등기담보권, 가압류, 전세권의 등기일자가 최선순위 저당권등기일자보다 빠른 경우에는 그 등기일자를 기재한다.

말소기준권리와 매각물건명세서의 최선순위 설정

임차권을 포함하여 등기부상에 나타나는 권리의 말소 여부를 판별하는데 기준이 되는 권리

■ 최선순위의 근저당권(민사집행법 제91조제2항)
매각부동산 위의 모든 저당권은 매각으로 소멸된다.

■ 최선순위의 가압류·압류(민사집행법 제91조제3항)
지상권·지역권·전세권 및 등기된 임차권은 저당권·압류채권·가압류채권에 대항할 수 없는 경우에는 매각으로 소멸된다.

■ 최선순위의 전세권(민사집행법 제91조제4항(제3항의 경우 외의 지상권·지역권·전세권 및 등기된 임차권은 매수인이 인수한다. 다만, 그중 전세권의 경우에는 전세권자가 제88조에 따라 배당요구를 하면 매각으로 소멸된다.)
→ 최선순위의 전세권은 존속기간에 상관없이 오로지 전세권자의 배당요구에 의하여만 소멸하고, 전세권자가 배당요구를 하지 않는 한 매수인에게 인수된다는 취지(대법원 2014다10694)

전세권이 말소기준권리가 되는 경우

① 집합건물 : 최선순위 전세권자가 임의경매신청 채권자
② 단독·다가구주택 등 : 건물 전부 전세권, 토지 전부 전세권설정, 즉 건물 전부과 토지에 대하여 공동으로 전세권설정하고 전세권이 최선순위이며, 전세권자가 경매신청 채권자

※**돈**과 관련된 근저당권·전세권·압류·가압류·담보가등기·경매개시결정은 말소기준권리가 되고, **가처분·소유권이전청구권가등기·지상권·지역권**은 말소기준권리가 되지 못함

단독, 다가구 주택 건물 일부의 전세권자는 임의경매를 신청할 수 없고 전세보증금 반환청구소송(지급명령) 하여 판결받아 강제경매를 신청할 수 있다. 건물 일부의 전세권자에게 건물 전부에 대한 우선변제권은 인정된다. 그러나 대법원 91마257 판례에 의하면 전세권자가 전세권의 목적물이 아닌 나머지 건물 부분에 대하여 경매신청을 할 수 없다.

▣ 연습문제

1. 매각물건명세서의 '등기된 부동산에 관한 권리 또는 가처분으로 매각허가에 의하여 그 효력이 소멸하지 아니하는 것'란에 '전세권'이 있다.

등기된 부동산에 관한 권리 또는 가처분으로 매각으로 그 효력이 소멸되지 아니하는 것
을구 4번 전세권설정(2012.2.3. 제3300호)는 말소되지 않고, 매수인이 인수함.

이 경매물건은 등기부 등본에 등기된 전세권은 소멸되지 않고 매수인이 인수한다는 것이다. 맞으면 예서, 틀리면 노

7. 최선순위 가등기권자가 경매신청

2022타경11** 대전지방법원 대전					
소재지	대전 동구 동 *** **아파트 205동 14층 1402호				
물건종류	아파트	사건접수	2022.11.18	경매구분	임의경매
건물면적	75.61㎡(22.87평)	소유자	박**	감정가	294,000,000원
대지권	52.4㎡(15.85평)	채무자	우**	최저가	(70%) 205,800,000원
매각물건	건물전부, 토지전부	채권자	**캐피탈대부	입찰보증금	(10%) 20,580,000원

입찰 진행 내용

구분	매각기일	최저매각가격(원)	상태	**매각 211,119,000원 (72%)**
1차	2023-05-30	294,000,000	유찰	2023.07.18 : 매각결정기일 매각허가결정 2023.08.16 : 대금지급기한 / 2023.08.03 : 납부 2023.10.11 : 배당기일
2차	2023-07-11	205,800,000	매각	

매각 물건 현황 가격시점 2022.12.12

목록		지번/토지이용계획/용도/구조/면적	감정가(원)	비고
건물	1	**동 *** 아파트 205동 14층 1402호 총 18층 중 14층 건물 75.61㎡(22.87평)	205,800,000 2,721,862(원/㎡)	보존등기 2008.12.15
		대지권(대지) 46376.1㎡ 중 52.4㎡(15.85평)	88,200,000 1,688,206(원/㎡)	
토지이용계획		도시지역/제3종일반주거지역/도시지역/가축사육제한구역/주건환경개선지구		

임차인 현황 말소기준권리일 2020.08.05. 소액임차기준일 2022.11.23

임차인/대항력	점유부분	전입/확정/배당	보증금/월세(원)	예상배당액 예상인수액	비고
김**	주거(점유:2021.4.5.-2023.4.5)	전입 : 2021-04-09 확정 : 2021-03-10 배당 : 2023 02.07	보증 : 220,000,000	배당액 : 207,460,000 미배당 : 12,540,000 인수액 : 없음	

전입세대 / 관리비 체납

전입세대	관리비 체납내역
전입 없음	없음

등기부 현황(집합)

접수일	등기목적	권리자	채권금액(원)	기타등기사항	소멸여부
2020.08.05	소유권가등기	**캐피탈대부		**말소기준권리**	소멸
2021.02.26	소유권이전	박**	280,000,000	전소유자:우드**	소멸
2021.04,27	가압류	이**	11,440,000		소멸
2022.09.14	가압류	**캐피탈	132,546,770		소멸
2022.11.23	임의경매	**캐피탈대부	청구금액 270,000,000	2022타경 ***	소멸
2022.12.12	압류	춘천시			소멸

2022타경11** 대전지방법원 대전					
소재지	대전 동구 동 *** **아파트 205동 14층 1402호				
물건종류	아파트	사건접수	2022.11.18	경매구분	임의경매
건물면적	75.61㎡(22.87평)	소유자	박**	감정가	294,000,000원
대지권	52.4㎡(15.85평)	채무자	우드**	최저가	(70%) 205,800,000원
매각물건	건물전부, 토지전부	채권자	**캐피탈대부	입찰보증금	(10%) 20,580,000원

소유자가 박씨입니다. 채무자는 우드입니다.

입찰 진행 내용

구분	매각기일	최저매각가격(원)	상태	매각 211,119,000원 (72%)
1차	2023-05-30	294,000,000	유찰	2023.07.18 : 매각결정기일 매각허가결정 2023.08.16 : 대금지급기한 / 2023.08.03 : 납부
2차	2023-07-11	205,800,000	매각	2023.10.11 : 배당기일

감정가 294,000,000원 아파트를 감정가의 72%인 211,119,000원에 낙찰되었습니다. 등기부 등본의 권리내역입니다.

등기부 현황(집합)

접수일	등기목적	권리자	채권금액(원)	기타등기사항	소멸여부
2020.08.05	소유권가등기	**캐피탈대부		**말소기준권리**	소멸
2021.02.26	소유권이전	박**	280,000,000	전소유자:우드**	소멸
2021.04,27	가압류	이**	11,440,000		소멸
2022.09.14	가압류	**캐피탈	132,546,770		소멸
2022.11.23	임의경매	**캐피탈대부	청구금액 270,000,000	2022타경 ***	소멸
2022.12.12	압류	춘천시			소멸

가등기는 종류는 소유권이전청구권가등기와 담보가등기 있습니다. 소유권이전청구권가등기는 사정상 본등기를 할 수 없거나 본등기 시일을 뒤로 미뤄야 할 때 순위보전을 위한 예비등기의 성격을 가집니다.

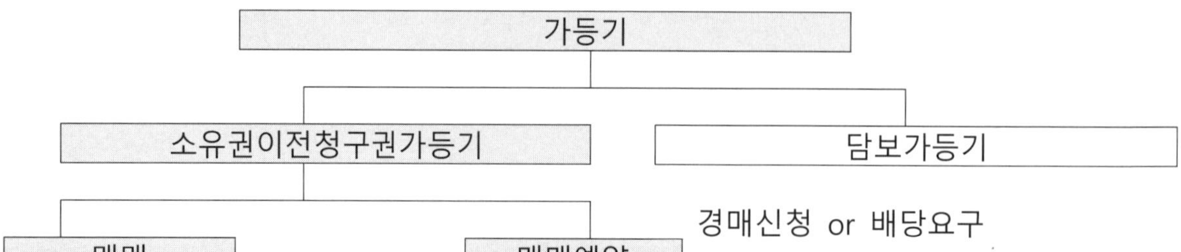

최선순위설정 권리인 소유이전청구권가등기권자가 경매신청채권자입니다. 가등기는 장래의 본등기에 대비하여 미리 등기부상의 순위를 보전하기 위하여 행하는 예비등기로 그 자체로는 물권변동의

효력을 갖고 있지 않으나 후에 가등기에 근거하여 본등기를 하게 되면 가등기 순위에 소급하여 물권변동의 효력이 생깁니다. 이 경매물건의 등기부 등본입니다.

등기사항전부증명서(말소사항 포함)
- 집합건물 -

고유번호 1652-2008-

[집합건물] 대전광역시 동구 아파트 제205동 제14층 제1402호

【 표 제 부 】 (1동의 건물의 표시)				
표시번호	접 수	소재지번,건물명칭 및 번호	건 물 내 역	등기원인 및 기타사항
~~1~~	~~2008년12월15일~~	~~대전광역시 동구~~ ~~아파트~~ ~~제205동~~	~~철근콘크리트조~~ ~~(철근)콘크리트경사지붕~~ ~~18층 공동주택~~ ~~1층 410.980㎡~~ ~~2층 405.942㎡~~ ~~3층 405.942㎡~~ ~~4층 405.942㎡~~ ~~5층 405.942㎡~~ ~~6층 405.942㎡~~ ~~7층 405.942㎡~~ ~~8층 405.942㎡~~ ~~9층 405.942㎡~~ ~~10층 405.942㎡~~ ~~11층 405.942㎡~~ ~~12층 405.942㎡~~ ~~13층 405.942㎡~~ ~~14층 405.942㎡~~ ~~15층 405.942㎡~~ ~~16층 405.942㎡~~ ~~17층 405.942㎡~~ ~~18층 405.942㎡~~	~~도면편철장 제3책 제173면~~
2		대전광역시 동구 아파트 제205동 [도로명주소] 대전광역시 동구	철근콘크리트조 (철근)콘크리트경사지붕 18층 공동주택 1층 410.980㎡ 2층 405.942㎡ 3층 405.942㎡ 4층 405.942㎡ 5층 405.942㎡ 6층 405.942㎡ 7층 405.942㎡ 8층 405.942㎡ 9층 405.942㎡	도로명주소 2011년12월13일 등기

1/5

표시번호	접 수	소재지번,건물명칭 및 번호	건 물 내 역	등기원인 및 기타사항
			10층 405.942㎡ 11층 405.942㎡ 12층 405.942㎡ 13층 405.942㎡ 14층 405.942㎡ 15층 405.942㎡ 16층 405.942㎡ 17층 405.942㎡ 18층 405.942㎡	

(대지권의 목적인 토지의 표시)

표시번호	소 재 지 번	지 목	면 적	등기원인 및 기타사항
1	1. 대전광역시 동구	대	46376.1㎡	2008년12월15일

【 표 제 부 】 (전유부분의 건물의 표시)

표시번호	접 수	건 물 번 호	건 물 내 역	등기원인 및 기타사항
1	2008년12월15일	제14층 제1402호	철근콘크리트조 75.61㎡	도면편철장 제3책 제173면

(대지권의 표시)

표시번호	대지권종류	대지권비율	등기원인 및 기타사항
1	1 소유권대지권	46376.1분의 52.4226	2008년12월10일 대지권 2008년12월15일

【 갑 구 】 (소유권에 관한 사항)

순위번호	등 기 목 적	접 수	등 기 원 인	권리자 및 기타사항
1	소유권보존	2008년12월15일 제71448호		소유자 경기도 성남시
2	소유권이전	2009년1월13일 제1667호	2006년11월3일 매매	소유자 전 47-******* 대전광역시 동구 아파트 205-1402

2/5

[집합건물] 대전광역시 동구 단지아파트 제205동 제14층 제1402호

순위번호	등 기 목 적	접 수	등 기 원 인	권리자 및 기타사항
3	소유권이전	2010년3월25일 제15282호	2010년2월24일 매매	소유자 정 65 -******* ~~대전광역시 동구 원동~~ ~~604호~~ 거래가액 금162,000,000원
3-1	3번등기명의인표시경정	2012년12월7일 제70384호	신청착오	~~정 의 주소 대전광역시 동구~~ ~~, 205동 1402호~~ ~~(아파트)~~
3-2	3번등기명의인표시변경	2016년4월12일 제17780호	2013년5월24일 전거	정 의 주소 충청남도 , 2층 204호 (빌라)
4	소유권이전청구권가등기	2016년4월12일 제17781호	2016년4월11일 매매예약	가등기권자 안 64 -******* 충청남도 청양군
	소유권이전	2016년4월19일 제18902호	2016년4월18일 매매	소유자 안 64 -******* 충청남도 청양군 거래가액 금180,000,000원
5	소유권이전	2017년6월5일 제26591호	2017년5월26일 매매	소유자 우드 160111- ~~대전광역시 동구~~ ~~205동 1402호~~ 거래가액 금185,000,000원
5-1	5번등기명의인표시변경	2020년8월5일 제46993호	2019년2월25일 본점이전	우드 의 주소 세종특별자치시
~~6~~	~~가처분~~	~~2019년5월13일~~ ~~제22459호~~	~~2019년5월13일~~ ~~대전지방법원의~~ ~~가처분결정(2019카단515)~~	피보전권리 ~~사해행위 취소에 의한~~ ~~진정명의회복을 원인으로 한~~ ~~소유권이전등기청구권~~ ~~권리자 대한민국~~ ~~대전 서구 둔산중로78번길 15 (둔산동,~~ ~~대전고등검찰청)~~ ~~(홍성세무서)~~ ~~금지사항 매매, 증여, 전세권, 저당권,~~ ~~임차권의 설정 기타일체의 처분행위~~ ~~금지~~
7	소유권이전청구권가등기	2020년8월5일 제46994호	2020년8월5일 매매예약	가등기권자 캐피탈대부 110111- 광주광역시 광산구

[집합건물] 대전광역시 동구 [blurred]아파트 제205동 제14층 제1402호

순위번호	등 기 목 적	접 수	등 기 원 인	권리자 및 기타사항
8	6번가처분등기말소	2020년8월13일 제48091호	2020년8월12일 해제	
9	소유권이전	2021년2월26일 제8959호	2021년2월25일 매매	소유자 박[blurred] 91[blurred]-******* 강원도 춘천시 [blurred] ([blurred]) 거래가액 금280,000,000원
10	가압류	2021년4월27일 제18815호	2021년4월23일 대전지방법원 공주지원 청양군법원의 가압류 결정(2021카단5[blurred])	청구금액 금11,440,000 원 채권자 이[blurred] 65[blurred]-******* 충남 청양군 청양읍 [blurred]
11	가압류	2022년9월14일 제34101호	2022년9월14일 대전지방법원 공주지원의 가압류 결정(2022카단3206)	청구금액 금132,546,770 원 채권자 [blurred]캐피탈주식회사 170111-[blurred] 전라북도 전주시 [blurred]
12	임의경매개시결정	2022년11월23일 제89980호	2022년11월23일 대전지방법원의 임의경매개시결정(2022타경112[blurred])	채권자 주식회사 [blurred]캐피탈대부 110111-[blurred] 광주 광산구 [blurred]
13	압류	2022년12월12일 제98678호	2022년12월12일 압류(징수과-[blurred](차량과태료))	권리자 춘천시 3211

【 을 구 】 (소유권 이외의 권리에 관한 사항)

순위번호	등 기 목 적	접 수	등 기 원 인	권리자 및 기타사항
~~1~~	~~근저당권설정~~	~~2012년12월7일~~ ~~제70385호~~	~~2012년12월7일~~ ~~설정계약~~	~~채권최고액 금59,400,000원~~ ~~채무자 강[blurred]~~ ~~대전광역시 동구 [blurred]~~ ~~[blurred],205동1402호([blurred]~~

[집합건물] 대전광역시 동구 [blurred] 아파트 제205동 제14층 제1402호

순위번호	등 기 목 적	접 수	등 기 원 인	권리자 및 기타사항
				~~트)~~ ~~근저당권자 주식회사우리은행 110111-0023393~~ ~~서울특별시 중구 회현동1가 203~~ ~~(공주지점)~~
2	1번근저당권설정등기말소	2013년3월20일 제14964호	2013년3월20일 해지	
3	~~근저당권설정~~	~~2019년2월12일~~ ~~제6915호~~	~~2019년2월11일~~ ~~설정계약~~	~~채권최고액 금180,000,000원~~ ~~채무자 우드[blurred]~~ ~~대전광역시 동구 [blurred]~~ ~~근저당권자 [blurred]주식회사~~ ~~110111-[blurred]~~ ~~세종특별자치시 [blurred]~~
4	3번근저당권설정등기말소	2020년8월5일 제46992호	2020년8월5일 해지	

-- 이 하 여 백 --

소유권이전청구권가등기권자 캐피탈대부가 경매신청채권자입니다. 가등기담보 등에 관한 법률 제12조제1항에 의해 가등기는 담보가등기입니다. 최선순위 가등기가 말소기준권리가 되며 경매로 인한 매각으로 가등기 1건, 가압류 2건, 압류 1건, 경매개시결정은 말소됩니다.

임차인 현황 말소기준권리일 2020.08.05. 소액임차기준일 2022.11.23

임차인/대항력		점유부분	전입/확정/배당	보증금/월세(원)	예상배당액 예상인수액	비고
김**	없음	주거(점유:2021. 4.5.-2023.4.5)	전입 : 2021-04-09 확정 : 2021-03-10 배당 : 2023-02.07	보증 : 220,000,000	배당받지 못한 보증금 잔액 매수인이 인수하지 않음	

이 아파트의 점유자는 김씨입니다. 전입신고일이 2021년 4월 9일입니다. 주택임대차보호법 제3조제1항은 임대차는 그 등기가 없는 경우에도 임차인이 주택의 인도와 주민등록을 마친 때에는 그 다음 날부터 제삼자에 대하여 효력이 생긴다고 합니다. 이 경우 전입신고를 한 때에 주민등록이 된 것으로 봅니다. 대법원 97다22393 판례는 그 다음날은 0시입니다. 임차인 김씨의 대항력 발생시기는 2021년 4월 10일 0시입니다.

등기부 현황(집합), 전입, 확정일자

접수일	등기목적	권리자	채권금액(원)	기타등기사항	소멸여부
2020.08.05	소유권가등기	**캐피탈대부		**말소기준권리**	소멸
2021.02.26	소유권이전	박**	280,000,000	전소유자:우드**	소멸
2021.04,09	전입	김**	220,000,000		소멸

최선순위 가등기권자가 경매신청채권자이므로 가등기는 담보가등기로서 말소기준권리입니다. 임차

인의 전입신고일이 2020년 8월 5일 담보가등기보다 후순위로 임차권은 경매로 인한 매각으로 소멸됩니다. 대항력 없는 임차인으로 부동산인도명령 대상자입니다.

현황조사보고서

◆ 기본정보

조사일시 2022년 12월 07일 12시 16분

부동산 임대차정보

번호	소재지	임대차관계
1	대전광역시 **동 ** *** 205동 14층 1402호	1명

◆ 부동산의 현황 및 점유관계조사서

1.부동산의 점유관계

소재지	대전광역시 **동 ** *** 205동 14층 1402호
점유관계	임차인(별지)점유
기타	* 현장에서는 폐문으로 사람을 만나지 못하여 점유관계 파악하지 못하고 현관(호실 출입)문에 안내문을 붙여 놓았음 * 전입세대열람내역서와 주민등록등본에는 소유자 세대가 아닌 다른 세대가 전입세대로 등재되어 있어 동 세대를 임차인으로 추정하고 등록함

2. 부동산의 현황

덧붙임 사진과 같음

◆임대차 관계 조사서

1 목적물의 용도 및 임대차 계약등의 내용

[소재지] 대전광역시 **동 ** *** 205동 14층 1402호				
1	점유인	김**	당사자구분	임차인
	점유부분		용도	기타
	점유기간			
	보증(전세금)		차임	
	전입일자	2021.04.09	확정일자	

전입세대확인서(동거인포함)

발급번호		발급일자	
열람 또는 교부 대상 건물 또는 시설 소재지	대전광역시 동구 , 205동 1402호		

세대순번	세대주 / 최초 전입자	성명	전입일자	등록구분	동거인 사항	순번	성명	전입일자	등록구분
		최초 전입자의 전입일자							
1	세대주	김 [illegible] (金[illegible])	2021-04-09	거주자	동거인				
	최초 전입자	2021-04-09							

「주민등록법」 제29조의2제1항 및 같은 법 시행규칙 제14조제1항에 따라 해당 건물 또는 시설의 소재지에 주민등록이 되어 있는 세대가 위와 같음을 증명합니다.

임차인은 확정일자를 2021년 3월 10일 받았습니다. 보증금은 220,000,000원이며 배당요구하였습니다.

주택임대차보호법 제3조의2제2항에 의하면 대항요건과 임대차계약증서상의 확정일자를 갖춘 임차인은 「민사집행법」에 따른 경매 또는 「국세징수법」에 따른 공매를 할 때에 임차주택(대지를 포함한다)의 환가대금에서 후순위권리자나 그 밖의 채권자보다 우선하여 보증금을 변제받을 권리가 있다고 합니다.

주택임대차보호법상의 우선변제권이란 임차주택에 관한 경매절차 등에서 후순위 권리자 기타 일반채권자보다 우선하여 임차보증금을 변제받을 권리를 말합니다.

우선변제권의 발생이 발생하는 시점은 임대차계약서상의 확정일자를 부여받은 당일부터입니다. 대법원 97다22393 판례는 확정일자를 입주 및 주민등록일과 같은 날 또는 그 이전에 갖춘 경우에는 우선변제적 효력은 대항력과 마찬가지로 인도와 주민등록을 마친 다음날을 기준으로 발생한다고 합니다.

임차인의 전입신고와 우선변제권

확정일자	전입일자	우선변제권의 효력 발생시기
2021년 3월 10일	2021년 4월 09일	2021년 4월 10일 0시
	대항력 발생시기 2021년 4월 10일 0시	

매각물건명세서

사 건	2022타경11[illegible] 부동산임의경매	매각 물건번호	1	작성 일자	2023.04.10	담임법관 (사법보좌관)	김[illegible]
부동산 및 감정평가액 최저매각가격의 표시	별지기재와 같음	최선순위 설정	2020.8.5. (담보)가등기			배당요구종기	2023.03.06

부동산의 점유자와 점유의 권원, 점유할 수 있는 기간, 차임 또는 보증금에 관한 관계인의 진술 및 임차인이 있는 경우 배당요구 여부와 그 일자, 전입신고일자 또는 사업자등록신청일자와 확정일자의 유무와 그 일자

점유자 성 명	점유 부분	정보출처 구 분	점유의 권 원	임대차기간 (점유기간)	보 증 금	차 임	전입신고 일자, 사업자등록 신청일자	확정일자	배당 요구여부 (배당요구일자)
김[illegible]		현황조사	- 임차인				2021.04.09		
		권리신고	- 임차인	2021.4.5.-2023.4.5.	220,000,000		2021.04.09	2021.3.10.	2023.02.07

<비고>

※ 최선순위 설정일자보다 대항요건을 먼저 갖춘 주택·상가건물 임차인의 임차보증금은 매수인에게 인수되는 경우가 발생 할 수 있고, 대항력과 우선변제권이 있는 주택·상가건물 임차인이 배당요구를 하였으나 보증금 전액에 관하여 배당을 받지 아니한 경우에는 배당받지 못한 잔액이 매수인에게 인수되게 됨을 주의하시기 바랍니다.

등기된 부동산에 관한 권리 또는 가처분으로 매각으로 그 효력이 소멸되지 아니하는 것

매각에 따라 설정된 것으로 보는 지상권의 개요

비고란

매각물건명세서의 최선순위 설정이 2020년 8월 5일 담보가등기입니다. 가등기담보등기에 관한 법률 제12조1항에 의해 담보가등기는 저당권으로 봅니다. 담보가등기가 말소기준권리입니다.

등기된 부동산에 관한 권리 또는 가처분으로 매각으로 그 효력이 소멸되지 아니하는 것

이 아파트 등기부 등본에 등기된 가등기와 가압류, 경매개시결정, 압류는 경매로 인한 매각으로 소멸됩니다.

매각물건명세서

사 건	2022타경11 부동산임의경매	매각 물건번호	1	작성 일자	2023.04.10	담임법관 (사법보좌관)	김
부동산 및 감정평가액 최저매각가격의 표시	별지기재와 같음	최선순위 설정	2020.8.5. (담보)가등기			배당요구종기	2023.03.06

부동산의 점유자와 점유의 권원, 점유할 수 있는 기간, 차임 또는 보증금에 관한 관계인의 진술 및 임차인이 있는 경우 배당요구 여부와 그 일자, 전입신고일자 또는 사업자등록신청일자와 확정일자의 유무와 그 일자

점유자 성 명	점유 부분	정보출처 구 분	점유의 권 원	임대차기간 (점유기간)	보 증 금	차 임	전입신고 일자, 사업자등록 신청일자	확정일자	배당 요구여부 (배당요구일자)
김		현황조사	- 임차인				2021.04.09		
		권리신고	- 임차인	2021.4.5.-2023.4.5.	220,000,000		2021.04.09	2021.3.10.	2023.02.07

<비고>

전입 + 인도

담보가등기≫전입+인도▶임차권 소멸▶부동산인도명령 대상자

※ 최선순위 설정일자보다 대항요건을 먼저 갖춘 주택·상가건물 임차인의 임차보증금은 매수인에게 인수되는 경우가 발생 할 수 있고, 대항력과 우선변제권이 있는 주택·상가건물 임차인이 배당요구를 하였으나 보증금 전액에 관하여 배당을 받지 아니한 경우에는 배당받지 못한 잔액이 매수인에게 인수되게 됨을 주의하시기 바랍니다.

등기된 부동산에 관한 권리 또는 가처분으로 매각으로 그 효력이 소멸되지 아니하는 것
매각에 따라 설정된 것으로 보는 지상권의 개요
비고란

임차인의 전입일자가 2020년 8월 5일 담보가등기보다 늦기 때문에 경매로 인한 매각으로 임차권을 소멸됩니다. 부동산인도명령 대상자입니다.

최고가매수인은 2023년 8월 3일 대금납부하고 소유권이전등기를 마쳤습니다. 2023년 8월 3일 임차인 김씨를 상대로 인도명령을 신청하였습니다. 사건번호는 대전지방법원 2023타인277입니다. 심문서가 8월 9일 송달되었고, 9월 4일 인도명령 결정이 선고되었습니다. 9월 5일 부동산인도명령이 송달되었습니다. 임차인과 원만한 인도합의가 이루어져 9월 8일 인도명령을 취하하였습니다.

낙찰 후 등기부 등본입니다.

등기사항전부증명서(말소사항 포함)
- 집합건물 -

고유번호 1652-2008-[illegible]

[집합건물] 대전광역시 동구 [illegible]아파트 제205동 제14층 제1402호

【 표 제 부 】 (1동의 건물의 표시)				
표시번호	접 수	소재지번,건물명칭 및 번호	건 물 내 역	등기원인 및 기타사항
~~1~~	~~2008년12월15일~~	~~대전광역시 동구 [illegible]~~ ~~[illegible]아파트~~ ~~제205동~~	~~철근콘크리트조~~ ~~(철근)콘크리트경사지붕~~ ~~18층 공동주택~~ ~~1층 410.980㎡~~ ~~2층 405.942㎡~~ ~~3층 405.942㎡~~ ~~4층 405.942㎡~~ ~~5층 405.942㎡~~ ~~6층 405.942㎡~~ ~~7층 405.942㎡~~ ~~8층 405.942㎡~~ ~~9층 405.942㎡~~ ~~10층 405.942㎡~~ ~~11층 405.942㎡~~ ~~12층 405.942㎡~~ ~~13층 405.942㎡~~ ~~14층 405.942㎡~~ ~~15층 405.942㎡~~ ~~16층 405.942㎡~~ ~~17층 405.942㎡~~ ~~18층 405.942㎡~~	~~도면편철장 제3책 제173면~~
2		대전광역시 동구 [illegible] [illegible]아파트 제205동 [도로명주소] 대전광역시 동구 [illegible]	철근콘크리트조 (철근)콘크리트경사지붕 18층 공동주택 1층 410.980㎡ 2층 405.942㎡ 3층 405.942㎡ 4층 405.942㎡ 5층 405.942㎡ 6층 405.942㎡ 7층 405.942㎡ 8층 405.942㎡ 9층 405.942㎡	도로명주소 2011년12월13일 등기

열람일시 : 2025년10월25일 23시29분56초

[집합건물] 대전광역시 동구 아파트 제205동 제14층 제1402호

표시번호	접 수	소재지번,건물명칭 및 번호	건 물 내 역	등기원인 및 기타사항
			10층 405.942㎡ 11층 405.942㎡ 12층 405.942㎡ 13층 405.942㎡ 14층 405.942㎡ 15층 405.942㎡ 16층 405.942㎡ 17층 405.942㎡ 18층 405.942㎡	

(대지권의 목적인 토지의 표시)

표시번호	소 재 지 번	지 목	면 적	등기원인 및 기타사항
1	1. 대전광역시 동구	대	46376.1㎡	2008년12월15일

【 표 제 부 】 (전유부분의 건물의 표시)

표시번호	접 수	건 물 번 호	건 물 내 역	등기원인 및 기타사항
1	2008년12월15일	제14층 제1402호	철근콘크리트조 75.61㎡	도면편철장 제3책 제173면

(대지권의 표시)

표시번호	대지권종류	대지권비율	등기원인 및 기타사항
1	1 소유권대지권	46376.1분의 52.4226	2008년12월10일 대지권 2008년12월15일

【 갑 구 】 (소유권에 관한 사항)

순위번호	등 기 목 적	접 수	등 기 원 인	권리자 및 기타사항
1	소유권보존	2008년12월15일 제71448호		소유자 경기도 성남시 분당구
2	소유권이전	2009년1월13일 제1667호	2006년11월3일 매매	소유자 전 47-******* 대전광역시 동구 아파트 205-1402

열람일시 : 2025년10월25일 23시29분56초

[집합건물] 대전광역시 동구 [illegible] 아파트 제205동 제14층 제1402호

순위번호	등 기 목 적	접 수	등 기 원 인	권리자 및 기타사항
3	소유권이전	2010년3월25일 제15282호	2010년2월24일 매매	소유자 정[illegible] 65[illegible]-******* ~~대전광역시 동구 [illegible] 604호~~ 거래가액 금162,000,000원
3-1	3번등기명의인표시경정	2012년12월7일 제70384호	신청착오	~~정[illegible]의 주소 대전광역시 동구 [illegible] 205동 1402호~~ ~~[illegible]~~
3-2	3번등기명의인표시변경	2016년4월12일 제17780호	2013년5월24일 전거	정[illegible]의 주소 충청남도 [illegible] 2층 204호 ([illegible]빌라)
4	소유권이전청구권가등기	2016년4월12일 제17781호	2016년4월11일 매매예약	가등기권자 안[illegible] 64[illegible]-******* 충청남도 청양군 [illegible]
	소유권이전	2016년4월19일 제18902호	2016년4월18일 매매	소유자 안[illegible] 64[illegible]-******* 충청남도 청양군 [illegible] 거래가액 금180,000,000원
5	소유권이전	2017년6월5일 제26591호	2017년5월26일 매매	소유자 우드[illegible] ~~대전광역시 동구 [illegible]~~ 거래가액 금185,000,000원
5-1	5번등기명의인표시변경	2020년8월5일 제46993호	2019년2월25일 본점이전	우드[illegible] 세종특별자치시 갈매로 [illegible]
6	~~가처분~~	~~2019년5월13일 제22459호~~	~~2019년5월13일 대전지방법원의 가처분결정(2019카단51[illegible])~~	~~피보전권리 사해행위 취소에 의한 진정명의회복을 원인으로 한 소유권이전등기청구권~~ ~~권리자 대한민국~~ ~~대전 서구 둔산중로78번길 15 (둔산동, 대전고등검찰청)~~ ~~(홍성세무서)~~ ~~금지사항 매매, 증여, 전세권, 저당권, 임차권의 설정 기타일체의 처분행위 금지~~
7	~~소유권이전청구권가등기~~	~~2020년8월5일 제46994호~~	~~2020년8월5일 매매예약~~	~~가등기권자 [illegible]캐피탈대부 110111-[illegible]~~ ~~광주광역시 광산구 [illegible]~~

[집합건물] 대전광역시 동구 아파트 제205동 제14층 제1402호

순위번호	등 기 목 적	접 수	등 기 원 인	권리자 및 기타사항
8	6번가처분등기말소	2020년8월13일 제48091호	2020년8월12일 해제	
9	소유권이전	2021년2월26일 제8959호	2021년2월25일 매매	소유자 박 91 -******* 강원도 춘천시 거래가액 금280,000,000원
~~10~~	~~가압류~~	~~2021년4월27일 제18815호~~	~~2021년4월23일 대전지방법원 공주지원 청양군법원의 가압류 결정(2021카단5)~~	~~청구금액 금11,440,000 원 채권자 이 65 -******* 충남 청양군~~
~~11~~	~~가압류~~	~~2022년9월14일 제34101호~~	~~2022년9월14일 대전지방법원 공주지원의 가압류 결정(2022카단3206)~~	~~청구금액 금132,546,770 원 채권자 캐피탈주식회사 170111- 전라북도 전주시~~
~~12~~	~~임의경매개시결정~~	~~2022년11월23일 제89980호~~	~~2022년11월23일 대전지방법원의 임의경매개시결정(2022타경112)~~	~~채권자 주식회사 캐피탈대부 110111- 광주 광산구 사암로~~
~~13~~	~~압류~~	~~2022년12월12일 제98678호~~	~~2022년12월12일 압류(징수과-27 (차량과태료))~~	~~권리자 춘천시 3211~~
~~14~~	~~압류~~	~~2023년6월9일 제74992호~~	~~2023년6월8일 압류(채납징세과-티12)~~	~~권리자 국 처분청 세종세무서장~~
15	소유권이전	2023년8월3일 제104616호	2023년8월3일 임의경매로 인한 매각	소유자 임 90 -******* 경기도 성남시 수정구 (동)
16	10번가압류,	2023년8월3일	2023년8월3일	

열람일시 : 2025년10월25일 23시29분56초

순위번호	등 기 목 적	접 수	등 기 원 인	권리자 및 기타사항
	11번가압류, 12번임의경매개시결정, 13번압류, 14번압류등기말소	제104616호	임의경매로 인한 매각	
17	7번가등기말소	2023년8월3일 제104616호	2023년8월3일 임의경매로 인한 매각	
18	소유권이전	2023년12월28일 제170079호	2023년10월21일 매매	소유자 이 91 ******* 대전광역시 서구 904호 (아파트) 거래가액 금260,000,000원

【 을 구 】	(소유권 이외의 권리에 관한 사항)			
순위번호	등 기 목 적	접 수	등 기 원 인	권리자 및 기타사항
~~1~~	~~근저당권설정~~	~~2012년12월7일~~ ~~제70385호~~	~~2012년12월7일~~ ~~설정계약~~	~~채권최고액 금59,400,000원~~ ~~채무자 정~~ ~~대전광역시 동구~~ ~~,205동1402호~~ ~~트)~~ ~~근저당권자 주식회사우리은행 110111-0023393~~ ~~서울특별시 중구 회현동1가 203~~ ~~(공주지점)~~
2	1번근저당권설정등기말소	2013년3월20일 제14964호	2013년3월20일 해지	
~~3~~	~~근저당권설정~~	~~2019년2월12일~~ ~~제6915호~~	~~2019년2월11일~~ ~~설정계약~~	~~채권최고액 금180,000,000원~~ ~~채무자 우드~~ ~~대전광역시 동구~~ ~~205동 1402호~~ ~~근저당권자 주식회사~~ ~~110111-~~ ~~세종특별자치시~~
4	3번근저당권설정등기말소	2020년8월5일 제46992호	2020년8월5일 해지	
~~5~~	~~근저당권설정~~	~~2023년8월3일~~	~~2023년8월3일~~	~~채권최고액 금178,200,000원~~

[집합건물] 대전광역시 동구 아파트 제205동 제14층 제1402호

순위번호	등 기 목 적	접 수	등 기 원 인	권리자 및 기타사항
		~~제104617호~~	~~설정계약~~	~~채무자 임~~ ~~경기도 성남시 수정구~~ ~~근저당권자 주식회사하나은행 110111-0672538~~ ~~서울특별시 중구 을지로 35 (을지로1가)~~ ~~(법조타운지점)~~
6	근저당권설정	2023년12월28일 제170080호	2023년12월28일 설정계약	채권최고액 금184,800,000원 채무자 이 대전광역시 서구 904호 (아파트) 근저당권자 주식회사하나은행 110111-0672538 서울특별시 중구 을지로 35 (을지로1가) (인동지점)
7	5번근저당권설정등기말소	2023년12월28일 제170081호	2023년12월28일 해지	

-- 이 하 여 백 --

관할등기소 대전지방법원 등기국

말소기준권리와 매각물건명세서의 최선순위 설정
임차권을 포함하여 등기부상에 나타나는 권리의 말소 여부를 판별하는데 기준이 되는 권리
■ 최선순위의 담보가등기(가등기담보 등에 관한 법률 제12조제1항) 담보가등기권리자는 그 선택에 따라 제3조에 따른 담보권을 실행하거나 담보목적부동산의 경매를 청구할 수 있다. 이 경우 경매에 관하여는 담보가등기권리를 저당권으로 본다. **소유권이전청구권가등기가 말소기준권리가 되는 경우** ●최선순위 소유권이전청구권가등기권자가 경매신청채권자 최선순위 가등기권자 임의경매신청 → 담보가등기(말소기준권리) → 경매로 인한 매각으로 등기부의 권리 소멸되지 아니하는 것 없음 ●최선순위 소유권이전청구권가등기권자가 배당요구한 때 최선순위 가등기권자가 배당요구 → 담보가등기(말소기준권리) → 경매로 인한 매각으로 등기부의 권리 소멸되지 아니 하는 것 없음 ※**돈**과 관련된 근저당권·전세권·압류·가압류·담보가등기·경매개시결정은 말소기준권리가 되고, **가처분·소유권이전청구권가등기·지상권·지역권**은 말소기준권리가 되지 못함

8. 대항력 있는 확정일자 임차인이 경매신청, 최선순위 가등기권자가 배당요구 하지 않음

2020타경7** 광주지방법원 광주					
소재지	광주 **구 **동 아파트 4층 402호				
물건종류	아파트	사건접수	2020.12.04	경매구분	강제경매
건물면적	63.31㎡(19.15평)	소유자	㈜*하우징	감정가	251,000,000원
대지권	25.53㎡(7.12평)	채무자	㈜*하우징	최저가	(70%) 175,700,000원
매각물건	건물전부, 토지전부	채권자	김**	입찰보증금	(10%) 1,757,700원

입찰 진행 내용

구분	매각기일	최저매각가격(원)	상태	
1차	2021-05-25	251,000,000	유찰	법원 2023.11.08. 김** 매수통지서 발송 → **매수신청하지 않음
▶본건매각 2021.07.06 / 매각가 201,110,000원 / OOO / 1명 입찰 / 대금미납				
▶본건매각 2022.04.26 / 매각가 65,100,000원 / OOO / 1명 입찰 / 대금미납				
▶본건매각 2022.10.11 / 매각가 38,100,000원 / OOO / 1명 입찰 / 대금미납				
19차	2023-12-19	6,182,000	기각	

매각 물건 현황 가격시점 2020.12.15

목록		지번/토지이용계획/용도/구조/면적	감정가	비고
건물	1	**동 *** 아파트 4층 402호 19층 중 4층 건물 63.3138㎡(19.15평)	251,000,000	보존등기 2017.11.23
		대지권(대지) 1289㎡ 중 23.53㎡(7.12평)		
토지이용계획		준주거지역/제3종일반주거지역/대로3류(폭 25m~30m)		

임차인 현황 말소기준권리일 2019-09-18 소액임차인기준일 2020-12-08 배당요구종구일 2021-03-02

임차인/대항력		점유부분	전입/확정/배당	보증금/월세	예상배당액 예상인수액(원)	비고
김**	있음	전부/주거 (점유:2018.08.18.~현재)	전입 : 2018-05-02 확정 : 2018-05-02 배당 : 2020-12-04	보증금 180,000,000(원)	배당액 : 미배당 : 인수액 :	경매신청 채권자

전입세대 / 관리비 체납

전입세대	관리비 체납내역
전입 김** 2018.05.18	없음

등기부 현황(집합)

접수일	등기목적	권리자	채권금액(원)	기타등기사항	소멸여부
2018.03.23	소유이전	㈜하우징	210,000,000	전소유자 : ㈜** 매매(2018.03.02.)	
2018.11.29	소유권이전청구권가등기	김*수			인수
2019.12.24	압류	**세무서		**말소기준권리**	소멸
2019.11.04	압류	남구	75,000,000		소멸
2020.05.08	압류	건강보험			소멸
2020.01.30	강제경매	김**	청구금액 180,000,000	2020타경 1***	소멸

2020타경7** 광주지방법원 광주					
소재지	광주 **구 **동 **아파트 4층 402호				
물건종류	아파트	사건접수	2020.12.04	경매구분	강제경매
건물면적	63.31㎡(19.15평)	소유자	㈜*하우징	감정가	251,000,000원
대지권	25.53㎡(7.12평)	채무자	㈜*하우징	최저가	(70%) 175,700,000원
매각물건	건물전부, 토지전부	채권자	김**	입찰보증금	(10%) 1,757,700원

임차인 현황 말소기준권리일 2019-09-18 **소액임차인기준일** 2020-12-08 **배당요구종구일** 2021-03-02

임차인/대항력		점유부분	전입/확정/배당	보증금/월세	예상배당액 예상인수액(원)	비고
김**	있음	전부/주거 (점유:2018.08.18.~현재)	전입 : 2018-05-02 확정 : 2018-05-02 배당 : 2020-12-04	보증 180,000,000원	배당액 : 미배당 : 인수액 :	경매신청 채권자

김씨는 아파트 소유자 하우징과 2018년 4월 12일 전세보증금 180,000,000원, 전세기간은 2018년 5월 18일부터 2020년 5월 17일까지 2년 하는 부동산 전세계약을 체결하고, 계약 당일인 2018년 4월 12일 계약금 8,000,000원을 지급하였습니다. 입주일인 2018년 5월 18일 잔금 172,000,000을 지급하였습니다. 임차인 김씨는 행정복지센터에 2018년 5월 2일 전입신고를 하였고 이날 전세계약서에 확정일자인을 받았습니다. 전입신고 시 아파트 등기부 등본을 열람한 결과 근저당권 등 아무런 권리가 설정되어 있지 않았습니다.

주택임대차보호법 제3조의2제2항에 의해 대항요건과 임대차계약증서상의 확정일자를 갖춘 임차인은 「민사집행법」에 따른 경매 또는 「국세징수법」에 따른 공매를 할 때에 임차주택(대지를 포함한다)의 환가대금에서 후순위권리자나 그 밖의 채권자보다 우선하여 보증금을 변제(辨濟)받을 권리가 있습니다.

확정일자란 증서에 대하여 그 작성한 일자에 관한 완전한 증거가 될 수 있는 것으로 법률상 인정되는 일자를 말한다. 당사자가 나중에 변경하는 것이 불가능한 확정된 일자를 가리키고, 확정일자 있는 증서란 위와 같은 일자가 있는 증서로서 민법 부칙 제3조 소정의 증서를 말한다(대법원 98다28879)

주택임차인의 우선변제권이 인정되는 요건으로 대항력 및 확정일자를 규정한 취지는 임대인과 임차인 사이의 담합으로 임차보증금의 액수를 사후에 변경하는 것을 방지하는 데 있습니다. 즉 임차인이 보증금을 받기 위해 법원에 배당요구를 하거나 매수인에게 계약서를 제출할 때 소유자와 임차인이 짜고 계약서를 새로 작성하여 고액의 보증금을 요구할 수 있습니다. 그래서 확정일자를 받은 계약서를 법원이 인정하고 배당순위를 결정합니다. 그렇다고 해서 확정일자가 대항력과 별개는 아닙니다. 대항력이 발생하는 시점부터 확정일자의 효력도 발생됩니다.

임대차계약서에 확정일자가 날인된 경우 확정일자인에 기재된 날짜에 임대차계약 문서가 존재하고 있음을 증명하는 것이 되고 이 날짜는 향후 임차주택이 경매 또는 공매 처분될 시 후순위 권리자보다 앞서서 보증금을 배당받을 수 있게 하는 근거가 됩니다. 대항력과 우선변제권이 있는 임차인이 배당요구했으나 보증금 전액을 배당받지 아니한 경우에는 배당받지 못한 보증금 잔액 매수인이 인수합니다.

임차인이 대항할 수 있다는 것은 임대차 사실을 경매부동산의 매수인에게 주장할 수 있다는 말입니다.

우선변제권의 발생이 발생하는 시점은 임대차계약서상의 확정일자를 부여받은 당일부터입니다. 대법원 97다22393 판례는 확정일자를 입주 및 주민등록일과 같은 날 또는 그 이전에 갖춘 경우에는 우선변제적 효력은 대항력과 마찬가지로 인도와 주민등록을 마친 다음날을 기준으로 발생한다고 합니다.

임차인의 전입신고와 우선변제권

전입신고	확정일자	우선변제권의 효력 발생시기
2025년 3월 1일	2025년 3월 1일	2025년 3월 2일 0시
2025년 3월 1일	2025년 4월 1일	2025년 4월 1일
2025년 3월 1일	2025년 2월 1일	2025년 3월 2일 0시

※ 대항력 발생시기 : 2025년 3월 2일 0시

주택임대차계약을 체결하고 먼저 입주 및 주민등록을 모두 갖춘 다음날 계약서에 확정일자를 받았는데 확정일자를 받은 날에 근저당권설정등기가 경료된 경우는 임차인과 근저당권자 사이의 우선순위는 대항요건과 확정일자를 갖춘 최종 시점과 근저당권설정등기를 마친 시점의 전후에 의하여 결정되기 때문에 근저당권자와 같은 순위에서 채권액에 비례하여 평등배당을 받습니다. 배당받지 못한 보증금 잔액은 매수인이 인수합니다. 대항력이 있기 때문입니다.

임차인 김씨는 전입신고와 확정일자를 받아두었기 때문에 임대차기간 만료 후 전세보증금을 반환받는데 아무런 어려움이 없을 것으로 생각하였습니다.

그런데 아파트 등기부 등본에 2018년 11월 29일 매매예약으로 소유권이전청구권가등기가 등기되었습니다.

김씨는 다른 주택으로 이사갈 상황이 생겨 2020년 3월경, 임대차기간 만료일인 2020년 5월 17일 전에 임차 주택을 인도하고 이사갈 것임을 아파트 소유자에게 알리고 임대차계약을 연장하지 않겠다고 알렸습니다. 김씨와 임대인 사이에 원만히 이야기가 잘 되었으나, 이후 임대인은 김씨의 연락을 잘 받지 않았습니다.

임대차기간 만료일 전에 김씨는 이미 새로 이사갈 집까지 계약하고 계약금까지 지급한 상황이었지만, 임대인으로부터 임대차보증금 받지 못하여 어쩔 수 없이 이사를 포기하고 손해를 감수하면서 새로 이사갈 집에 대한 계약을 해제할 수 밖에 없습니다. 임차인 김씨는 임대인으로부터 전세보증금 180,000,000월 반환받고자 2020년 5월 28일 보증금반환청구소송을 접수했습니다. 2020년 10월 30일 변론종결 후 임대인에게 판결선고기일통지서 발송되었습니다. 2020년 11월 13일 판결선고기일이었는데 임대인은 임차인에게 180,000,000원을 지급하라. 소송비용은 피고가 부담한다는 원고승 판결선고 되었고, 2020년 11월 16일 판결정본이 발송되었습니다. 김씨는 임대인 소유 아파트에 대하여 강제경매신청하였습니다.

경매법원은 선순위가등기가 있을 때 가등기의 내용이 소유권이전청구권가등기인지 담보가등기인지 유무에 대해 소명할 것을 최고합니다. 가등기권리자는 그 최고통지서를 받은 날로부터 일정기간 내에 가등기 권리의 내용을 신고합니다. 가등기권자가 배당요구를 하면 집행법원은 매각물건명세서에 최선위 설정이 가등기가 됩니다. 담보가등기로서 말소기준권리가 되며 경매로 인한 매각으로 소멸합니다. 선순위 가등기가 소유권이전청구권가등가로 권리신고를 하거나, 신고가 없어 가등기의 내용이 밝혀지지 않으면 그 가등기를 소유권이전청구권가등기로 매각물건명세서에 가등기가 인수될 수 있음으로 공지합니다.

등기부 현황(집합), 전입, 확정일자

접수일	등기목적	권리자	채권금액(원)	기타등기사항	소멸여부
2018.03.23	소유이전	㈜하우징	210,000,000	전소유자 : ㈜** 매매(2018.03.02.)	
2018.05.02	전입, 확정일자	김**	180,000,000		
2018.11.29	소유권이전청구권가등기	김*수			인수
2019.12.24	압류	**세무서		**말소기준권리**	소멸
2019.11.04	압류	남구	75,000,000		소멸
2020.05.08	압류	건강보험			소멸
2020.01.30	강제경매	김**	청구금액 180,000,000	2020타경 1***	소멸

압류가 말소기준권리입니다. 소유권이전청구권가등기권자가 배당요구하면 가등기는 담보가등기로서 배당받고 소멸됩니다. 배당요구하지 않으면 가등기는 매수인이 인수합니다.

매각물건명세서

사 건	2020타경764** 부동산강제경매	매각 물건번호	1	작성 일자	2023.06.27	담임법관 (사법보좌관)	조**
부동산 및 감정평가액 최저매각가격의 표시	별지기재와 같음	최선순위 설정	2019.09.18.압류			배당요구종기	2021.03.02

부동산의 점유자와 점유의 권원, 점유할 수 있는 기간, 차임 또는 보증금에 관한 관계인의 진술 및 임차인이 있는 경우 배당요구 여부와 그 일자, 전입신고일자 또는 사업자등록신청일자와 확정일자의 유무와 그 일자

점유자 성 명	점유 부분	정보출처 구 분	점유의 권 원	임대차기간 (점유기간)	보 증 금	차 임	전입신고 일자·외국인 등록(체류지 변경신고)일자·사업자등록신청일자	확정일자	배당 요구여부 (배당요구일자)
김*		현황조사	알수없음 임차인				2018.05.02		
	전부	권리신고	주거 임차인	2018.08.18~현재	180,000,000		2018.05.02	2018.05.02	2020.12.04

<비고>
김* :경매신청채권자임

※ 최선순위 설정일자보다 대항요건을 먼저 갖춘 주택·상가건물 임차인의 임차보증금은 매수인에게 인수되는 경우가 발생 할 수 있고, 대항력과 우선변제권이 있는 주택·상가건물 임차인이 배당요구를 하였으나 보증금 전액에 관하여 배당을 받지 아니한 경우에는 배당받지 못한 잔액이 매수인에게 인수되게 됨을 주의하시기 바랍니다.

등기된 부동산에 관한 권리 또는 가처분으로 매각으로 그 효력이 소멸되지 아니하는 것

갑구 순위 7번 소유권이전등기청구권 가등기(2018.11.29.등기)는 말소되지 않고 매수인이 인수함. 만약 가등기된 매매예약이 완결되는 경우에는 매수인이 소유권을 상실하게 됨

매각에 따라 설정된 것으로 보는 지상권의 개요

비고란

주1 : 매각목적물에서 제외되는 미등기건물 등이 있을 경우에는 그 취지를 명확히 기재한다.
2 : 매각으로 소멸되는 가등기담보권, 가압류, 전세권의 등기일자가 최선순위 저당권등기일자보다 빠른 경우에는 그 등기일자를 기재한다.

경매로 인한 매각으로 가등기는 말소되지 않고 매수인이 인수합니다. 가등기된 매매예약이 완결되는 경우에는 매수인이 소유권을 상실하게 됩니다.

매각물건명세서

사 건	2020타경7 부동산강제경매		매각 물건번호	1	작성 일자	2023.06.27	담임법관 (사법보좌관)	조**
부동산 및 감정평가액 최저매각가격의 표시		별지기재와 같음	최선순위 설정	2019.09.18.압류			배당요구종기	2021.03.02

부동산의 점유자와 점유의 권원, 점유할 수 있는 기간, 차임 또는 보증금에 관한 관계인의 진술 및 임차인이 있는 경우 배당요구 여부와 그 일자, 전입신고일자 또는 사업자등록신청일자와 확정일자의 유무와 그 일자

점유자 성명	점유 부분	정보출처 구분	점유의 권원	임대차기간 (점유기간)	보증금	차임	전입신고 일자·외국인 등록(체류지 변경신고)일자·사업자등록신청일자	확정일자	배당 요구여부 (배당요구일자)
김*		현황조사	알수없음 임차인				2018.05.02		
	전부	권리신고	주거 임차인	2018.08.18~현재	180,000,000		2018.05.02	2018.05.02	2020.12.04

<비고>
김* :경매신청채권자임

※ 최선순위 설정일자보다 대항요건을 먼저 갖춘 주택·상가건물 임차인의 임차보증금은 매수인에게 인수되는 경우가 발생 할 수 있고, 대항력과 우선변제권이 있는 주택·상가건물 임차인이 배당요구를 하였으나 보증금 전액에 관하여 배당을 받지 아니한 경우에는 배당받지 못한 잔액이 매수인에게 인수되게 됨을 주의하시기 바랍니다.

등기된 부동산에 관한 권리 또는 가처분으로 매각으로 그 효력이 소멸되지 아니하는 것

갑구 순위 7번 소유권이전등기청구권 가등기(2018.11.29.등기)는 말소되지 않고 매수인이 인수함. 만약 가등기된 매매예약이 완결되는 경우에는 매수인이 소유권을 상실하게 됨

매각에 따라 설정된 것으로 보는 지상권의 개요

비고란

주1 : 매각목적물에서 제외되는 미등기건물 등이 있을 경우에는 그 취지를 명확히 기재한다.
2 : 매각으로 소멸되는 가등기담보권, 가압류, 전세권의 등기일자가 최선순위 저당권등기일자보다 빠른 경우에는 그 등기일자를 기재한다.

경매신청채권자인 임차인은 대항력과 우선변제권이 있습니다. 보증금 전액에 관하여 배당을 받지 아니한 경우에는 배당받지 못한 잔액이 매수인에게 인수됩니다.

구분	매각기일	최저매각가격(원)	상태	
1차	2021-05-25	251,000,000	유찰	법원 2023.11.08. 김** 매수통지서 발송 → **매수신청하지 않음
▶본건매각 2021.07.06 / 매각가 201,110,000원 / OOO / 1명 입찰 / 대금미납 ▶본건매각 2022.04.26 / 매각가 65,100,000원 / OOO / 1명 입찰 / 대금미납 ▶본건매각 2022.10.11 / 매각가 38,100,000원 / OOO / 1명 입찰 / 대금미납				
19차	2023-12-19	6,182,000	기각	

감정가 251,000,000원이었는데 19차 입찰기일 최저입찰가격이 6,182,000원까지 하락했습니다. 법원 경매신청채권자에게 매수통지서를 발송했으나 경매신청채권자는 매수신청하지 않아 기각되었습니다.

9. 대항력 있는 임차인이 강제경매 신청

2022타경7*수원지방법원					
소재지	경기 수원시 **구 **동 ***동 13층 1301호				
물건종류	아파트	개시결정	2022.10.17	경매구분	강제경매
건물면적	59.79㎡(18.086평)	소유자	㈜신*	감정가	460,000,000원
대지권	34.02㎡(10.35평)	채무자	㈜신*	최저가	(70%) 322,000,000원
매각물건	건물전부, 토지전부	채권자	나**	입찰보증금	(10%) 32,200,000원

입찰 진행 내용

구분	매각기일	최저매각가격(원)	상태	
1차	2023-08-29	460,000,000	유찰	**매각 331,100,000원 (71.98%)**
2차	2023-10-05	322,000,000	매각	
매각결정기일 : 2023.10.12. 매각허가결정 지급기한 : 2023.11.22 납부 2023.11.10 배당기일통지서 발송 : 2023.11.10 배당기일 : 2023.12.20. 배당종결 : 2023.12.20				

매각 물건 현황 가격시점 2022.10.16

목록		지번/토지이용계획/용도/구조/면적	감정가	비고
건물	1	**동 *** 18층 중 13층 1301호 건물 59.79㎡(18.086평)	276,000,000원	사용승인 2098.03.10
		대지권(대지) 30,4578㎡ 중 34.02㎡(10.35평)	184,000,000원	
감정가			460,000,000원	
토지이용계획		도시지역/제3종일반주거지역/지구단위계획구역/상대보호구역/과밀억제권역		

임차인 현황 말소기준권리일 2022-06-28 **배당요구종구일** 2022-12-29

임차인/대항력		점유부분	전입/확정/배당	보증금/월세	분석	비고
나**	있음	주거용 전부	전입 : 2022-05-27 확정 : 2018-03-26 배당 : 2022-07-14	보증금 240,000,000원	순위배당 있음 미배당 보증금 매수인 인수	임차권 등기자 경매신청자
기타사항	* **[보:2021.02.23 3천만원 증액, 2차 확:2021.02.25(증액된 3천만원)]** * 현장에서는 폐문으로 사람을 만나지 못하여 점유관계 파악하지 못하고 현관(호실 출입)문에 안내문을 붙여 놓았음 * 전입세대열람내역서와 주민등록등본에는 소유자 세대가 아닌 다른 세대가 전입세대로 등재되어 있어 동 세대를 임차인으로 추정하고 등록함					

등기부 현황(집합)

접수일	등기목적	권리자	채권금액원)	기타등기사항	소멸여부
2020.08.18	소유권이전	㈜신*		매매:거래가액:280,000,000원	
2022.06.28	근저당권	박**	170,000,000	**말소기준권리**	소멸
2022.07.14	주택임차권	나**	240,000,000	보:2021.02.23 3천만원 증액, 2차 확:2021.02.25(증액된 3천만원) 전입:2022.05.27 확정:2018.03.26	
2022.10.17	강제경매	나**	240,000,000	2022타경7***	소멸
2023.06.02	압류	이천세무서장			소멸
2023.07.13	압류	인천광역시	18,047,361		소멸

소재지	경기 수원시 **구 **동 ***동 13층 1301호				
물건종류	아파트	개시결정	2022.10.17	경매구분	강제경매
건물면적	59.79㎡(18.086평)	소유자	㈜신*	감정가	460,000,000원
대지권	34.02㎡(10.333평)	채무자	㈜신*	최저가	(70%) 322,000,000원
매각물건	건물전부, 토지전부	채권자	나**	입찰보증금	(10%) 32,200,000원

등기부 현황(집합)

접수일	등기목적	권리자	채권금액(원)	기타등기사항	소멸여부
2020.08.18	소유권이전	㈜신*		매매:거래가액:280,000,000원	
2022.06.28	근저당권	박**	170,000,000	말소기준권리	소멸
2022.07.14	주택임차권	나**	240,000,000	보:2021.02.23 3천만원 증액, 2차 확:2021.02.25(증액된 3천만원) 전입:2022.05.27 확정:2018.03.26	
2022.10.17	강제경매	나**	240,000,000	2022타경7***	소멸
2023.06.02	압류	이천세무서장			소멸
2023.07.13	압류	인천광역시	18,047,361		소멸

임차인 나씨가 채권자로서 강제경매신청한 아파트입니다. 나씨는 2018년 3월 23일 아파트 소유자와 임대차보증금 210,000,000원에 임대차계약을 체결하였습니다. 2020년 8월 18일 아파트 소유자는 전세끼고 아파트를 매도하였습니다. 새로운 아파트 소유자는 2021년 2월 23일 임대차보증금을 30,000,000원 증액하여 240,000,000원으로 하고, 임대차기간을 2022년 6월 30일까지로 하는 임대차계약을 하였습니다. 임차인은 증액된 보증금 3,000만원을 소유자에게 지급하였습니다.

임차인은 임대차계약에 따른 임대차기간의 종료가 임박하자 소유자에게 임대차보증금의 반환 시가를 문의하였습니다. 그런데 임대인은 아파트를 매도할 계획이나 현재 부동산 시장 상황이 악화되어 거래가 이뤄지지 않고 있어서, 임대차기간 종료시에 임차인에게 임대차보증금을 반환할 수 없다고 했습니다.

임차인은 임대인에게 임대차보증금 240,000,000원을 조속히 반환하되, 지연될 경우 임대차기간 종류 이후인 2022년 7월 1일부터 2022년 8월 31일까지는 연 6%, 2022년 9월 1일부터 2022년 9월 30일까지는 연 8%, 2022년 10월 1일부터 연 12%의 지연이자를 가산하여 지급하라고 임대인에게 문자를 보내어 독촉했습니다. 임대인은 임차인의 독촉 내용대로 하기로 합의하였습니다.

임차인은 임대차기간이 종료된 이후 아파트에 대하여 2022년 7월 7일 임차권등기명령을 받았으며, 2022년 7월 14일 등기부에 임차권등기를 마쳤습니다.

임차인은 임대인에게 지속적으로 아파트의 임대차보증금 240,000,000원 및 지연이자의 지급을 요구하였습니다. 그러나 임대인은 전혀 응하지 아니하였습니다.

임차인은 2022년 9월 2일 임대차보증금을 지급하라고 지급명령을 신청하였습니다. 2022년 9월 6일 법원은 임대인에게 지급명령을 다음과 같이 선고하였습니다. 채무자는 채권자에게 금 240,000,000원과 임대차보증금에 2022년 7월 1일부터 2022년 8월 31일까지는 연 6%, 2022년 9월 30일까지는 연 8%, 그 다음날부터 다 갚는 날까지는 연 12%의 비율에 의한 금원, 독촉절차 비용

153,700원(송달료 62,400원, 인지액 91,300원)을 지급하라고 했습니다. 임차인은 임대인에게 임차보증금을 지급하라며 아파트를 경매신청하게 되었습니다. 현황조사보고서와 전입세대확인서입니다.

현황조사보고서

◆ 기본정보

조사일시 2022년10월 24일 12시 16분

부동산 임대차정보

번호	소재지	임대차관계
1	경기도 수원시 **구 **로 11번길.****동 13층 1301호	1명

◆ 부동산의 현황 및 점유관계조사서

1.부동산의 점유관계

소재지	경기도 수원시 **구 **로 11번길.****동 13층 1301호
점유관계	임차인(별지)점유
기타	* 현장에서는 폐문으로 사람을 만나지 못하여 점유관계 파악하지 못하고 현관(호실 출입)문에 안내문을 붙여 놓았음 * 전입세대열람내역서와 주민등록등본에는 소유자 세대가 아닌 다른 세대가 전입세대로 등재되어 있어 동 세대를 임차인으로 추정하고 등록함

2. 부동산의 현황

외관상으로 볼 때는 공부상 내역과 일치하는 것으로 보임

◆임대차 관계 조사서

1 목적물의 용도 및 임대차 계약등의 내용

[소재지] 경기도 수원시 **구 **로 11번길.****동 13층 1301호				
1	점유인	나**	당사자구분	임차인
	점유부분		용도	주거
	점유기간			
	보증(전세금)		차임	
	전입일자	2022.05.27	확정일자	

2. 현장에서는 폐문으로 사람을 만나지 못하여 전입세대열람내역서와 주민등록등본을 기초로 작성함

전입세대확인서(동거인포함)

발급번호		발급일자	
열람 또는 교부 대상 건물 또는 시설 소재지	경기도 수원시 [illegible]구 [illegible]번길 [illegible]동 1301호 ([illegible]동)		

세대순번	세대주 / 최초 전입자	성명	전입일자	등록구분	동거인 사항	순번	성명	전입일자	등록구분
		최초 전입자의 전입일자							
1	세대주	나[illegible] ([illegible])	2022-05-27	거주자	동거인				
	최초 전입자	2022-05-27							

「주민등록법」 제29조의2제1항 및 같은 법 시행규칙 제14조제1항에 따라 해당 건물 또는 시설의 소재지에 주민등록이 되어 있는 세대가 위와 같음을 증명합니다.

등기부등본의 권리분석과 점유자 분석에 대한 권리분석입니다.

등기부 현황(집합), 전입, 확정일자

접수일	등기 전입 확정	권리자	채권금액(원)	기타등기사항	소멸여부
2018.03.28	확정일자	나**	210,000,000		
2021.02.25	확정일자	나**	30,000,000		
2022.05.27	전입	나**			
2020.08.18	소유권이전	㈜신*		매매:거래가액:280,000,000원	
2022.06.28	근저당권	박**	170,000,000	**말소기준권리**	소멸
2022.07.14	주택임차권	나**	240,000,000	보:2021.02.23 3천만원 증액, 2차 확:2021.02.25(증액된 3천만원) 전입:2022.05.27 확정:2018.03.26	
2022.10.17	강제경매	나**	240,000,000	2022타경7***	소멸
2023.06.02	압류	이천세무서장			소멸
2023.07.13	압류	인천광역시	18,047,361		소멸

말소기준권리는 2022년 6월 28일 근저당권이며, 경매로 인한 매각으로 근저당권, 강제경매, 압류 2건은 소멸됩니다. 등기부상 인수하는 권리는 없습니다.

임차인의 주민등록 전입신고일이 등기부의 근저당권 설정일보다 먼저입니다. 대항력 있는 임차인입니다. 근저당권 설정일 전에 확정일자를 받았습니다. 경매대금에서 배당받지 못한 보증금 잔액은 매수인이 인수합니다.

입찰 진행 내용

구분	매각기일	최저매각가격(원)	상태	
1차	2023-08-29	460,000,000	유찰	**매각 331,100,000원 (71.98%)**
2차	2023-10-05	322,000,000	매각	
매각결정기일 : 2023.10.12. 매각허가결정 지급기한 : 2023.11.22 납부 2023.11.10 배당기일통지서 발송 : 2023.11.10 배당기일 : 2023.12.20. 배당종결 : 2023.12.20				

331,100,000원에 매각되었습니다. 임차인은 보증금 전액 받을 것으로 예상됩니다.

예상 배당순서 입찰예정가 331,100,000원 (낙찰가기준)					단위 원	
권리	권리자	채권액	예상배당금	미배당금액	배당후 잔여금	소멸
법원경비	법원		4,059,000		327,041,000	소멸
확정일자 임차인	보증금	240,000,000	240,000,000		87,041,000	소멸
근저당권	박**	170,000,000	87,041,000	82,959,000	0	소멸
압류	이천세무서	0	0	0	0	소멸
압류	인천광역시	0	0	0	0	소멸
합계		410,000,000	3231,100,000			

매각물건명세서를 가지고 권리분석 하겠습니다.

매각물건명세서

사 건	2022타경7■■■ 부동산강제경매	매각 물건번호	1	작성 일자	2023.09.19	담임법관 (사법보좌관)	박■■
부동산 및 감정평가액 최저매각가격의 표시	별지기재와 같음	최선순위 설정	2022.6.28.근저당권			배당요구종기	2022.12.29

부동산의 점유자와 점유의 권원, 점유할 수 있는 기간, 차임 또는 보증금에 관한 관계인의 진술 및 임차인이 있는 경우 배당요구 여부와 그 일자, 전입신고일자 또는 사업자등록신청일자와 확정일자의 유무와 그 일자

점유자 성 명	점유 부분	정보출처 구 분	점유의 권 원	임대차기간 (점유기간)	보 증 금	차 임	전입신고 일자·외국인 등록(체류지 변경신고)일자·사업자등록신청일자	확정일자	배당 요구여부 (배당요구일자)
나■호	1301호 전부	등기사항 전부증명서	주거 임차권자		240,000,000		2018.05.27	2018.3.26(1차), 2021.2.25.(2차)	
		현황조사	주거 임차인				2022.05.27		

<비고>

※ 최선순위 설정일자보다 대항요건을 먼저 갖춘 주택·상가건물 임차인의 임차보증금은 매수인에게 인수되는 경우가 발생 할 수 있고, 대항력과 우선변제권이 있는 주택·상가건물 임차인이 배당요구를 하였으나 보증금 전액에 관하여 배당을 받지 아니한 경우에는 배당받지 못한 잔액이 매수인에게 인수되게 됨을 주의하시기 바랍니다.

등기된 부동산에 관한 권리 또는 가처분으로 매각으로 그 효력이 소멸되지 아니하는 것

매각에 따라 설정된 것으로 보는 지상권의 개요

비고란

신청채권자 겸 대항력 있는 임차인의 보증금 240,000,000원이 배당에서 전액 변제되지 않을 경우 잔액을 매수인이 인수하므로 입찰시 주의요망

주1 : 매각목적물에서 제외되는 미등기건물 등이 있을 경우에는 그 취지를 명확히 기재한다.
2 : 매각으로 소멸되는 가등기담보권, 가압류, 전세권의 등기일자가 최선순위 저당권등기일자보다 빠른 경우에는 그 등기일자를 기재한다.

2022년 6월 28일 근저당권이 최선순위입니다. 매각부동산 위의 모든 저당권은 매각으로 소멸된다는 민사집행법 제91조제2항에 의해 근저당권이 말소기준권리입니다. 근저당권 이후 권리는 소멸됩니다.

등기된 부동산에 관한 권리 또는 가처분으로 매각으로 그 효력이 소멸되지 아니하는 것

등기된 부동산에 관한 권리는 근저당권 1건, 주택임차권, 강제경매, 압류 2건입니다. 매각으로 그 효력이 소멸되지 아니하는 것이 없다는 뜻입니다.

매각물건명세서

사 건	2022타경7[illegible] 부동산강제경매		매각 물건번호	1	작성 일자	2023.09.19	담임법관 (사법보좌관)	박[illegible]
부동산 및 감정평가액 최저매각가격의 표시		별지기재와 같음	최선순위 설정	2022.6.28.근저당권			배당요구종기	2022.12.29

부동산의 점유자와 점유의 권원, 점유할 수 있는 기간, 차임 또는 보증금에 관한 관계인의 진술 및 임차인이 있는 경우 배당요구 여부와 그 일자, 전입신고일자 또는 사업자등록신청일자와 확정일자의 유무와 그 일자

점유자 성 명	점유 부분	정보출처 구 분	점유의 권 원	임대차기간 (점유기간)	보 증 금	차 임	전입신고 일자·외국인 등록(체류지 변경신고)일자·사업자등록신청일자	확정일자	배당 요구여부 (배당요구일자)
나[illegible]	1301호 전부	등기사항 전부증명서	주거 임차권자		240,000,000		2018.05.27	2018.3.26(1차), 2021.2.25.(2차)	
		현황조사	주거 임차인				2022.05.27		

<비고>

전입 + 인도

※ 최선순위 설정일자보다 대항요건을 먼저 갖춘 주택·상가건물 임차인의 임차보증금은 매수인에게 인수되는 경우가 발생 할 수 있고, 대항력과 우선변제권이 있는 주택·상가건물 임차인이 배당요구를 하였으나 보증금 전액에 관하여 배당을 받지 아니한 경우에는 배당받지 못한 잔액이 매수인에게 인수되게 됨을 주의하시기 바랍니다.

등기된 부동산에 관한 권리 또는 가처분으로 매각으로 그 효력이 소멸되지 아니하는 것

매각에 따라 설정된 것으로 보는 지상권의 개요

비고란

신청채권자 겸 대항력 있는 임차인의 보증금 240,000,000원이 배당에서 전액 변제되지 않을 경우 잔액을 매수인이 인수하므로 입찰시 주의요망

주1 : 매각목적물에서 제외되는 미등기건물 등이 있을 경우에는 그 취지를 명확히 기재한다.

2 : 매각으로 소멸되는 가등기담보권, 가압류, 전세권의 등기일자가 최선순위 저당권등기일자보다 빠른 경우에는 그 등기일자를 기재한다.

임차인의 주민등록 전입신고일이 2018년 5월 27일이었으며 보증금 증액은 2022년 5월 27일입니다. 최선순위 근저당권 설정일 2022년 6월 28일보다 먼저입니다. 대항력 있는 임차인입니다.

확정일자는 2018년 3월 26일, 2021년 2월 25일 갖추었습니다. 근저당권설정일보다 먼저입니다. 임차인이 경매신청채권자입니다. 대항력 있는 임차인의 보증금 240,000,000원이 배당에서 전액 변제되지 않을 경우 잔액을 매수인이 인수합니다. 매각금액이 331,100,000원입니다. 임차인은 보증금 전액을 배당받을 것으로 예상됩니다.

이 경매물건의 최고가매수인은 2023년 11월 10일 매각대금 납부하고 소유권이전하였습니다. 배당종결일은 2023년 12월 20일입니다. 배당종결일 후 2023년 12월 21일 해제를 등기원인으로 하여 2023년 12월 26일 주택임차권등기를 말소하였습니다. 최고가매수인은 매각대금을 2023년 11월 10일 납부하고 인도명령 신청하였고, 인도명령은 2023년 12월 20일 결정이 되었고 인도명령이 2023년 12월 20일 송달되어 2023년 12월 20일 인용되었습니다.

대한민국 법원

기본내용 (수원지방법원)

사건번호	2023타인7	사건명	[전자]부동산인도명령
재판부	경매12계		
접수일	2023.11.10	종국결과	2023.12.20 인용
항고접수일		항고인	
항고종국일		항고결과	
보존여부	기록보존됨		
송달료,보관금,종결에 따른 잔액조회			
결정문송달일		확정일	

최근기일내용

일자	시각	기일구분	기일장소	결과
지정된 기일내용이 없습니다.				

※ 최근 기일 순으로 일부만 보입니다. 반드시 상세보기로 확인하시기 바랍니다.

최근 제출서류 접수내용

일자	내용
접수된 문서내용이 없습니다.	

※ 최근 제출서류 순으로 일부만 보입니다. 반드시 상세보기로 확인하시기 바랍니다.

관련사건내용

법원	사건번호	구분
수원지방법원	2022타경70	기타

당사자내용

구분	이름	결정문송달일	확정일
신청인	1. 최OO	2023.12.22	
피신청인	1. 나OO		

대한민국 법원

기본내용 (수원지방법원)

사건번호	2023타인7	사건명	[전자]부동산인도명령
재판부	경매12계		
접수일	2023.11.10	종국결과	2023.12.20 인용

진행내용

진행구분 : 전체

- **송달결과는 법적인 효력이 없는 참고사항에 불과하고, 추후 송달이 착오에 말미암은 것이거나 부적법한 경우 변경될 수 있습니다.**
- **송달결과는 '0시 도달'로 나타나는 경우에는 기간 계산 시 초일이 산입된다는 점에 유의하시기 바랍니다.**

※ 송달결과(2007.03.12전에는 재판부에서 등록한 내용에, 그 이후에는 우정사업본부로부터 전송받은 내용에 한함) 를 조회하고자할 경우에는 '확인' 항목에 체크하시기 바랍니다.

☐ 확인

일자	내용	결과	공시문
2023.11.10	신청서접수		
2023.12.20	결정		
2023.12.20	신청인1 최OO에게 부동산인도명령 송달	위의 '확인' 항목 체크	
2023.12.20	피신청인1 나OO에게 부동산인도명령 송달	위의 '확인' 항목 체크	
2023.12.20	종국 : 인용		

★ 전소유자가 임차인, 낙찰부동산의 종전 임차인, 특수주소변경 임차인

① 갑이 주택에 관하여 소유권이전등기를 경료하고 주민등록 전입신고까지 마친 다음 처와 함께 거주하다가 을에게 매도함과 동시에 그로부터 이를 다시 임차하여 계속 거주하기로 약정하고 임차인을 갑의 처로 하는 임대차계약을 체결한 후에야 을 명의의 소유권이전등기가 경료된 경우, 제3자로서는 주택에 관하여 갑으로부터 을 앞으로 소유권이전등기가 경료되기 전에는 갑의 처의 주민등록이 소유권 아닌 임차권을 매개로 하는 점유라는 것을 인식하기 어려웠다 할 것이므로, 갑의 처의 주민등록은 주택에 관하여 을 명의의 소유권이전등기가 경료되기 전에는 주택임대차의 대항력 인정의 요건이 되는 적법한 공시방법으로서의 효력이 없고 을 명의의 소유권이전등기가 경료된 날에야 비로소 갑의 처와 을 사이의 임대차를 공시하는 유효한 공시방법이 된다고 할 것이며, 주택임대차보호법 제3조제1항에 의하여 유효한 공시방법을 갖춘 다음날인 을 명의의 소유권이전등기일 익일부터 임차인으로서 대항력을 갖는다(대법원 99다59306).

② 경매절차에서 낙찰인이 주민등록은 되어 있으나 대항력은 없는 종전 임차인과의 사이에 새로이 임대차계약을 체결하고 낙찰대금을 납부한 경우, 종전 임차인의 주민등록은 낙찰인의 소유권 취득 이전부터 낙찰인과 종전 임차인 사이의 임대차관계를 공시하는 기능을 수행하고 있었으므로, 종전 임차인은 당해 부동산에 관하여 낙찰인이 낙찰대금을 납부하여 소유권을 취득하는 즉시 임차권의 대항력을 취득한다고 한 사례(대법원 2002다38361,38378).

③ 주민등록 전입·전출 없이 지번을 정정하는 것으로 정상적인 주소 이전에 의한 주소의 변경이 아니라 잘못된 전입신고, 착오에 의해 잘못된 것을 수정하는 주소변경을 특수주소변경, 특수주소변경 임차인의 대항력 발생시기는 주소정정신고를 한 다음날부터(대법원 99다15597, 96다46033, 46040, 94다13176, 87다카1573)'

④ 처음에 다가구용 단독주택으로 소유권보존등기가 경료된 건물의 일부를 임차한 임차인은 이를 인도받고 임차 건물의 지번을 정확히 기재하여 전입신고를 하면 주택임대차보호법 소정의 대항력을 적법하게 취득하고, 나중에 다가구용 단독주택이 다세대 주택으로 변경되었다는 사정만으로 임차인이 이미 취득한 대항력을 상실하게 되는 것은 아니다(대법원2006다70516).

⑤ 부동산 인도명령의 상대방이 채무자인 경우에 그 인도명령의 집행력은 당해 채무자는 물론 채무자와 한 세대를 구성하며 독립된 생계를 영위하지 아니하는 가족과 같이 그 채무자와 동일시되는 자에게도 미친다(대법원 96다30786).

★ 동거인, 임차권 양수 임차인. 건축물대장 도면과 출입문 상이

① 주택임대차보호법이 국민들의 주거생활 안정 보장을 목적으로 하는 점, 같은 법 제9조는 임차인의 사망시 가정공동생활을 하는 사실상의 혼인관계에 있는 자도 임대차상의 권리·의무를 승계하도록 규정하고 있습니다. 제3조로서는 임차인과 공동생활을 하는 자가 법률혼 관계인지 여부를 알 수 있는 방법이 없는 점 등에 비추어 사실혼 배우자의 주민등록에 대하여도 배우자나 자녀 등 점유보조자의 주민등록과 같이 공시기능을 인정하여 대항력이 발생한다. 비록 사실혼 배우자라 하더라도 임차인과 공동생활을 하였다면 그 주민등록을 법률상 배우자나 다른 점유보조자와 같이 보아 대항력 있는 것으로 본다(전주지방법원 2007가단1120).

② 주택임대차보호법 제3조제1항에 의한 대항력을 갖춘 주택임차인이 임대인의 동의를 얻어 적법하게 임차권을 양도하거나 전대한 경우에 있어서 양수인이나 전차인이 임차인의 주민등록 퇴거일로부터 주민등록법상의 전입신고기간 내에 전입신고를 마치고 주택을 인도받아 점유를 계속하고 있다면 비록 위 임차권의 양도나 전대에 의하여 임차권의 공시방법인 점유와 주민등록이 변경되었다 하더라도 원래의 임차인이 갖는 임차권의 대항력은 소멸되지 아니하고 동일성을 유지한 채로 존속한다(대법원 87다카2509).

③ 갑이 병 회사 소유 임대아파트의 임차인인 을로부터 아파트를 임차하여 전입신고를 마치고 거주하던 중, 을이 병 회사로부터 위 아파트를 분양받아 자기 명의로 소유권이전등기를 경료한 후 근저당권을 설정한 사안에서, 비록 임대인인 을이 갑과 위 임대차계약을 체결한 이후에, 그리고 갑이 위 전입신고를 한 이후에 위 아파트에 대한 소유권을 취득하였다고 하더라도, 주민등록상 전입신고를 한 날로부터 소유자 아닌 갑이 거주하는 것으로 나타나 있어서 제3자들이 보기에 갑의 주민등록이 소유권 아닌 임차권을 매개로 하는 점유라는 것을 인식할 수 있었으므로 위 주민등록은 갑이 전입신고를 마친 날로부터 임대차를 공시하는 기능을 수행하고 있었다고 할 것이고, 따라서 갑은 을 명의의 소유권이전등기가 경료되는 즉시 임차권의 대항력을 취득하였다고 본 사례(대법원 2000다58026, 58033)

④ 건축물대장 도면과 출입문 상이할 경우 건축물 소유자(전체 또는 서로 바뀐 당사자)는 건축물대장의 현황도를 실제 거주현황과 일치시키고자 할 경우, 「건축물대장의 기재 및 관리 등에 관한 규칙」 별지 제15호의 서식(건축물대장 표시변경신청서)과 관련 서류를 구비하여 허가권자에게 건축물대장 표시변경을 신청하여 일치시킬 수 있습니다.
- 서로 바뀐 당사자가 함께 신분증 지참 허가관청 방문 건축물대장 표시변경 신청

1. 부동산의 점유관계

소재지	제주특별자치도 서귀포시 김정문화로41번길 [illegible], 5층605호 (법환동,[illegible])
점유관계	미상
기타	본건에 대한 점유 관계를 확인하기 위하여 출장하였으나, 점유 사용자를 알 수 없었음. 본건에 등록된 전입세대주를 확인한 바 조사일(2021년 6월4일)현재 전입세대주가 없었음. 더 이상 구체적인 사항에 대하여 달리 조사할 방법이 없으므로 본건 현관에 별지와 같은 임차인 등의 조사를 위한 안내문을 봉투에 넣어 부착하였음.

2. 부동산의 현황

*특이사항
-공부상(건축물대장의 건축물현황도) 표시와 현장의 현관문 표시가 상이함.
(즉, 건축물현황도 표시상 605호는 현장의 현관문에 표시 601호로,
건축물현황도 표시상 601호는 현장의 현관문에 표시 605호로 각
표시되어 있음)
*임차인 등의 조사를 위한 안내문은 본건 현장의 현관문 표시
605호에 부착하였음.

9. 공부와의차이

집합건축물 대장상 전유부분의 표시는 '605호'이나 현장표시는 '601호'임.

10. 기타참고사항(임대관계 및 기타)

-임대관계: 미상임.
-기타: ① 현장조사시 이해관계인 부재로 인하여 내부확인이 곤란하여 동 건물내 유사건물, 해당관련 공부, 탐문사항 및 외부관찰에 의한 통상적인 상태를 상정하여 평가하였으니, 이용상황 및 관리상태 등에 대한 재확인 요망함.

② 본건의 전유부분은 집합건축물대장상 '605호'이나 현장표시는 '601호'로 되어있는바, 경매진행 시 참고하여 주시기 바랍니다.

제주특별자치도 서귀포시 법환동 [illegible]
[illegible] 5층 605호

[5층 호 별 배 치 도, S = 1/200, N]

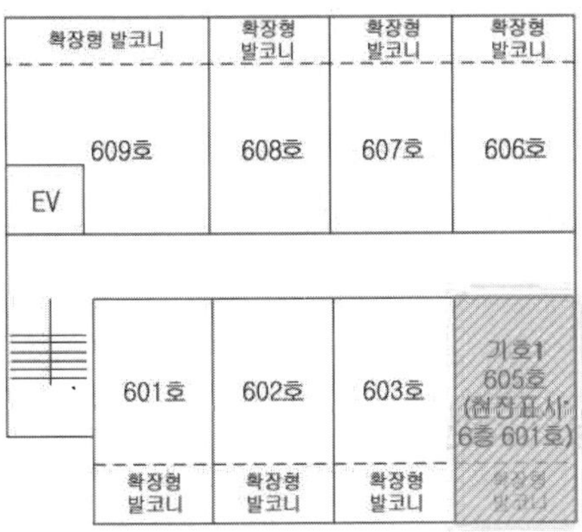

10. 주택도시보증공사 경매신청, HUG 임차권 인수조건변경

2023타경10** 수원지방법원 안양					
소재지	경기 안양시 **구 **동 *** 5층 501호				
물건종류	다세대주택	개시결정	2023.06.09	경매구분	강제경매
건물면적	52.1㎡(15.76평)	소유자	권**	감정가	297,000,000원
대지권	31.79㎡(9.619평)	채무자	권**	최저가	(51.2%) 152,064,000원
매각물건	건물전부, 토지전부	채권자	주택도시보증	입찰보증금	(10%) 15,206,400원

입찰 진행 내용

구분	매각기일	최저매각가격(원)	상태	매각 171,300,000원 (57.68%)
1차	2024-01-09	297,000,000	유찰	2025.06.12 : 매각결정기일 매각허가결정
2차	2025-03-25	190,080,000	유찰	2025.06.12 : 대금지급기한 / 2025.06.05 : 납부
3차	2025-04-22	152,064,000	매각	2025.07.16 : 배당기일

매각 물건 현황 가격시점 2023.06.19

목록		지번/토지이용계획/용도/구조/면적	감정가	비고
건물	1	**동 *** 5층 501호 건물 52.1㎡(15.76평)	207,900,000원	보존등기 2018.03.18
		대지권(대지) 138.8㎡ 중 31.799㎡(9.619평)	89,100,000원	
토지이용계획		도시지역/제1종일반주거지역/상대보호구역/대기관리권역/과밀억제권역		
비고		-신청채권자 겸 주택임차권의 승계인인 주택도시보증공사가 주택임차권의 우선변제권만 주장하고 대항력을 포기하며, 이 사건 배당에서 임차보증금 전액이 변제되지 않은 경우 매수인에 대하여 잔존 임대차보증금반환청구권을 포기하고 주택임차권등기를 말소하는 것에 동의한다는 확약서(2024.10.31.자)를 제출하므로 이를 조건으로 매각		

임차인 현황 말소기준권리일 2021-04-19 **소액임차인기준일** 2021-04-09 **배당요구종구일** 2023-08-22

임차인/대항력		점유부분	전입/확정/배당	보증금/월세	분석	비고
조**	있음	주거용 전부	전입 : 2020-11-17 확정 : 2020-11-03 배당 : 2023-01-10	보증금 215,000,000원	순위배당 있음 미배당 보증금 매수인 인수	임차권 등기자
주택도시 보증공사	있음	주거용 전부 2020.11.17 ~	전입 : 2020-11-17 확정 : 2020-11-03 배당 : 2023-01-10	보증금 215,000,000원	순위배당 있음 미배당 보증금 매수인 인수	임차인, 경매신청인
기타사항	* 현황조사차 방문하였으나 폐문으로 소유자 및 점유자 등을 만나지 못하여 점유관계를 확인할 수 없었음.(안내문 부착) * 전입세대확인서에 `해당주소의 세대주가 존재하지 않음`으로 기재되어 있음. * 주택도시보증공사(임차인 조**) : 채권자 주택도시보증공사는 임차인 조**의 임대차 보증금 채권의 승계인 임					

등기부 현황(집합)

접수일	등기목적	권리자	채권금액(원)	기타등기사항	소멸여부
2020.12.18	소유권이전	권**		매매:거래가액:215,000,000원	
2021.04.19	근저당권	㈜**투자개발	1,800,000,000	말소기준권리	소멸
2022.11.17	가압류	주택도시보증공사	3,286,000,000		소멸
2023.01.10	주택임차권	조**	215,000,000	전입:2020.11.17 확정:2020.11.03	
2023.01.10	압류	인천세무서장			소멸
2023.06.09	강제경매	주택도시보증공사	220,0261		소멸

2023타경10** 수원지방법원 안양					
소재지	경기 안양시 **구 **동 *** 5층501호				
물건종류	다세대주택	개시결정	2023.06.09	경매구분	강제경매
건물면적	52.1㎡(15.76평)	소유자	권**	감정가	297,000,000원
대지권	31.79㎡(9.619평)	채무자	권**	최저가	(51.2%) 152,064,000원
매각물건	건물전부, 토지전부	채권자	주택도시보증	입찰보증금	(10%) 15,206,400원

경기도 안양에 있는 다세대주택이 경매로 매각되었습니다. 감정가 297,000,000원인데 152,064,000원이 최저매각가격입니다. 입찰보증금은 최저가의 10%인 15,206,400원입니다. 5명이 입찰하였습니다. 감정가의 57.68%인 171,300,000원에 매각되었습니다.

구분	매각기일	최저매각가격(원)	상태	매각 171,300,000원 (57.68%)
1차	2024-01-09	297,000,000	유찰	2025.06.12 : 매각결정기일 매각허가결정
2차	2025-03-25	190,080,000	유찰	2025.06.12 : 대금지급기한 / 2025.06.05 납부
3차	2025-04-22	152,064,000	매각	2025.07.16 : 배당기일

채권자는 주택도시보증공사, 경매종류는 강제경매입니다. 강제경매는 집행근원 즉 판결문을 가지고 경매신청한 것을 말합니다.

등기부 현황(집합)

접수일	등기목적	권리자	채권금액(원)	기타등기사항	소멸여부
2020.12.18	소유권이전	권**		매매:거래가액:215,000,000원	
2021.04.19	근저당권	㈜**투자개발	1,800,000,000	말소기준권리	소멸
2022.11.17	가압류	주택도시보증공사	3,286,000,000		소멸
2023.01.10	주택임차권	조**	215,000,000	전입:2020.11.17 확정:2020.11.03	소멸
2023.01.10	압류	인천세무서장			소멸
2023.06.09	강제경매	주택도시보증공사			소멸

등기부 등본에 대한 권리분석입니다. 등기부 등본상 등기된 근저당권, 가압류, 압류, 강제경매는 경매로 인한 매각으로 말소됩니다.

등기부 현황(집합), 전입, 확정일자

접수일	등기목적	권리자	채권금액(원)	기타등기사항	소멸여부
2020.11.03	확정일자	조**			
202011.17	전입	조**	215,000,000		
2020.12.18	소유권이전	권**		매매:거래가액:215,000,000원	
2021.04.19	근저당권	㈜**투자개발	1,800,000,000	말소기준권리	소멸
2022.11.17	가압류	주택도시보증공사	3,286,000,000		소멸
2023.01.10	주택임차권	조**	215,000,000	전입:2020.11.17 확정:2020.11.03	소멸
2023.01.10	압류	인천세무서장			소멸
2023.06.09	강제경매	주택도시보증공사			소멸

주택임차권은 경매로 말소되지 않습니다. 최선순위 설정 2021년 4월 19일 근저당권보다 전입일 이

먼저인 2020년 11월 17일입니다. 임차인의 대항력 발생시기는 2020년 11월 18일 0시입니다. 경매로 인한 매각으로 임차권은 소멸되지 않습니다. 이런 임차인을 대항력 있는 임차인이라고 합니다.

등기부 현황(집합), 전입, 확정일자

접수일	등기목적	권리자	채권금액(원)	기타등기사항	소멸여부
2020.11.03	확정일자	조**			
2020.11.17	전입	조**	215,000,000		
2020.12.18	소유권이전	권**		매매:거래가액:215,000,000원	
2021.04.19	근저당권	㈜**투자개발	1,800,000,000	**말소기준권리**	소멸
2022.11.17	가압류	주택도시보증공사	3,286,000,000		소멸
2023.01.10	주택임차권	조**	215,000,000	전입:2020.11.17 확정:2020.11.03	소멸
2023.01.10	압류	인천세무서장			소멸
2023.06.09	강제경매	주택도시보증공사			소멸

임차인은 확정일자를 2020년 11월 3일 받았습니다. 주택임대차보호법 제3조의2제2항에 의해 대항요건과 임대차계약증서상의 확정일자를 갖춘 임차인은 「민사집행법」에 따른 경매 또는 「국세징수법」에 따른 공매를 할 때에 임차주택(대지를 포함한다)의 환가대금에서 후순위권리자나 그 밖의 채권자보다 우선하여 보증금을 변제받을 권리가 있습니다. 전입신고를 2020년 11월 17일 하였기 때문에 대항요건와 확정일자를 갖춘 시기는 2020년 11월 18일 0시입니다.

임차인 현황 말소기준권리일 2021-04-09 **소액임차인기준일** 2021-04-09 **배당요구종구일** 2023-08-22

임차인/대항력		점유부분	전입/확정/배당	보증금/월세	분석	비고
조**	있음	주거용 전부	전입 : 2020-11-17 확정 : 2020-11-03 배당 : 2023-01-10	보증금 215,000,000원	순위배당 있음 미배당 보증금 매수인 인수	임차권 등기자
주택도시 보증공사	있음	주거용 전부 2020.11.17 ~	전입 : 2020-11-17 확정 : 2020-11-03 배당 : 2023-01-10	보증금 215,000,000원	순위배당 있음 미배당 보증금 매수인 인수	임차인, 경매신청인
기타사항	* 현황조사차 방문하였으나 폐문으로 소유자 및 점유자 등을 만나지 못하여 점유관계를 확인할 수 없었음.(안내문 부착) * 전입세대확인서에 `해당주소의 세대주가 존재하지 않음`으로 기재되어 있음. * 주택도시보증공사 (임차인 조**) : 채권자 주택도시보증공사는 임차인 조**의 임대차 보증금 채권의 승계인 임					

비고	-신청채권자 겸 주택임차권의 승계인인 주택도시보증공사가 주택임차권의 우선변제권만 주장하고 대항력을 포기하며, 이 사건 배당에서 임차보증금 전액이 변제되지 않은 경우 매수인에 대하여 잔존 임대차보증금반환청구권을 포기하고 주택임차권등기를 말소하는 것에 동의한다는 확약서(2024.10.31.자)를 제출하므로 이를 조건으로 매각

주택도시보증공사는 임차인과 전세금반환보증 상품을 계약하였습니다. 주택도시보증공사는 주택도시기금법 제16조에 설립 근거를 두고 있는 공공기관운영법상 준시장형 공기업으로서 주택도시금법, 시행령에 따라서 각종 보증업무를 수행하고 있습니다. 채권자인 주택도시보증공사는 전세금반환보

증 상품을 운용하고 있는바. 이 상품은 전세계약 종료시 임대인이 임차인에게 반환해야 하는 전세보증금의 반환을 책임지는 보증상품입니다.

전세금반환보증 계약은 채권자가 정한 전세금안심대출보증약관 내지 전세보증금반환보증약관상 전세보증금반환 대상입니다. 약관에 따라서 전세금반환보증 상품에 계약한 보증채권자들은 주택임대차법상 우선변제권이 인정되는 한 계약해지 또는 종료 후 1월까지 전세보증금을 돌려받지 못했을 경우 2개월 내에 주택임차권등기를 마친 다음 채권자를 상대로 보증채무 이행으로써 채무자로부터 돌려받지 못한 전세보증금의 지급을 구할 권리가 있습니다.

임대차기간이 종료됨에도 임대인이 전세보증금을 지급하지 못하자 임차인은 주택보증공사에 보증이행을 청구함에 따라 주택도시보증공사는 그 이행을 모두 완료하였습니다.

임대차계약(20.11.17-22.11.16) ≫ 허그와 전세금안심보증약정 내지 전세보증금반환보증 약정 체결(계약 해지 또는 종료 후 1월까지 전세보증금을 돌려받지 못했을 경우 2개월 내에 주택임차권등기를 마친 다음 채권자를 상대로 보증채무 이행으로써 채무자로부터 돌려받지 못한 전세보증금의 지급을 구할 권리 있음 ≫ 양도계약(2020.11.02.) ≫ 허그 채무자에게 양도 통지 ≫ 계약 종료 ≫ 임차인 임차권등기(23.01.10) ≫ 채무자에게 대위변제 이행 이전에 이미 전세보증금반환보증 보증채무 이행 예고 통지서 발송 ≫ 대위변제(23.03.16) ≫ 허그는 대위변제 이후에도 전세보증금반환보증 대위변제에 따른 구상금 채무 상환 청구서 발송 보증채무이행금 상환 촉구 ≫ 채무자는 대위변제한 금원을 변제하지 않음 ≫ 구상금에 대한 지급명령 신청(23.04.05) ≫ 지급명령(23.04.10) ≫ 정본송달(23.05.04) ≫ 확정(23.05.18) ≫ 강제경매개시결정(23.03.06.09) ≫ 2024.10.31. 허그 확약서 제출(우선변제권만 주장하고 대항력 포기)

신청채권자 겸 주택임차권의 승계인인 주택도시보증공사가 주택임차권의 우선변제권만 주장하고 대항력을 포기하며, 이 사건 배당에서 임차보증금 전액이 변제되지 않은 경우 매수인에 대하여 잔존 임대차보증금반환청구권을 포기하고 주택임차권등기를 말소하는 것에 동의한다는 확약서(2024.10.31.자)를 제출하므로 이를 조건으로 매각함으로써 주택임차권은 소멸됩니다.

임차인은 허그로부터 임대차보증금을 반환받고 전출하였습니다. 이 주택의 전입세대주는 없습니다.

현황조사보고서 : 조사일시 2023년 6월 15일 10시 45분

◆ 임대차정보

번호	소재지	임대차관계
1	경기도 안양시 **구 **로 **번길 5층501호	0명

◆ 부동산의 현황 및 점유관계조사서

1. 부동산의 점유관계

소재지	경기도 안양시 **구 **로 **번길 5층 501호
점유관계	미상
기타	▷ 본건 목적물에 수차례 방문하였으나 폐문부재하여 소유자 및 점유자등을 만나지 못하여 점유관계를 확인할 수 없었음 ▷ 별지 전입세대확인서에 '해당주소의 세대주가 존재하지 않음'으로 기재되어 있음

전입세대확인서(동거인포함)

발급번호		발급일자	
말소자 또는 거주불명 등록된 사람의 표기 여부		표기됨 ■ / 표기되지 않음 □	
열람 또는 교부 대상 건물 또는 시설 소재지	도로명 주소	경기도 안양시 구 번길 25. 501호 ( )	
	지번 주소		

세대순번	세대주 / 최초 전입자	성명 / 전입일자 / 등록구분 / 최초 전입자의 전입일자	동거인 사항	순번	성명	전입일자	등록구분
해당주소의 세대주가 존재하지 않음.							

「주민등록법」 제29조의2제1항 및 같은 법 시행규칙 제14조제1항에 따라 해당 건물 또는 시설의 소재지에 주민등록이 되어 있는 세대가 위와 같음을 증명합니다.

등기부 등본입니다.

등기사항전부증명서(말소사항 포함)
- 집합건물 -

고유번호 1341-

[집합건물] 경기도 안양시 구 동 제5층 제501호

【 표 제 부 】 (1동의 건물의 표시)

표시번호	접 수	소재지번,건물명칭 및 번호	건 물 내 역	등기원인 및 기타사항
1	2018년3월14일	경기도 안양시 구 동 [도로명주소] 경기도 안양시 구	철근콘크리트구조 경사지붕 5층 단지형다세대주택(7세대) 1층 11.61㎡ 2층 70.97㎡ 3층 70.97㎡ 4층 68.21㎡ 5층 54.06㎡	

(대지권의 목적인 토지의 표시)

표시번호	소 재 지 번	지 목	면 적	등기원인 및 기타사항
1	1. 경기도 안양시 구 동	대	138.8㎡	2018년3월14일 등기

【 표 제 부 】 (전유부분의 건물의 표시)

표시번호	접 수	건 물 번 호	건 물 내 역	등기원인 및 기타사항
1	2018년3월14일	제5층 제501호	철근콘크리트구조 52.1㎡	

(대지권의 표시)

표시번호	대지권종류	대지권비율	등기원인 및 기타사항
1	1 소유권대지권	138.8분의 31.799	2018년3월9일 대지권 2018년3월14일 등기

[집합건물] 경기도 안양시

【 갑 구 】 (소유권에 관한 사항)				
순위번호	등 기 목 적	접 수	등 기 원 인	권리자 및 기타사항
1	소유권보존	2018년3월14일 제30937호		소유자 한 6 -******* 경기도 안양시
2	소유권이전	2018년3월14일 제30939호	2018년3월14일 신탁	수탁자 주식회사생보부동산신탁 110111-1617434 서울특별시 강남구 테헤란로 424(대치동,삼성생명대치타워)
	~~신탁~~			~~신탁원부 제2018-3455호~~
3	소유권이전	2019년11월20일 제130291호	2019년11월20일 신탁재산의귀속	소유자 한 6 -******* 경기도 안양시 501호(박달동)
	2번신탁등기말소		신탁재산의귀속	
4	소유권이전	2019년11월20일 제130292호	2019년11월20일 신탁	수탁자 ~~주식회사생보부동산신탁~~ 110111-1617434 서울특별시 강남구 테헤란로 424(대치동,삼성생명대치타워)
	~~신탁~~			~~신탁원부 제2019-10132호~~
4-1	4번등기명의인표시변경	2020년11월16일 제160999호	2020년1월22일 상호변경	주식회사생보부동산신탁의 성명(명칭) 교보자산신탁주식회사
5	소유권이전	2020년11월17일 제161363호	2020년11월17일 신탁재산의귀속	소유자 한 6 -******* 경기도 안양시
	4번신탁등기말소		신탁재산의귀속	
6	소유권이전	2020년12월18일 제174402호	2020년12월1일 매매	소유자 권 8 -******* 인천광역시 506호 ( ) 거래가액 금215,000,000원
6-1	민간임대주택등기		2020년12월15일	이 주택은 민간임대주택에 관한 특별법

[집합건물] 경기도 안양시 만안구

순위번호	등 기 목 적	접 수	등 기 원 인	권리자 및 기타사항
			민간임대주택 등록	제43조제1항에 따라 임대사업자가 임대의무기간 동안 계속 임대해야 하고 같은 법 제44조의 임대료 증액기준을 준수해야 하는 민간임대주택임 2020년12월18일 부기
7	가압류	2022년11월17일 제114776호	2022년11월17일 부산지방법원 동부지원의 가압류 결정(2022카단105[illegible])	청구금액 금3,286,000,000 원 채권자 주택도시보증공사 184371-0003123 부산광역시 남구 문현금융로 40 (문현동,부산국제금융센터) (서울동부관리센터)
8	압류	2023년2월10일 제12460호	2023년2월10일 압류(체납징세과-티13[illegible])	권리자 국 처분청 인천세무서장
9	강제경매개시결정	2023년6월9일 제53269호	2023년6월9일 수원지방법원 안양지원의 강제경매개시결정(2023타경[illegible])	채권자 주택도시보증공사 184371-0003123 부산 남구 문현금융로 40 (문현동, 부산국제금융센터) (서울동부관리센터)

【 을 구 】 (소유권 이외의 권리에 관한 사항)

순위번호	등 기 목 적	접 수	등 기 원 인	권리자 및 기타사항
1	근저당권설정	2021년4월19일 제53131호	2021년4월16일 설정계약	채권최고액 금1,800,000,000원 채무자 김[illegible] 대전광역시 중구 [illegible] 근저당권자 주식회사[illegible] 171411-[illegible] 경상북도 [illegible] 공동담보목록 제2021-207호
2	주택임차권	2023년1월10일 제2074호	2022년12월5일 수원지방법원 안양지원의 임차권등기명령 (2022카임10[illegible]	임차보증금 금215,000,000원 범 위 전유부분 전부 임대차계약일자 2020년10월31일 주민등록일자 2020년11월17일 점유개시일자 2020년11월17일

[집합건물] 경기도 안양시

순위번호	등 기 목 적	접 수	등 기 원 인	권리자 및 기타사항
			)	확정일자 2020년11월3일 임차권자 조 9 -******* 경기도 안양시 501호
2-1				2번 등기는 건물만에 관한 것임 2023년1월10일 부기

이 주택은 민간임대주택에 관한 특별법 제43조(임대의무기간 및 양도 등)제1항에 의하면 임대사업자는 임대의무기간 동안 민간임대주택을 계속 임대하여야 하며, 임대의무 기간이 지나지 아니하면 이를 양도할 수 없다고 규정하고 있습니다. 다만, 임의경매로 매각된 경우 자의로 매각한 것이 아니므로 임대의무기간내 매각금지를 위반한 것을 볼 수 없으며, 경락 받은 자 또한 임대사업자 등록의무가 없습니다.

등기부 현황(집합), 전입, 확정일자

접수일	등기, 전입, 확정	권리자	채권금액(원)	기타등기사항	소멸여부
2018.03.14	소유권보존	한**		보존등기자, 건축주	
2018.03.14	소유권이전 신탁	생보부동산신탁			
2019.11.20	소유권이전(신탁말소)	한**			
2019.11.20	소유권이전(신탁)	생보부동산신탁			
2020.10.31	조** 임대차계약		215,000,000	계약기간 20.11.17-22.11.19	
2020.11.03	확정일자	조**			
2020.11.17	소유권이전(신탁말소)	한**			
2020.11.17	전입	조**			
2020.12.18 (2020.12.15)	소유권이전 (민간임대주택등록)	권**		매매:거래가액:215,000,000원 전세보증금 : 215,000,00원	
2021.04.19	근저당권	㈜**투자개발	1,800,000,000	**말소기준권리**	소멸
2022.11.17	가압류	주택도시보증공사	3,286,000,000		소멸
2023.01.10	주택임차권	조**	215,000,000	전입:2020.11.17 확정:2020.11.03	
2021.02.10	압류	인천세무서장			소멸
2023.06.09	강제경매	주택도시보증공사			소멸

매각물건명세서

사 건	2023타경10 부동산강제경매	매각 물건번호	1	작성 일자	2024.12.09	담임법관 (사법보좌관)	김)
부동산 및 감정평가액 최저매각가격의 표시	별지기재와 같음	최선순위 설정	2021. 4. 19. 근저당			배당요구종기	2023.08.22

부동산의 점유자와 점유의 권원, 점유할 수 있는 기간, 차임 또는 보증금에 관한 관계인의 진술 및 임차인이 있는 경우 배당요구 여부와 그 일자, 전입신고일자 또는 사업자등록신청일자와 확정일자의 유무와 그 일자

점유자 성명	점유 부분	정보출처 구분	점유의 권원	임대차기간 (점유기간)	보증금	차임	전입신고 일자·외국인 등록(체류지 변경신고)일자·사업자등록신청일자	확정일자	배당 요구여부 (배당요구일자)
조	전유부분 전부	등기사항 전부증명서	주거 임차권자	2020.11.17.	215,000,000		2020.11.17	2020.11.03	
주택도시보증공사 (임차인 조)	전부	권리신고	주거 임차인	2020.11.17 ~	215,000,000		2020.11.17	2020.11.03	2023.06.29

<비고>

주택도시보증공사 (임차인 조):채권자 주택도시보증공사는 임차인 조 의 임대차 보증금 채권의 승계인 임

※ 최선순위 설정일자보다 대항요건을 먼저 갖춘 주택·상가건물 임차인의 임차보증금은 매수인에게 인수되는 경우가 발생 할 수 있고, 대항력과 우선변제권이 있는 주택·상가건물 임차인이 배당요구를 하였으나 보증금 전액에 관하여 배당을 받지 아니한 경우에는 배당받지 못한 잔액이 매수인에게 인수되게 됨을 주의하시기 바랍니다.

등기된 부동산에 관한 권리 또는 가처분으로 매각으로 그 효력이 소멸되지 아니하는 것

매각에 따라 설정된 것으로 보는 지상권의 개요

비고란

신청채권자 겸 주택임차권의 승계인인 주택도시보증공사가 주택임차권의 우선변제권만 주장하고 대항력을 포기하며, 이 사건 배당에서 임대차보증금이 전액 변제되지 않은 경우 매수인에 대하여 잔존 임대차보증금반환청구권을 포기하고 주택임차권등기를 말소하는 것에 동의한다는 확약서(2024.10.31.자)를 제출하므로 이를 조건으로 매각

주1 : 매각목적물에서 제외되는 미등기건물 등이 있을 경우에는 그 취지를 명확히 기재한다.

2 : 매각으로 소멸되는 가등기담보권, 가압류, 전세권의 등기일자가 최선순위 저당권등기일자보다 빠른 경우에는 그 등기일자를 기재한다.

등기된 부동산에 관한 권리 또는 가처분으로 매각으로 그 효력이 소멸되지 아니하는 것

등기부 등본의 근저당권, 가압류, 압류, 강제경매는 경매로 소멸됩니다. 주택임차권은 잔존 임대차 보증금반환청구권을 포기하고 말소하는 것에 동의 따라서 주택임차권도 소멸합니다.

권리분석

1. 등기부등본 분석
   ① 최선순위 설정 (말소기준권리) : 근저당권
   ② 등기부상 인수하는 권리 : 없음
2. 점유자 : 없음

낙찰 후 등기부 등본입니다.

등기사항전부증명서(말소사항 포함)
- 집합건물 -

고유번호 1341-2018-[illegible]

[집합건물] 경기도 안양시 [illegible] 제5층 제501호

【 표 제 부 】 (1동의 건물의 표시)

표시번호	접 수	소재지번,건물명칭 및 번호	건 물 내 역	등기원인 및 기타사항
1	2018년3월14일	경기도 안양시 [illegible] [도로명주소] 경기도 안양시 [illegible]	철근콘크리트구조 경사지붕 5층 단지형다세대주택(7세대) 1층 11.61㎡ 2층 70.97㎡ 3층 70.97㎡ 4층 68.21㎡ 5층 54.06㎡	

(대지권의 목적인 토지의 표시)

표시번호	소 재 지 번	지 목	면 적	등기원인 및 기타사항
1	1. 경기도 안양시 만안구 [illegible]	대	138.8㎡	2018년3월14일 등기

【 표 제 부 】 (전유부분의 건물의 표시)

표시번호	접 수	건 물 번 호	건 물 내 역	등기원인 및 기타사항
1	2018년3월14일	제5층 제501호	철근콘크리트구조 52.1㎡	

(대지권의 표시)

표시번호	대지권종류	대지권비율	등기원인 및 기타사항
1	1 소유권대지권	138.8분의 31.799	2018년3월9일 대지권 2018년3월14일 등기

열람일시 : 2025년08월15일 21시15분34초 발급확인번호 AAOJ-ALAJ-0365

1/5

[집합건물] 경기도 안양시 제5층 제501호

【 갑 구 】 (소유권에 관한 사항)				
순위번호	등 기 목 적	접 수	등 기 원 인	권리자 및 기타사항
1	소유권보존	2018년3월14일 제30937호		소유자 한 6 -******* 경기도 안양시
2	소유권이전	2018년3월14일 제30939호	2018년3월14일 신탁	수탁자 주식회사생보부동산신탁 110111-1617434 서울특별시 강남구 테헤란로 424(대치동,삼성생명대치타워)
	~~신탁~~			~~신탁원부 제2018-3455호~~
3	소유권이전	2019년11월20일 제130291호	2019년11월20일 신탁재산의귀속	소유자 한 6 -******* 경기도 안양시
	2번신탁등기말소		신탁재산의귀속	
4	소유권이전	2019년11월20일 제130292호	2019년11월20일 신탁	수탁자 ~~주식회사생보부동산신탁~~ 110111-1617434 서울특별시 강남구 테헤란로 424(대치동,삼성생명대치타워)
	~~신탁~~			~~신탁원부 제2019-10132호~~
4-1	4번등기명의인표시변경	2020년11월16일 제160999호	2020년1월22일 상호변경	주식회사생보부동산신탁의 성명(명칭) 교보자산신탁주식회사
5	소유권이전	2020년11월17일 제161363호	2020년11월17일 신탁재산의귀속	소유자 한 6 -******* 경기도 안양시
	4번신탁등기말소		신탁재산의귀속	
6	소유권이전	2020년12월18일 제174402호	2020년12월1일 매매	소유자 권 8 -******* 인천광역시 506호 거래가액 금215,000,000원
~~6-1~~	~~민간임대주택등기~~		~~2020년12월15일~~	~~이 주택은 민간임대주택에 관한 특별법~~

[집합건물] 경기도 안양시 [illegible] 제5층 제501호

순위번호	등 기 목 적	접 수	등 기 원 인	권리자 및 기타사항
			민간임대주택 등록	제43조제1항에 따라 임대사업자가 임대의무기간 동안 계속 임대해야 하고 같은 법 제44조의 임대료 증액기준을 준수해야 하는 민간임대주택임 2020년12월18일 부기
7	가압류	2022년11월17일 제114776호	2022년11월17일 부산지방법원 동부지원의 가압류 결정(2022카단1058[illegible])	청구금액 금3,286,000,000 원 채권자 주택도시보증공사 184371-0003123 부산광역시 남구 문현금융로 40 (문현동,부산국제금융센터) (서울동부관리센터)
8	압류	2023년2월10일 제12460호	2023년2월10일 압류(체납징세과-터133[illegible])	권리자 국 처분청 인천세무서장
9	강제경매개시결정	2023년6월9일 제53269호	2023년6월9일 수원지방법원 안양지원의 강제경매개시결정(2023타경1[illegible])	채권자 주택도시보증공사 184371-0003123 부산 남구 문현금융로 40 (문현동, 부산국제금융센터) (서울동부관리센터)
10	압류	2024년5월20일 제54713호	2024년5월20일 압류(세무과-0066[illegible])	권리자 안양시 3114 처분청 만안구청장
11	압류	2025년4월30일 제2055657호	2025년4월30일 압류(38세금징수과-12[illegible])	권리자 서울특별시 411
12	소유권이전	2025년6월5일 제2824083호	2025년6월5일 강제경매로 인한 매각	소유자 김[illegible] 7[illegible]-******* 경기도 용인시 [illegible]
13	6-1번민간임대주택, 7번가압류, 8번압류, 9번강제경매개시결정, 10번압류, 11번압류등기말소	2025년6월5일 제2824083호	2025년6월5일 강제경매로 인한 매각	

순위번호	등 기 목 적	접 수	등 기 원 인	권리자 및 기타사항
14	소유권이전	2025년6월5일 제2824085호	2025년6월5일 신탁	수탁자 대한토지신탁주식회사 110111-1492513 서울특별시 강남구 영동대로 517, 26층,33층 (삼성동,아셈타워)
	신탁			신탁원부 제2025-150619호
14-1	신탁주의사항			이 부동산에 관하여 임대차 등의 법률행위를 하는 경우에는 등기사항증명서 뿐만 아니라 등기기록의 일부인 신탁원부를 통하여 신탁의 목적, 수익자, 신탁재산의 관리 및 처분에 관한 신탁 조항 등을 확인할 필요가 있음 2025년6월5일 부기

【 을 구 】 (소유권 이외의 권리에 관한 사항)				
순위번호	등 기 목 적	접 수	등 기 원 인	권리자 및 기타사항
~~1~~	~~근저당권설정~~	~~2021년4월19일~~ ~~제53131호~~	~~2021년4월16일~~ ~~설정계약~~	~~채권최고액 금1,800,000,000원~~ ~~채무자 김~~ ~~대전광역시 중구~~ ~~903호~~ ~~근저당권자 주식회사~~ ~~171411-~~ ~~경상북도~~ ~~공동담보목록 제2021-207호~~
2	~~주택임차권~~	~~2023년1월10일~~ ~~제2074호~~	~~2022년12월5일~~ ~~수원지방법원~~ ~~안양지원의~~ ~~임차권등기명령~~ ~~(2022카임10179)~~	~~임차보증금 금215,000,000원~~ ~~범 위 전유부분 전부~~ ~~임대차계약일자 2020년10월31일~~ ~~주민등록일자 2020년11월17일~~ ~~점유개시일자 2020년11월17일~~ ~~확정일자 2020년11월3일~~ ~~임차권자 조 9-*******~~ ~~경기도 안양시~~ ~~501호(~~
~~2-1~~				~~2번 등기는 건물만에 관한 것임~~ ~~2023년1월10일 부기~~
3	1번근저당권설정, 2번주택임차권등기 말소	2025년6월5일 제2824083호	2025년6월5일 강제경매로 인한 매각	

[집합건물] 경기도 안양시 [blurred] 제5층 제501호

순위번호	등 기 목 적	접 수	등 기 원 인	권리자 및 기타사항
4	근저당권설정	2025년6월5일 제2824084호	2025년5월28일 설정계약	채권최고액 금10,000,000원 채무자 김[blurred] 경기도 용인시 [blurred] 906호 ([blurred]) 근저당권자 경기시흥신용협동조합 134141-0002403 경기도 시흥시 은계번영길 1, 109호 (은행동, 태산더블유타워)

-- 이 하 여 백 --

관할등기소 수원지방법원 안양지원 안양등기소

* 실선으로 그어진 부분은 말소사항을 표시함.
* 기록사항 없는 갑구, 을구는 '기록사항 없음'으로 표시함.
* 증명서는 컬러 또는 흑백으로 출력 가능함.
* 본 등기사항증명서는 열람용이므로 출력하신 등기사항증명서는 법적인 효력이 없습니다.

열람일시 : 2025년08월15일 21시15분34초 **발급확인번호 AAOJ-ALAJ-0365**

11. 선순위 전세권설정 등기한 임차인이 강제경매 신청

2021타경7** 대구지방법원 안동					
소재지	경북 안동시 **동 ** **아파트 2**동 608호				
물건종류	아파트	사건접수	2021.04.22	경매구분	강제경매
건물면적	59.4㎡(17.97평)	소유자	김**	감정가	71,000,000원
대지권	46㎡(13.92평)	채무자	김**	최저가	(24%) 17,047,000원
매각물건	건물전부, 토지전부	채권자	박**	입찰보증금	(10%) 1,704,700원

입찰 진행 내용

구분	매각기일	최저매각가격(원)	상태	
1차	2022-05-09	71,000,000	유찰	**매각 71,000,000원 (100%)** 2022.10.14 : 매각결정기일 매각허가결정 2022.11.21 : 대금지급기한 / 2022.11.21 납부 2022.11.21 : 배당기일
입찰변경	2022-06-18	49,700,000	변경	
2차	2022-07-04	49,700,000	유찰	
3차	2024-08-08	34,790,000	유찰	
4차	2022-09-05	24,353,000	유찰	
5차	2022-10-07	17,047,000	매각	

매각 물건 현황 가격시점 2021.05.04

목록		지번/토지이용계획/용도/구조/면적	감정가(원)	비고
건물	1	**동 *** **아파트 2**동 6층 608호 총 15층 중 6층 건물 59.4㎡(17.97평)	38,340,000	보존등기 1997.06.28
		대지권(대지) 88692㎡ 중 46㎡(13.92평)	32,660,000	
감정가			71,000,000	
토지이용계획		제2종일반주거지역/공장설립제한지역/중로3류(접합)/소로3류(접합)/상대보호구역		
비고		-매수인에게 대항할 수 있는 임차인이 있음(임대차보증금 87,000,000원, 전입일 2014.09.15., 확정일자 2016.09.20.) 배당에서 보증금이 전액 변제되지 않으면 잔액을 매수인이 인수함		

임차인 현황 말소기준권리일 2014-08-28 **소액임차인기준일** 2014-08-28 **배당요구종구일** 2021-07-05

임차인/대항력		점유부분	전입/확정/배당	보증금/월세	분석	비고
박**	있음	전부/주거	전입 : 2014-09-15 확정 : 2016-09-20 배당 :	보증금 87,000,000원	순위 배당 있음	전세권자 경매신청채권자

전입세대 / 관리비 체납

전입세대	관리비 체납내역
전입 박** 2014.09.15	-체납액 3,000,000원 -확인일자 2022.04.25. 전기수도포함가스별도

등기부 현황(집합)

접수일자	등기목적	권리자	채권금액(원)	기타등기사항	소멸여부
2012.08.23	소유이전	김**	84,000,000	전소유자 : 홍** 매매(2012.06.22.)	인수
2014.08.28	전세권	박**	87,000,000	**말소기준권리**	소멸
2021.04.27.	강제경매	박**	청구금액 91,860,081	20221경***	소멸

소재지	경북 안동시 **동 ** **아파트 2**동 608호				
물건종류	아파트	사건접수	2021.04.22	경매구분	강제경매
건물면적	59.4㎡(17.97평)	소유자	김**	감정가	71,000,000원
대지권	46㎡(13.92평)	채무자	김**	최저가	(24%) 17,047,000원
매각물건	건물전부, 토지전부	채권자	박**	입찰보증금	(10%) 1,704,700원

입찰 진행 내용

구분	매각기일	최저매각가격(원)	상태	
1차	2022-05-09	71,000,000	유찰	**매각 71,000,000원 (100%)**
입찰변경	2022-06-18	49,700,000	변경	2022.10.07 : 최고가매수신고인 채권 상계 신청서 제출
2차	2022-07-04	49,700,000	유찰	2022.10.14 : 매각결정기일 매각허가결정
3차	2024-08-08	34,790,000	유찰	2022.11.21 : 대금지급기한
4차	2022-09-05	24,353,000	유찰	2022.11.21 : 배당기일
5차	2022-10-07	17,047,000	매각	

아파트 경매입니다. 감정가 71,000,000원인데 최저입찰가격이 17,047,000원으로 감정가격의 24%입니다. 경매종류는 강제경매입니다. 강제경매는 판결문 즉 집행근원에 의한 강제경매입니다. 최고가매수신고가격은 71,000,000원입니다.

등기부 현황(집합)

접수일자	등기목적	권리자	채권금액(원)	기타등기사항	소멸여부
2012.08.23	소유이전	김**	84,000,000	전소유자 : 홍*숙 매매(2012.06.22.)	인수
2014.08.28	전세권	박**	87,000,000	**말소기준권리**	소멸
2021.04.27.	강제경매	박**	청구금액 91,860,081	20221경***	소멸

임차인/대항력		점유부분	전입/확정/배당	보증금/월세	분석	비고
박**	있음	전부/주거	전입 : 2014-09-15 확정 : 2016-09-20 배당 :	보증금 87,000,000(원)	순위 배당 있음	전세권자 경매신청채권자

박씨는 전세기간을 2018년 8월26일까지 2년, 전세보증금 8,700만원으로 하는 공동주택 전세계약을 체결하였고, 보증금 8,700만원 전액을 지급하고 전세주택에 입주하면서 전세권설정 등기도 마쳤습니다.

2년의 전세기간이 경과하였으나, 쌍방이 아무런 의사표시가 없어 묵시의 갱신을 하게 되어 전세기간은 2020년 8월 26일이 되었습니다. 박씨는 임대인에게 2020년 3월경 이사를 하기로 예정하고 3월말경부터 임대인에게 전화를 수차례 하였으나 전화를 받지 아니하였습니다. 이에 박씨는 임대인에게 "이사를 가게 되었으니 전세계약을 동연 8월 26일까지만 하고 그전이라도 전세보증금을 반환해달라"는 문자를 수십 차례 발송하였습니다. 임대인은 문자로 "기간 만료 전에 전세보증금을 반환하기는 곤란하니 임차인이 대신 세입자를 구하든지, 현 시세보다 비싼 9,000만원에 매물로 내보라"는 답을 하였습니다. 박씨는 수십차례 문자를 하였으나 딱 한번 "기간만료전 보증금반환은 힘들다"는 문자가 왔습니다.

그러나 2020년 5월 27일 "만기 전에 전세금 달라면 누가 주느냐, 내 전화기 꺼져 있는 게 자유 아냐"는 시비투의 문자를 마지막으로 더 이상 연락이 되지 아니 하였습니다. 박씨는 할수 없이

2020년 6월말경 이사를 하여 전세목적물의 인도의무를 이행하였습니다.

기간만료 이후에도 여러 차례 전세금반환 통지 내용증명을 보냈습니다. 임대인의 주소지가 달라져 송달되지 못했고, 새로운 주소를 탐문하여 보냈으나 송달이 되지 못했습니다. 박씨는 2020년 3월말경부터 수십차례 전세계약해지 의사표시를 문자로 통보하였고, 전세기간도 만료하였으며, 전세목적물의 인도의무도 이행을 하였으므로 전세보증금 8,700원을 반환할 의무가 있다 할 것입니다. 수차례 독촉에도 불구하고 전세보증금을 반환하지 아니하고 있으므로 전세기간만료일 다음날부터 소장 송달일까지는 연 6%의, 그 다음날부터 완제일까지 연 12%이 각 비율로 계산한 지연 손해금의 지급을 구하기 위하여 전세보증금 반환 소송을 하였습니다.

법원은 피고는 원고에게 87,000,000원 및 이에 대한 2020년 8월 27일부터 2020년 12월 19일까지는 연 6%, 그 다음날부터 다 갚는 날까지는 연 12%의 각 비율로 계산한 돈을 지급하라고 판결하였습니다. 전세권자 박씨가 전세보증금 반환 소송에서 판결받아 강제경매신청하였습니다. 전세권자이면서 임차인에 대한 판결은 다음과 같습니다.

주택에 관하여 임대차계약을 체결하고 임차인이 자신의 지위를 강화하기 위한 방편으로 따로 전세권설정계약서를 작성하고 전세권설정등기를 한 경우에, 따로 작성된 전세권설정계약서가 원래의 임대차계약서와 계약일자가 다르다고 하여도 계약당사자, 계약목적물, 및 보증금액(전세금액) 등에 비추어 동일성을 인정할 수 있다면 그 전세권설정계약서 또한 원래의 임대차계약에 관한 증서로 볼 수 있고, 등기필증에 찍힌 등기관의 접수인은 첨부된 등기원인계약서에 대하여 민법 부칙 제3조 제4항 후단에 의한 확정일자 접수인에 해당하다고 할 것이므로, 이와 같은 전세권설정계약서가 첨부된 등기필증에 등기자에 해당한다고 할 것이므로, 위 같은 전세권설정계약서가 첨부된 등기필증에 등기관의 접수인이 찍혀 있다면 그 원래의 임대차에 관한 계약증서에 확정일자가 있는 것으로 본다(대법원 2001다51725). 주택에 관하여 최선순위로 전세권설정등기를 마치고 등기부상 새로운 이해관계인이 없는 상태에서 전세권설정계약과 계약당사자, 계약목적물 및 보증금(전세금액) 등에 있어서 동일성이 인정되는 임대차계약을 체결하여 주택임대차보호법상 대항요건을 갖추었다면, 전세권자로서의 지위와 주택임대차보호법상 대항력을 갖춘 임차인으로서의 지위를 함께 가지게 된다. 이러한 경우 전세권과 더불어 주택임대차보호법상의 대항력을 갖추는 것은 자신의 지위를 강화하기 위한 것이지 원래 가졌던 권리를 포기하고 다른 권리로 대체하려는 것은 아니라는 점, 자신의 지위를 강화하기 위하여 설정한 전세권으로 인하여 오히려 주택임대차보호법상의 대항력이 소멸된다는 것은 부당하다는 점, 동일인이 같은 주택에 대하여 전세권과 대항력을 함께 가지므로 대항력으로 인하여 전세권설정 당시 확보한 담보가치가 훼손되는 문제는 발생하지 않는다는 점 등을 고려하면, 최선순위 전세권자로서 배당요구를 하여 전세권이 매각으로 소멸되었다 하더라도 변제받지 못한 나머지 보증금에 기하여 대항력을 행사할 수 있고, 그 범위 내에서 임차주택의 매수인은 임대인의 지위를 승계한 것으로 보아야 한다(대법원 판례 2010다900).

등기부 현황(집합), 전입, 확정일자

접수일자	등기목적	권리자	채권금액(원)	기타등기사항	소멸여부
2012.08.23	소유이전	김**	84,000,000		인수
2014.08.28	전세권	박**	87,000,000	**말소기준권리**	소멸
2014.09.15	전입	박**			
2016.09.20	확정일자	박**			
2021.04.27.	강제경매	박**	청구금액 91,860,081	2021경***	소멸

법원은 최선순위 설정을 전세권으로 하고 경매로 인한 매각으로 그 효력이 소멸되지 아니 하는 것이 없다고 경매를 진행하였으며, 배당에서 보증금 전액이 배당되지 아니하면 잔액을 매수인이 인수한다는 조건으로 경매를 진행하였습니다.

매각물건명세서

사 건	2021타경 부동산강제경매	매각 물건번호	1	작성 일자	2022.06.17	담임법관 (사법보좌관)	윤
부동산 및 감정평가액 최저매각가격의 표시	별지기재와 같음	최선순위 설정	2014. 8. 28. 전세권			배당요구종기	2021.07.05

부동산의 점유자와 점유의 권원, 점유할 수 있는 기간, 차임 또는 보증금에 관한 관계인의 진술 및 임차인이 있는 경우 배당요구 여부와 그 일사, 전입신고일자 또는 사업자등록신청일자와 확정일자의 유무와 그 일자

점유자 성 명	점유 부분	정보출처 구 분	점유의 권 원	임대차기간 (점유기간)	보 증 금	차 임	전입신고 일자, 사업자등록 신청일자	확정일자	배당 요구여부 (배당요구일자)
박	전부	등기사항 전부증명서	주거 전세권자	2014.08.28~2016.08.27	87,000,000				
	1번 물건	현황조사	주거 점유자				2014.09.15		
	전부	권리신고	주거 점유자		87,000,000				

<비고>

박 :박 은 전세권자로서 전세권등기설정일 2014. 8. 28.임

※ 최선순위 설정일자보다 대항요건을 먼저 갖춘 주택·상가건물 임차인의 임차보증금은 매수인에게 인수되는 경우가 발생 할 수 있고, 대항력과 우선변제권이 있는 주택·상가건물 임차인이 배당요구를 하였으나 보증금 전액에 관하여 배당을 받지 아니한 경우에는 배당받지 못한 잔액이 매수인에게 인수되게 됨을 주의하시기 바랍니다.

등기된 부동산에 관한 권리 또는 가처분으로 매각으로 그 효력이 소멸되지 아니하는 것

매수인에게 대항할 수 있는 임차인이 있음.(임대차보증금 87,000,000원, 전입일 2014. 9. 15.,확정일자 2016. 9.20.) 배당에서 보증금이 전액 변제되지 않으면 잔액을 매수인이 인수함

매각에 따라 설정된 것으로 보는 지상권의 개요

비고란

매수인에게 대항할 수 있는 임차인이 있음.(임대차보증금 87,000,000원, 전입일 2014. 9. 15.,확정일자 2016. 9.20.) 배당에서 보증금이 전액 변제되지 않으면 잔액을 매수인이 인수함

주1 : 매각목적물에서 제외되는 미등기건물 등이 있을 경우에는 그 취지를 명확히 기재한다.

2 : 매각으로 소멸되는 가등기담보권, 가압류, 전세권의 등기일자가 최선순위 저당권등기일자보다 빠른 경우에는 그 등기일자를 기재한다.

전입세대 열람 내역(동거인포함)

행정기관 : 경기도 [blurred]

신청주소 : 경상북도 안동시 [blurred], [blurred]3동 [blurred]8호

순번	세대주성명	전입일자	등록구분	최초전입자	전입일자	등록구분	동거인수	동거인사항 순번	성명	전입일자	등록구분
	주소										
1	박 **	2014-09-15	거주자	박 **	2014-09-15	거주자					
	경상북도 안동시 [blurred], [blurred]3동 [blurred]8호 [blurred]동, [blurred]아파트)										

- 이하여백 -

전입세대 / 관리비 체납

전입세대	관리비 체납내역
전입 박** 2014.09.15	-체납액 3,000,000원 -확인일자 2022.04.25. 전기수도포함가스별도

관리비 체납액이 상당히 많습니다. 아파트 등 집합건물의 관리비는 공용관리비와 개별사용료 및 장기수선충당금입니다. 공용관리비는 청소비·경비비·소독비 등 공용부분을 관리하기 위한 비용으로 인건비가 대부분입니다. 개별사용료는 난방비·가스비·전기료·수도료 등 개별세대가 사용하는 각종 요금입니다. 대법원 판례 2001다8677에 의하면 아파트의 전 입주자가 체납한 관리비가 아파트 관리규약의 정함에 따라 그 특별승계인에게 승계되는지 여부에 대하여 공용부분에 한하여 승계된다고 합니다. 대법원 2004다3598, 3604 판례는 공용부분 관리비에 대한 연체료는 특별승계인에게 승계되는 관리비에 포함되지 않는다고 합니다. 미납된 관리비 중 공용관리비는 낙찰자가 부담합니다. 연체이자를 제외한 원금만 부담합니다.

권리분석

1. 등기부등본 분석 : ① 최선순위 설정(말소기준권리) : 전세권
   ② 등기부상 인수하는 권리 : 없음
2. 점유자 분석
   ① 선순위 전세권자 겸 대항력 있는 임차인이 전세권으로 판결받아 경매신청
   ② 대항력 있는 임차인으로 배당받지 못한 보증금 잔액 매수인이 인수
3. 체납관리비 중 공용관리비는 인수

임차인인 박씨가 최고가매수인입니다. 최고가매수인은 2022년 10월 7일 채권 상계 신청서 제출하였습니다. 배당기일이 2022년 11월 21일이며 2022년 11월 21일 배당종결되었습니다. 최고가매수인은 2022년 11월 22일 경매계에 부동산소유권이전등기촉탁신청서 제출하였습니다. 등기부 등본에는 2022년 11월 21일이 등기원인일이며 2022년 11월 29일 접수일로 소유권이전되었습니다. 경매로 인한 매각으로 강제경매개시결정은 말소되었고, 전세권설정등기 말소되었습니다.

12. 토지만 경매, 건물은 경매에서 제외, 법정지상권 성립 여지 있음

2019타경2**(2) 대전지방법원 홍성					
소재지	충남 홍성군 **면 **리 ***				
물건종류	대지	사건접수	2019.05.29	경매구분	임의경매
건물면적	0㎡	소유자	남**	감정가	61,200,000원
대지권	306㎡(92,57평)	채무자	남**	최저가	(70%) 42,840,000원
매각물건	토지전부	채권자	한국캐피탈	입찰보증금	(10%) 4,284,000원

입찰 진행 내용

구분	매각기일	최저매각가격	상태	**매각 55,153,900원(90%)**
1차	2019-10-29	61,200,000	유찰	2019.12.10 매각결정기일 매각허가결정
2차	2019-12-03	42,840,000	매각	2020.01.08 대금지급기한 / 2020.01.03 : 대금납부 2020.04.01 배당기일

매각 물건 현황 가격시점 2019.06.25

목록		지번/토지이용계획/용도/구조/면적	감정가	비고
토지	2	**리 *** 대지 306㎡(92.56평)	61,200,000 200,000(원/㎡)	[매각제외] 근린시설 118.8(89,100,000)=법정지상권성립여부불분명
토지이용계획		계획관리지역/가축사육제한구역		
비고		-제시외 건물 매각 제외(법정지상권 성립여부 불분명)		
부동산현황		-토지 위에는 제시외 건물(상가) 1채가 있으며 식당용도로 사용하고 있었으나 현재는 폐업상태로 문이 잠겨 있음 -채무자 남**이 점유하여 사용하고 있다고 휴대전화로 신술하였고, 경매 안내문을 출입문에 부착		

임차인 현황

임차인/대항력		점유부분	전입/확정/배당	보증금/월세	예상배당액 예상인수액	비고
남**		(현황서상)				
비고	-채무자(소유자)점유					

등기부 현황(토지)

접수일	등기목적	권리자	채권금액	기타등기사항	소멸여부
2014.07.24	근저당권	광천농협	60,000,000	**말소기준권리**	소멸
2017.09.27	소유권이전	남**		매매(2017.09.06.)	소멸
2018.06.08	근저당권	한국캐피탈	36,600,000		
2018.12.21	가압류	정*권	44,000,000		소멸
2018.06.01	가압류	케이캐피탈	11,449,562		소멸
2019.05.30	임의경매	한국캐피탈	청구금액 30,630,852		소멸
2019.06.18	가압류	서울보증보험	15,830,062		소멸
2019.07.11	가압류	경북신용보증재단	17,121,161		소멸

소재지	충남 홍성군 **면 **리 ***				
물건종류	대지	사건접수	2019.05.29	경매구분	임의경매
건물면적	0㎡	소유자	남**	감정가	61,200,000원
대지권	306㎡(92,57평)	채무자	남**	최저가	(70%) 42,840,000원
매각물건	토지전부	채권자	한국캐피탈	입찰보증금	(10%) 4,284,000원

목록		지번/토지이용계획/용도/구조/면적	감정가	비고
토지	2	**리 *** 대지 306㎡(92.56평)	61,200,000 200,000(원/㎡)	[매각제외] 근린시설 118.8(89,100,000)=법정지상권성립여부불분명
토지이용계획		계획관리지역/가축사육제한구역		
비고		-제시외 건물 매각 제외(법정지상권 성립여부 불분명)		
부동산현황		-토지 위에는 제시외 건물(상가) 1채가 있으며 식당용도로 사용하고 있었으나 현재는 폐업상태로 문이 잠겨 있음 -채무자 남**이 점유하여 사용하고 있다고 휴대전화로 진술하였고, 경매 안내문을 출입문에 부착		

대지 위에 식당 용도를 사용하고 있는 근린시설이 있습니다. 건물은 경매에서 제외되고 대지만 경매가 진행됩니다. 이럴 때 법원은 법정지상권 성립여부 불분명이라며 매각물건명세서에 기재하여 경매를 진행합니다.

매각물건명세서

사 건	2019타경29** 부동산임의경매	매각 물건번호	2	작성 일자	2019.09.20	담임법관 (사법보좌관)	황**
부동산 및 감정평가액 최저매각가격의 표시	별지기재와 같음	최선순위 설정	2014.07.24. 근저당권			배당요구종기	2019.08.19

부동산의 점유자와 점유의 권원, 점유할 수 있는 기간, 차임 또는 보증금에 관한 관계인의 진술 및 임차인이 있는 경우 배당요구 여부와 그 일자, 전입신고일자 또는 사업자등록신청일자와 확정일자의 유무와 그 일자

점유자 성 명	점유 부분	정보출처 구 분	점유의 권 원	임대차기간 (점유기간)	보 증 금	차 임	전입신고 일자, 사업자등록 신청일자	확정일자	배당 요구여부 (배당요구일자)
남*옥		현황조사	채무자겸 소유자 점유자						

<비고>

※ 최선순위 설정일자보다 대항요건을 먼저 갖춘 주택·상가건물 임차인의 임차보증금은 매수인에게 인수되는 경우가 발생 할 수 있고, 대항력과 우선변제권이 있는 주택·상가건물 임차인이 배당요구를 하였으나 보증금 전액에 관하여 배당을 받지 아니한 경우에는 배당받지 못한 잔액이 매수인에게 인수되게 됨을 주의하시기 바랍니다.

등기된 부동산에 관한 권리 또는 가처분으로 매각으로 그 효력이 소멸되지 아니하는 것

해당사항없음

매각에 따라 설정된 것으로 보는 지상권의 개요

제시외 건물 매각 제외로 인한 법정지상권 성립여부 불분명

비고란

제시외 건물 매각 제외(법정지상권 성립여부 불분명)

주1 : 매각목적물에서 제외되는 미등기건물 등이 있을 경우에는 그 취지를 명확히 기재한다.

2 : 매각으로 소멸되는 가등기담보권, 가압류, 전세권의 등기일자가 최선순위 저당권등기일자보다 빠른 경우에는 그 등기일자를 기재한다.

대지는 영구적 건축물 중 주거·사무실·점포와 박물관·극장·미술관 등 문화시설과 이에 접속된 부속 시설물의 부지 및 정원과 도시계획사업 등 관계법령에 의한 택지조성사업을 목적으로 하는 공사가 준공된 토지를 대지라고 합니다.

민법 제279조에 의하면 지상권자는 타인의 토지에 건물 기타 공작물이나 수목을 소유하기 위하여 그 토지를 사용하는 권리가 있습니다. 여기서 토지는 지표 내지 지상에 한하지 않고 지하의 사용을 내용으로 할 수 있습니다.

공작물은 가옥·기념비·광고탑·전주·담·궤도 및 공간에 인공적으로 설치된 모든 시설을 말합니다. 지상권은 토지의 사용을 본체로 하므로 공작물이나 수목이 현존하지 않은 때에도 설정할 수 있습니다. 지상권은 물권이므로 상속성과 양도성을 가집니다.

지상권을 취득하는 방법은 2가지입니다.

첫째, 법률행위에 의한 취득입니다. 토지소유자와 지상권자가 지상권의 설정을 목적으로 하는 물권적 합의와 등기에 의해서 취득할 수 있습니다. 또한 유언과 지상권의 양도에 의하여 지상권은 승계취득됩니다. 이는 모두 법률행위로 인한 부동산물권의 변동이므로 등기하여야 효력이 생깁니다.

둘째, 법률의 규정에 의한 취득입니다. 상속, 판결, 경매 기타 법률의 규정에 의한 부동산에 관한 물권의 취득은 등기를 요하지 않습니다. 그러나 등기를 하지 아니하면 이를 처분하지 못합니다. 민법 제187조에 규정되어 있습니다.

지상권의 존속기간은 설정행위로 기간을 정하는 경우와 설정행위로 기간을 정하지 않은 경우가 있습니다. 지상권의 존속기간을 약정한 경우에는 그 기간은 민법 제280조제1항에 의한 연한보다 단축하지 못합니다.

민법 제280조(존속기간을 약정한 지상권)
①계약으로 지상권의 존속기간을 정하는 경우에는 그 기간은 다음 연한보다 단축하지 못한다.
1. 석조, 석회조, 연와조 또는 이와 유사한 견고한 건물이나 수목의 소유를 목적으로 하는 때에는 30년
2. 전호이외의 건물의 소유를 목적으로 하는 때에는 15년
3. 건물이외의 공작물의 소유를 목적으로 하는 때에는 5년
②전항의 기간보다 단축한 기간을 정한 때에는 전항의 기간까지 연장한다.

법정지상권

법정지상권은 법으로 지상권을 인정하는 겁니다. 실증법상의 법정지상권으로는 민법 제305조의 법정지상권, 민법 제366조의 법정지상권 그리고 가등기담보 등에 관한 법률 제10조의 법정지상권, 입목에 관한 법률 제6조의 법정지상권이 있습니다.

대법원 2003다26051 판례는 저당권이 있을 때에는 근저당권 설정 당시 토지 위에 건물이 존재하여야 하고 토지 소유자와 건물의 소유자가 동일인이어야 한다고 합니다.

대법원 95마1262 판례는 건물이 없는 토지에 근저당권을 설정하고 그 후에 토지소유자가 그 토지

위에 건물을 지은 때에는 그 건물을 위하여 법정지상권이 성립하지 않습니다.

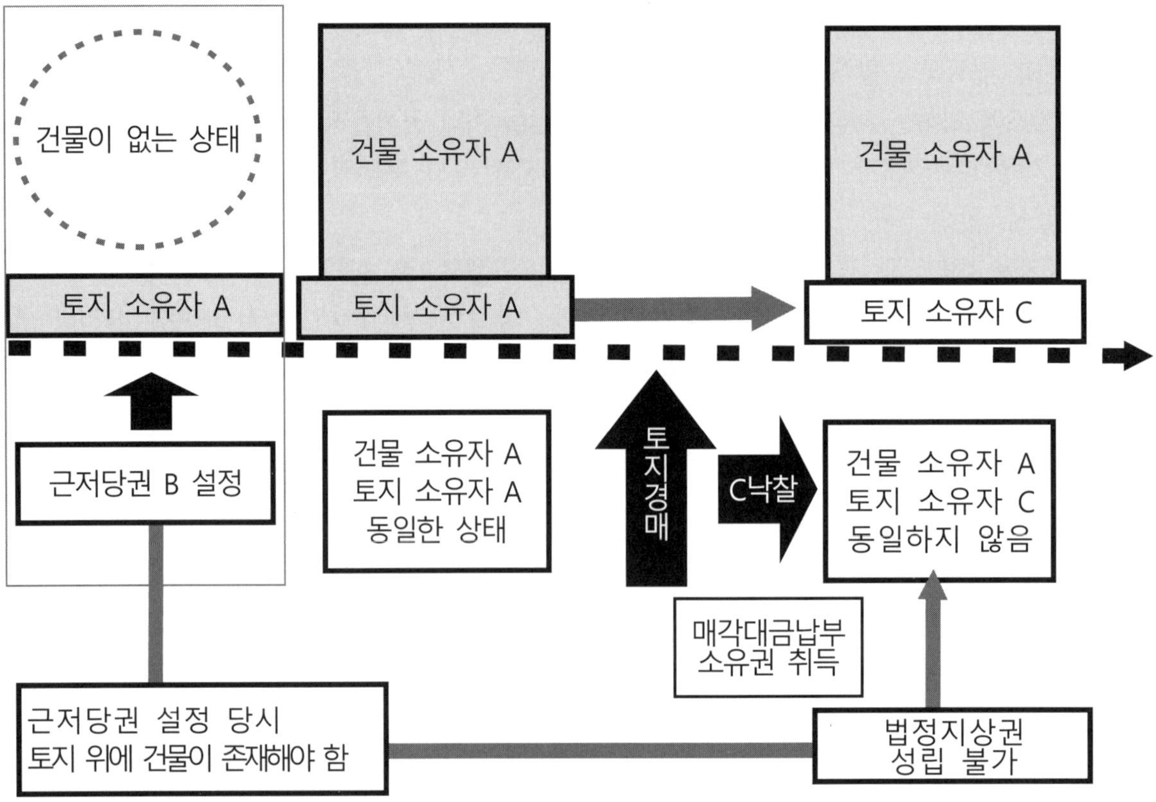

이 경매물건의 등기부 등본 권리내역입니다.

등기부 현황(토지)

접수일	등기목적	권리자	채권금액	기타등기사항	소멸여부
2014.07.24	근저당권	광천농협	60,000,000	**말소기준권리**	소멸
2017.09.27	소유권이전	남**		매매(2017.09.06.)	소멸
2018.06.08	근저당권	한국캐피탈	36,600,000		
2018.12.21	가압류	정*권	44,000,000		소멸
2018.06.01	가압류	케이캐피탈	11,449,562		소멸
2019.05.30	임의경매	한국캐피탈	청구금액 30,630,852		소멸
2019.06.18	가압류	서울보증보험	15,830,062		소멸
2019.07.11	가압류	경북신용보증재단	17,121,161		소멸

토지 등기부 등본의 근저당권설정이 2014년 7월 24일입니다. 2014년 7월 24일 근저당권설정 시에 이미 건물이 존재하여야 합니다. 건물이 되기 위해서는 기둥, 지붕, 주벽이 있어야 됩니다.

토지 등기부 등본과 건물축대장, 건물 등기부 등본을 열람하여 근저당권설정 시인 2014년 7월 24일 건물이 있었는지 확인하면 됩니다.

입찰 전 등기부 등본과 건축물대장입니다.

등기사항전부증명서(말소사항 포함)
- 토지 -

고유번호 1611-1996-0

[토지] 충청남도 홍성군 면 리 -1

【 표 제 부 】 (토지의 표시)

표시번호	접 수	소 재 지 번	지 목	면 적	등기원인 및 기타사항
~~1 (전 2)~~	~~1986년7월1일~~	~~충청남도 홍성군 면 리 -1~~	~~대~~	~~679㎡~~	
					부동산등기법 제177조의 6 제1항의 규정에 의하여 2002년 03월 20일 전산이기
~~2~~	~~2014년7월8일~~	~~충청남도 홍성군 면 리 -1~~	~~대~~	~~512㎡~~	~~분할로 인하여 대 167㎡를 충청남도 홍성군 면 리 에 이기~~
3	2018년11월16일	충청남도 홍성군 면 리 -1	대	206㎡	분할로 인하여 대 306㎡를 충청남도 홍성군 면 리 에 이기

【 갑 구 】 (소유권에 관한 사항)

순위번호	등 기 목 적	접 수	등 기 원 인	권리자 및 기타사항
1 (전 1)	소유권보존	1985년4월26일 제7202호		소유자 김 -******* 홍성군 면 리 법률제3562호에의한등기
				부동산등기법 제177조의 6 제1항의 규정에 의하여 2002년 03월 20일 전산이기
2	소유권이전	2004년6월30일 제14589호	2004년4월2일 협의분할에 의한 상속	소유자 김 -******* ~~평택시 칠괴동~~
2-1	2번등기명의인표시 변경		2005년6월14일 전거	김 의 주소 경기도 안성시

1/5

[토지] 충청남도 홍성군 [illegible]면 [illegible]리 [illegible]

순위번호	등 기 목 적	접 수	등 기 원 인	권리자 및 기타사항
				2011년12월21일 부기
3	소유권이전	2011년12월21일 제26613호	2011년11월19일 매매	소유자 송[illegible] [illegible]-******* ~~경기도 시흥시 정왕대로 [illegible]~~ [illegible] 거래가액 금55,000,000원
3-1	3번등기명의인표시 변경	2014년7월24일 제15278호	2014년7월23일 전거	송[illegible]의 주소 충청남도 홍성군 [illegible]면 [illegible]로 [illegible]
4	소유권이전	2017년9월27일 제21110호	2017년9월6일 매매	소유자 남[illegible] [illegible]-******* ~~경상북도 [illegible]군 [illegible]~~ 매매목록 제2017-745호
4-1	4번등기명의인표시 변경	2018년6월8일 제11978호	2017년12월21일 전거	남[illegible]의 주소 충청남도 홍성군 [illegible]면 [illegible]로 [illegible]
5	가압류	2018년12월21일 제25465호	2018년12월21일 대전지방법원 홍성지원의 가압류 결정(2018카단5 [illegible])	청구금액 금44,000,000 원 채권자 정[illegible] [illegible]-******* 충남 홍성군 [illegible], [illegible]
6	가압류	2019년3월5일 제4047호	2019년3월5일 부산지방법원의 가압류 결정(2019카단8 [illegible])	청구금액 금11,449,562 원 채권자 [illegible]캐피탈 주식회사 [illegible] 부산 부산진구 새싹로 1 , 9층 (부전동,부산은행부전동지점) (소매채권관리 2팀)
7	가압류	2019년3월13일 제4669호	2019년3월13일 대전지방법원 홍성지원의 가압류 결정(2019카단5 [illegible])	청구금액 금10,208,124 원 채권자 신한카드 주식회사 110111-0412926 서울 중구 을지로 100 에이동 (을지로2가, 파인에비뉴)
8	가압류	2019년3월14일 제4691호	2019년3월14일 대구지방법원 안동지원의 가압류 결정(2019카단1	청구금액 금16,783,335 원 채권자 경북 신용보증재단 176271-0001385 구미시 이계북로 7 7층 경북신용보증재단 (임수동, 경상북도경제진흥원) (안동지점)

[토지] 충청남도 홍성군 [illegible]면 [illegible]리 [illegible]-1

순위번호	등 기 목 적	접 수	등 기 원 인	권리자 및 기타사항
			085)	
9	임의경매개시결정	2019년5월30일 제10305호	2019년5월30일 대전지방법원 홍성지원의 임의경매개시결정(2019타경2[illegible])	채권자 한국캐피탈주식회사 160111-0019277 대전 서구 둔산서로 81 (둔산동) (서울지점 여신관리팀)
10	가압류	2019년6월18일 제11493호	2019년6월18일 대전지방법원 홍성지원의 가압류 결정(2019카단5[illegible])	청구금액 금15,830,062 원 채권자 서울보증보험주식회사 110111-0099774 서울 종로구 김상옥로 29 서울보증보험빌딩 (신용채권지원단)
11	가압류	2019년7월1일 제12397호	2019년7월1일 서울중앙지방법원의 가압류 결정(2019카단8[illegible])	청구금액 금9,866,712 원 채권자 롯데캐피탈 주식회사 110111-1217416 서울 강남구 테헤란로 142, 8층(역삼동, 아크플레이스)

【 을 구 】 (소유권 이외의 권리에 관한 사항)				
순위번호	등 기 목 적	접 수	등 기 원 인	권리자 및 기타사항
1	근저당권설정	2014년7월24일 제15279호	2014년7월23일 설정계약	채권최고액 금60,000,000원 ~~채무자 송[illegible]~~ ~~충청남도 홍성군 [illegible]면 [illegible]로 [illegible]~~ 근저당권자 광천농업협동조합 161136-0000182 충청남도 홍성군 [illegible] ([illegible]지점) 공동담보 건물 충청남도 [illegible]군 [illegible]면 [illegible]리 [illegible]
1-1	1번근저당권변경	2017년9월27일 제21111호	2017년9월25일 계약인수	채무자 남[illegible] 경상북도 청송군 [illegible]
2	근저당권설정	2018년6월8일 제11981호	2018년6월8일 설정계약	채권최고액 금36,600,000원 채무자 남[illegible] 충청남도 홍성군 [illegible]면 [illegible]로 [illegible] 근저당권자 한국캐피탈주식회사 160111-0019277 대전광역시 서구 둔산서로 81(둔산동) 공동담보 건물 충청남도 홍성군 [illegible]면 [illegible]리 [illegible]
2-1				공동담보 토지 충청남도 홍성군 [illegible]면 [illegible]리 [illegible] 분할로 인하여 2018년11월16일 부기

등기사항전부증명서(말소사항 포함)
- 건물 -

고유번호 1611-2018-0037**

[건물] 충청남도 홍성군 리 2**

【 표 제 부 】 (건물의 표시)				
표시번호	접 수	소재지번 및 건물번호	건 물 내 역	등기원인 및 기타사항
1	2018년11월27일	충청남도 홍성군 면 리 2* [도로명주소] 충청남도 홍성군 면 로 3**	경량철골구조 기타(이피에스판넬)지붕 단층 제2종근린생활시설 118.8㎡	

【 갑 구 】 (소유권에 관한 사항)				
순위번호	등 기 목 적	접 수	등 기 원 인	권리자 및 기타사항
1	소유권보존	2018년11월27일 제23733호		소유자 남 -******* 충청남도 홍성군
2	가압류	2018년12월21일 제25465호	2018년12월21일 대전지방법원 홍성지원의 가압류 결정(2018카단5363)	청구금액 금44,000,000 원 채권자 정 -******* 충남 홍성군 홍성읍
3	가압류	2019년6월18일 제11493호	2019년6월18일 대전지방법원 홍성지원의 가압류 결정(2019카단5195)	청구금액 금15,830,062 원 채권자 서울보증보험주식회사 110111-0099774 서울 종로구 김상옥로 29 서울보증보험빌딩 (신용채권지원단)
4	가압류	2019년7월11일 제13135호	2019년7월11일 대구지방법원 안동지원의 가압류 결정(2019카단1247)	청구금액 금17,121,161 원 채권자 경북 신용보증재단 176271-0001385 구미시 이계북로 7 7층 경북신용보증재단 (임수동, 경상북도경제진흥원) (안동지점)

1/2

[건물] 충청남도 홍성군 리 2**

【 을 구 】 (소유권 이외의 권리에 관한 사항)
기록사항 없음

-- 이 하 여 백 --

관할등기소 대전지방법원 홍성지원 등기계

23. 8. 27. 오후 5:16 인터넷 열람문서 확인

(2쪽 중 제 2 쪽)

고유번호	4480035021-1-02770**	민원24접수번호	20230827-68294**9	명칭	주1동	호수/가구수/세대수	0호/0가구/0세대
대지위치	충청남도 홍성군 !리	지번	ㄹ/-5	도로명주소	충청남도 홍성군 로 3***		

구분	성명 또는 명칭	면허(등록)번호	※ 주차장					승강기		허가일 2018.8.1.
건축주	남	******	구분	옥내	옥외	인근	면제	승용 대	비상용 대	착공일 2018.8.16.
설계자	김**내포건축사사무소	홍성군-건축사사무소-7**						※ 오수정화시설		사용승인일 2018.11.26.
공사감리자			자주식	대 ㎡	1 대 11.5 ㎡	대 ㎡		형식 NBM 접촉폭기법		관련주소
공사시공자 (현장관리인)	남*옥	******	기계식	대 ㎡	대 ㎡	대 ㎡	대	용량 10㎡		지번

※제로에너지건축물 인증		※건축물 에너지효율등급 인증		※에너지성능지표 (EPI) 점수	※녹색건축 인증	※지능형건축물 인증	
등급		등급		점	등급	등급	
에너지자립률	0%	1차에너지 소요량 (또는 에너지절감률)	0kWh/㎡(%)	※에너지소비총량	인증점수 점	인증점수 점	
유효기간 : ... ~ ...		유효기간 : ... ~ ...		0kWh/㎡	유효기간 : ... ~ ...	유효기간 : ... ~ ...	도로명

내진설계 적용여부	내진능력	특수구조 건축물	특수구조 건축물 유형
지하수위 G.L ㎡	기초형식	설계지내력 t/㎡	구조설계 해석법

변동사항

변동일	변동내용 및 원인	변동일	변동내용 및 원인	그 밖의 기재사항
2018.11.26	2018.11.26. 사용승인되어 신규작성. - 이하여백 -		- 이하여백 -	

※ 표시 항목은 총괄표제부가 있는 경우에는 기재하지 아니합니다.

※ 이 장은 전체 2페이지 중에 2페이지 입니다.

등기부 등본의 분석과 법정지상권 성립 여부				
no	날짜	토지등기부	건물 (등기부, 건축물대장)	비고
1		소유자 송**		
2	14.07.24	채무자 송** 근저당권 광천농협		근저당권설정시 건물 없음 법정지상권 성립 안 됨
2-1	17.09.27	소유권이전 남**		
3	17.09.27	근저당권 계약인수 남**		
4	18.06.08	근저당권 캐피탈		
5	18.08.16		건축주 남** 착공일	
6	18.11.26		사용승인일	
7	18.11.27		건물보존등기 남**	
8	18.12.21	가압류		
9	19.03.05	가압류		
10	19.05.30	임의경매 캐피탈		

2014년 7월 24일 근저당권설정 시 건물이 존재하지 아니하였으므로 법정지상권을 성립되지 않습

니다.

2014년 7월 24일 근저당권이 최선순위 설정 권리입니다. 근저당권은 경매로 인한 매각으로 소멸됩니다. 경매로 인한 매각으로 토지 등기부 등본의 근저당권, 가압류, 임의경매를 말소됩니다.

이 경매사건의 최고가매수인은 건물소유자를 상대로 피고는 원고 소유인 이 사건 토지의 지상에 건물을 소유하고 있습니다. 피고가 이 사건 토지를 점유하는 것에 대하여 원고와 피고 사이에는 임차권, 지상권, 전세권 등 어떠한 계약관계도 존재하지 않으며, 이 사건 토지를 사용, 수익함에 있어서 어떠한 권원도 갖고 있지 않습니다. 피고는 이 사건 토지를 불법점유함으로서 지료 상당의 부당이득을 취하고 있는 바, 원고가 잔금을 납부하여 소유권을 취득한 2020년 1월 3일부터 이 사건 건물 철거완료일까지 이 사건 토지에 대한 지료인 월 510,000원 상당의 부당이득을 반환할 의무가 있다고 할 것입니다. 따라서 건물소유자가 점유하고 있는 건물의 철거와 토지를 인도받고 건물주가 점유하고 있는 건물철거완료시까지 매월 지료상당의 부당이득금을 지급받고자 건물철거 등 소를 제기하였습니다.

건물등철거 소송을 제기해 제2종근린생활시설 118.㎡의 일반음식점을 철거하고, 위 토지 306㎡를 인도하고, 2020년 1월 3일부터 이 사건 건물 철거 완료일까지 월 510,000원의 비율로 계산한 돈을 지급하라는 판결을 받았습니다.

▣ 연습문제

1. 다음 설명 중 틀린 것은?

① 토지가 A, B, C의 공유이고, 그 토지 위에 A 소유의 지상 건물이 있는 경우, A가 토지에 대한 자기의 지분을 C에게 매도한 경우 법정지상권이 성립하지 않는다.

② 토지 위에 건물이 있는데 토지 소유자와 건물 소유자가 동일한 적이 없다. 법정지상권은 성립하지 않는다.

③ 법정지상권은 근저당권설정 당시에 토지 위에 이미 건물이 존재하고 있어야 한다.

④ 미등기·무허가 건물은 토지 소유자가 미등기·무허가 건물의 원시취득자일 때 원시취득자로부터 토지만 매수하였을 때는 미등기·무허가 건물의 소유자는 법정지상권을 취득한다.

⑤ 독립된 부동산으로서의 건물이라고 하기 위하여는 최소한의 기둥과 지붕이 있으면 된다.

⑥ 건물이 없는 토지에 저당권을 설정하고 그 후에 저당권설정자인 토지소유자가 그 토지 위에 건물을 지은 때에는 그 건물을 위하여 법정지상권이 성립하지 않는다.

⑦ 미등기·무허가 건물은 토지 소유자가 미등기·무허가 건물의 원시취득자일 때 원시취득자로부터 토지만 매수하였을 때는 미등기·무허가 건물의 소유자는 법정지상권을 취득한다.

⑧ 미등기, 무허가 건물을 그 대지와 함께 양수한 사람이 그 대지에 관하여만 소유권이전등기를 넘겨받고 건물에 대하여는 그 등기를 이전받지 못하고 있는 상태에서 그 대지가 경매되어 소유자가 달라지게 된 경우는 법정지상권이 성립하지 않는다.

13. 소유자가 점유하고 있는데 유치권신고서 접수

<table>
<tr><th colspan="6">2023타경5**부천</th></tr>
<tr><td>소재지</td><td colspan="5">경기 김포시 **동 ** 305동 2층 204호</td></tr>
<tr><td>물건종류</td><td>아파트</td><td>개시결정</td><td>2023.11-23</td><td>경매구분</td><td>임의경매</td></tr>
<tr><td>건물면적</td><td>79.5108㎡(24.052평)</td><td>소유자</td><td>조**</td><td>감정가</td><td>360,000,000원</td></tr>
<tr><td>대지권</td><td>50.41㎡(15.249평)</td><td>채무자</td><td>조**</td><td>최저가</td><td>(49%) 176,400,000원</td></tr>
<tr><td>매각물건</td><td>건물·토지 일괄매각</td><td>채권자</td><td>㈜펜**</td><td>입찰보증금</td><td>(10%) 17,640,000원</td></tr>
</table>

입찰 진행 내용

<table>
<tr><th>구분</th><th>매각기일</th><th>최저매각가격(원)</th><th>상태</th><td rowspan="5">매각 273,500,000원 (75.97%)
2025.09.02. : 매각결정기일 매각허가결정
2025.10.10 : 대금지급기한 / 2025.10.10 : 납부
2025.11.05 : 배당기일</td></tr>
<tr><td>1차</td><td>2024-08-06</td><td>360,000,000</td><td>유찰</td></tr>
<tr><td>2차</td><td>2025-06-24</td><td>252,000,000</td><td>유찰</td></tr>
<tr><td></td><td>2025-07-29</td><td>176,000,000</td><td>변경</td></tr>
<tr><td>3차</td><td>2025-08-26</td><td>176,400,000</td><td>매각</td></tr>
</table>

매각 물건 현황 가격시점 2023.12.04

<table>
<tr><th colspan="2">목록</th><th>지번/토지이용계획/용도/구조/면적</th><th>감정가</th><th>비고</th></tr>
<tr><td>건물</td><td>1</td><td>14층 중 2층/ 305동 2층204호
아파트 건물 79.5108㎡(24.052평)</td><td>180,000,000원</td><td>사용승인일
2003.09.29</td></tr>
<tr><td>토지</td><td>1</td><td>대지권(대지) 29315.91155㎡ 중 50.41㎡(15.249평)</td><td>180,000,000원</td><td></td></tr>
<tr><td colspan="2">감정가 합계</td><td></td><td>360,000,000원</td><td></td></tr>
<tr><td colspan="2">토지이용계획</td><td colspan="3">도시지역/제1종일반주거지역/상대보호/가축사육제한구역</td></tr>
</table>

임차인 현황 **말소기준권리일** 2019-05-03 **소액임차인기준일** 2019-05-03 **배당요구종구일** 2024-02-07

<table>
<tr><th>임차인/대항력</th><th>점유부분</th><th>전입/확정/배당</th><th>보증금/월세</th><th>분석</th><th>비고</th></tr>
<tr><td colspan="6">임차인이 없으며 전부를 소유자가 점유 사용합니다.</td></tr>
<tr><td>기타사항</td><td colspan="5">* 현장에 임하였으나 이해관계인 만나지 못하여 점유관계 알 수 없었음. 전입세대 열람 결과 소유자세대만 전입되어있음. 출입문에 안내문 부착하였음</td></tr>
<tr><td>주의사항</td><td colspan="5">▶ 2025. 7. 4.자 박**으로부터 공사대금 125,000,000원의 유치권신고서가 접수되었으나 성립 여부는 불분명</td></tr>
</table>

등기부 현황(집합)

접수번호	등기목적	권리자	채권금액(원)	기타등기사항	소멸여부
2019.05.02	소유권이전	조**		매매 238,000,000원	
2019.05.03	근저당권설정	한국주택금융	199,200,000	**말소기준권리**	소멸
2021.08.12	근저당권설정	㈜펜**	169,000,000		소멸
2023.11.06	가압류	영***	16,816,580		
2023.11.23	임의경매	㈜펜**	청구금액 129,632,829	2023타경5**	
2024.08.20	압류	국민건강보험			

소재지	경기 김포시 **동 ** 305동 2층204호				
물건종류	아파트	개시결정	2023.11-23	경매구분	임의경매
건물면적	79.5108㎡(24.052평)	소유자	조**	감정가	360,000,000원
대지권	50.41㎡(15.249평)	채무자	조**	최저가	(49%) 176,400,000원
매각물건	건물·토지 일괄매각	채권자	㈜펜**	입찰보증금	(10%) 17,640,000원

주의사항	▶ 2025. 7. 4.자 박**으로부터 공사대금 125,000,000원의 유치권신고서가 접수되었으나 성립여부는 불분명

입찰 진행 내용

구분	매각기일	최저매각가격(원)	상태	
1차	2024-08-06	360,000,000	유찰	**매각 273,500,000원 (75.97%)** 2025.09.02. : 매각결정기일 매각허가결정 2025.10.10 : 대금지급기한 / 2025.10.10 : 납부 2025.11.05 : 배당기일
2차	2025-06-24	252,000,000	유찰	
	2025-07-29	176,000,000	변경	
3차	2025-08-26	176,400,000	매각	

아파트 경매입니다. 감정가 360,000,000원인데 최저입찰가격이 176,400,000원으로 감정가격의 49%입니다. 경매종류는 임의경매입니다. 임의경매는 담보권실행을 위한 경매입니다. 21명이 응찰하였는데 최고가매수신고가격은 273,500,000원입니다.

임차인/대항력	점유부분	전입/확정/배당	보증금/월세	분석	비고
임차인이 없으며 전부를 소유자가 점유 사용합니다.					
기타사항	* 현장에 임하였으나 이해관계인 만나지 못하여 점유관계 알 수 없었음. 전입세대 열람 결과 소유자세대만 전입되어있음. 출입문에 안내문 부착하였음				
주의사항	▶ 2025. 7. 4.자 박**으로부터 공사대금 125,000,000원의 유치권신고서가 접수되었으나 성립여부는 불분명				

이 아파트의 점유자는 소유자입니다. .2025년 7월 4일자로 박씨로부터 공사대금 125,000,000원의 유치권신고서가 접수되었습니다.

유치권이 성립하기 위해서는 공사업자가 점유를 하여야 합니다. 점유는 사실적 지배입니다. 사실적 지배는 타인의 간섭을 배제할 수 있는 상태입니다. 유치권 성립에 있어서 가장 중요한 것은 점유의 개시시기입니다. 유치권자는 경매개시결정 전에 점유하여야 합니다.

현황조사보고서 : 조사일시 2023년 12월 04일 16시 19분

◆ 임대차정보

번호	소재지	임대차관계
1	경기도 김포시 **번길, **, 305동 2층 204호	0명

◆ 부동산의 현황 및 점유관계조사서

2. 부동산의 점유관계

소재지	경기도 김포시 **번길, **, 305동 2층 204호
점유관계	채무자(소유자)점유
기타	▷ 현장에 임하였으나 이해관계인 만나지 못하여 점유관계 확인할 수 없었음, 전입세대 열람 결과 소유자세대만 전입 되어있음, 출입문에 안내문부착하였음

현황조사보고서에 의하면 집행관이 경매개시 후인 2023년 12월 4일 16시 19분 현장에 임하였으나 이해관계인 만나지 못하여 점유관계 확인할 수 없었음, 전입세대 열람 결과 소유자세대만 전입

되어있다고 합니다. 유치권신고자 박씨는 경매개시결정 전에 점유하지 않았습니다. 유치권이 성립되지 않습니다.

등기부 현황(집합)

접수번호	등기목적	권리자	채권금액(원)	기타등기사항	소멸여부
2019.05.02	소유권이전	조**		매매 238,000,000원	
2019.05.03	근저당권설정	한국주택금융	199,200,000	**말소기준권리**	소멸
2021.08.12	근저당권설정	㈜펜**	169,000,000		소멸
2023.11.06	가압류	영***	16,816,580		
2023.11.23	임의경매	㈜펜**	청구금액 129,632,829	2023타경5**	
2024.08.20	압류	국민건강보험			

2019년 5월 3일 근저당권이 최선순위 권리입니다. 근저당권은 경매로 인한 매각으로 소멸됩니다.

매각물건명세서

사건	2023타경50 부동산임의경매	매각물건번호	1	작성일자	2025. 7. 16.	담임법관(사법보좌관)	김 전자서명완료
부동산 및 감정평가액 최저매각가격의 표시	별지 기재와 같음	최선순위 설정	2019. 5. 3. 근저당권			배당요구종기	2024. 2. 7.

부동산의 점유자와 점유의 권원, 점유할 수 있는 기간, 차임 또는 보증금에 관한 관계인의 진술 및 임차인이 있는 경우 배당요구 여부와 그 일자, 전입신고일자 또는 사업자등록신청일자와 확정일자의 유무와 그 일자

점유자 성명	점유 부분	정보출처 구분	점유의 권원	임대차기간 (점유기간)	보증금	차임	전입신고일자·외국인등록(체류지변경신고)일자·사업자등록 신청일자	확정일자	배당 요구여부 (배당요구일자)
조사된 임차내역없음									

<비고>

※ 최선순위 설정일자보다 대항요건을 먼저 갖춘 주택·상가건물 임차인의 임차보증금은 매수인에게 인수되는 경우가 발생 할 수 있고, 대항력과 우선변제권이 있는 주택·상가건물 임차인이 배당요구를 하였으나 보증금 전액에 관하여 배당을 받지 아니한 경우에는 배당받지 못한 잔액이 매수인에게 인수되게 됨을 주의하시기 바랍니다.

등기된 부동산에 관한 권리 또는 가처분으로 매각으로 그 효력이 소멸되지 아니하는 것

매각에 따라 설정된 것으로 보는 지상권의 개요

비고란

2025. 7. 4.자 박 으로부터 공사대금 125,000,000원의 유치권신고서가 접수되었으나 성립 여부는 불분명

※1: 매각목적물에서 제외되는 미등기건물 등이 있을 경우에는 그 취지를 명확히 기재한다.
2: 매각으로 소멸되는 가등기담보권, 가압류, 전세권의 등기일자가 최선순위 저당권등기일자보다 빠른 경우에는 그 등기일자를 기재한다.

사건	2023타경50 부동산임의경매	매각 물건번호	1	작성 일자	2025. 7. 16.	담임법관 (사법보좌관)	김 전자서명완료
부동산 및 감정평가액 최저매각가격의 표시	별지 기재와 같음	최선순위 설정	2019. 5. 3. 근저당권			배당요구종기	2024. 2. 7.

최선순위 설정이 2019년 5월 3일 근저당권입니다. 민사집행법 제96제2항에 의해 매각 부동산 위의 모든 저당권을 소멸됩니다. 근저당권이 말소기준권리입니다.

등기된 부동산에 관한 권리 또는 가처분으로 매각으로 그 효력이 소멸되지 아니하는 것

등기된 부동산에 관한 권리 즉 이 경매부동산의 등기부에 설정된 근저당권 2건, 가압류 1건 임의경매 1건, 압류 1건이 모두 소멸된다는 겁니다. 등기부상 권리 인수하는 것 없다는 뜻입니다.

부동산의 점유자와 점유의 권원, 점유할 수 있는 기간, 차임 또는 보증금에 관한 관계인의 진술 및 임차인이 있는 경우 배당요구 여부와 그 일자, 전입신고일자 또는 사업자등록신청일자와 확정일자의 유무와 그 일자

점유자 성 명	점유 부분	정보출처 구 분	점유의 권 원	임대차기간 (점유기간)	보 증 금	차 임	전입신고일자·외국인등록(체류지변경신고) 일자·사업자등록 신청일자	확정일자	배당 요구여부 (배당요구일자)
조사된 임차내역없음									

점유자는 채무자입니다. 소유자와 채무자는 민사집행법 제136조제1항에 의해 부동산 인도명령 대상자입니다.

> 민사집행법 제136조(부동산인도명령 등)제1항
> 법원은 매수인이 대금을 낸 뒤 6월 이내에 신청하면 채무자·소유자 또는 부동산 점유자에 대하여 부동산을 매수인에게 인도하도록 명할 수 있다. 다만, 점유자가 매수인에게 대항할 수 있는 권원에 의하여 점유하고 있는 것으로 인정되는 경우에는 그러하지 아니하다.

비고란
2025. 7. 4.자 박 으로부터 공사대금 125,000,000원의 유치권신고서가 접수되었으나 성립 여부는 불분명

공사대금 125,000,000원의 유치권신고서가 접수되었으나 박씨는 경매개시결정 전에 점유하지 않았습니다. 유치권자는 점유하여야 하고, 경매개시결정 전에 점유해야 합니다. 대법원 2013다84971 판결은 어느 부동산에 관하여 경매개시결정등기가 된 뒤에 비로소 유치권을 취득한 사람은 경매절차에서 그의 유치권을 주장할 수 없으며, 경매개시결정등기 이전에 위와 같은 점유를 취득하였음을 입증할 책임은 유치권을 주장하는 자에게 있다고 합니다. 현황조사는 경매개시결정 후에 합니다. 현황조사보고서에 유치권자의 점유사실이 없습니다. 유치권은 성립되지 않는다고 할 수 있습니다.

최고가매수인은 매각대금 2025년 10월 10일 납부, 10월 10일 인도명령 신청하였습니다. 10월 13일 2025타인500으로 인도명령이 결정되었고, 10월 13일 피신청인 조씨에게 결정정본 송달, 10월 13일 인용되었습니다.

14. 농지 경매, 건물 제외, 유치권신고, 법정지상권 성립여지 있음

2020타경3** 수원지방법원					
소재지	경기 **시 **면 **리 ***				
물건종류	답	사건접수	2020.07.23	경매구분	강제경매
건물면적	0㎡	소유자	이**	감정가	328,900,000원
대지권	2686㎡(812.52평)	채무자	이**	최저가	(70%) 230,230,000원
매각물건	토지전부	채권자	이*형	입찰보증금	(10%) 23,023,000원

입찰 진행 내용

구분	매각기일	최저매각가격	상태	매각 280,010,100원(85%)
1차	2021-05-12	328,900,000	유찰	2021.06.23 : 매각결정기일 매각허가결정
2차	2021-06-16	230,230,000	매각	2021.09.09 : 대금지급기한 / 2021.08.03 : 납부

매각 물건 현황 가격시점 2018.10.16

목록		지번/토지이용계획/용도/구조/면적	감정가	비고
토지	1	**리 676-28 답 570㎡(172.42평) [토지이용계획] 계획관리지역/자연보전권역	112,612,500 494,565(원/㎡)	
	2	**리 676-31 답 489㎡(147.34평) [토지이용계획] 계획관리지역/자연보전권역	67,482,000 138,000(원/㎡)	[매각제외] : 단독주택 =법정지상권성립여부불분명
	3	**리 676-32 답 454㎡(137.34평) [토지이용계획] 계획관리지역/자연보전권역	20,884,000 46,000(원/㎡)	
	4	**리 676-29 답 776㎡(234.74평) [토지이용계획] 계획관리지역/자연보전권역	107,088,000 138,000(원/㎡	[매각제외] : 단독주택 =법정지상권성립여부불분명
	5	**리 676-30 답 397㎡(120.09평) [토지이용계획] 계획관리지역/자연보전권역	54,786,000 138,000(원/㎡)	
현황위치		*농지취득자격증명필요 [토지] 본건은 경기도 **시 **면 **리 소재 "**2리마을회관" 서측 인근에 위치하며 부근은 근교농경지대로서 농경지, 야산, 자연부락, 전원주택 등이 산재함. 본건까지 일반차량 출입 가능하나 지역 여건상 대중교통수단 이용은 불편시 됨. 기호(1,2,5)는 세로장방형, 기호(3,4)는 유사 사다리형으로 평탄하며 기호(1,3)은 주거나지, 기호(2,4)는 단독주택부지(사용승인 미필), 기호(5)는 공용사도임. 기호(1-4)토지가 동측으로 폭 약 6미터 포장도로(기호5 토지)와 접하며 기호(4) 토지는 추가로 북측으로 폭 약 3-4미터 포장도로와 접함.		
비고		-일괄매각. 목록1,2,4,5.개발행위허가를 득하여 일부 토목공사된 주거용이행지. 건축신고, 허가등 제반사항 확인 필요. -목록1.3. 주거나지. -목록2.4. 단독주택부지. 지상소재 단독주택(사용승인미필) 매각제외. -2020. 10. 12.자 나**로부터 공사대금 금180,000,000원의 유치권신고서가 제출, 그 성립여부 불분명. -목록1.5.매각결정기일까지 농지취득자격증명 또는 농지가 아니라는 증명 제출 필요함.(미제출시 매수보증금 몰수함). -**면장의 사실조회에 따르면 목록1.5.에 대하여 개발행위허가를 받은 자에 한하여 농지취득자격증명원을 신청할 수 있다는 회신 있음.		

부동산현황	-가. 목록 1, 5.는 택지로 조성되어 있음 -나. 목록 2.상에는 제시외 조적조 주택이 소재함 -다. 목록 3.은 세멘포장의 내부 도로임 -라. 목록 4.상에는 제시외 조적조 2층 주택이 소재함

임차인 현황 말소기준권리일2018-06-07 소액임차기준일2018-06-07 배당요구종기일2020-10-27

임차인/대항력		점유부분	전입/확정/배당	보증금/월세	예상배당액 예상인수액	비고
나**		주거 (현황서상)	전입 : - 확정 : - 배당 : -		배당액 : 미상 미배당 : 미상 인수액 : 없음	**주택소유자**
이**		주거 (현황서상)	전입 : - 확정 : - 배당 : -		배당액 : 미상 미배당 : 미상 인수액 : 없음	**주택소유자**
비고	-기타점유 -지상에 제시외 조적조 주택 소재하며, 그 주택 소유자 점유					

등기부 현황(토지)

접수일	등기목적	권리자	채권금액	기타등기사항	소멸여부
2018.06.07	근저당권	**새마을금고	196,000,000	**말소기준권리**	소멸
2018.06.07	지상권	**새마을금고		만30년	소멸
2018.06.15	근저당권	이*형	150,000,000	홍**의 근저이전	소멸
2020.05.26	소유권이전	이**		전소유자:이*일 매매 (2020.05.22.)	
2020.07.24	임의경매	이*형			소멸

소재지	경기 **시 **면 **리 ***				
물건종류	답	사건접수	2020.07.23	경매구분	강제경매
건물면적	0㎡	소유자	이**	감정가	328,900,000원
대지권	2686㎡(812.52평)	채무자	이**	최저가	(70%) 230,230,000원
매각물건	토지전부	채권자	이*형	입찰보증금	(10%) 23,023,000원

입찰 진행 내용

구분	매각기일	최저매각가격	상태	매각 280,010,100원(85%)
1차	2021-05-12	328,900,000	유찰	2021.06.23 : 매각결정기일 매각허가결정
2차	2021-06-16	230,230,000	매각	2021.09.09 : 대금지급기한 / 2021.08.03 : 납부

감정가 328,900,000원인데 최저입찰가격이 230,230,000원입니다. 280,010,000원에 낙찰되었습니다.

목록		지번/토지이용계획/용도/구조/면적	감정가	비고
토지	1	**리 676-28 답 570㎡(172.42평) [토지이용계획] 계획관리지역/자연보전권역	112,612,500 494,565(원/㎡)	
	2	**리 676-31 답 489㎡(147.34평) [토지이용계획] 계획관리지역/자연보전권역	67,482,000 138,000(원/㎡)	[매각제외] : 단독주택 =법정지상권성립여부불분명
	3	**리 676-32 답 454㎡(137.34평) [토지이용계획] 계획관리지역/자연보전권역	20,884,000 46,000(원/㎡)	
	4	**리 676-29 답 776㎡(234.74평) [토지이용계획] 계획관리지역/자연보전권역	107,088,000 138,000(원/㎡	[매각제외] : 단독주택 =법정지상권성립여부불분명
	5	**리 676-30 답 397㎡(120.09평) [토지이용계획] 계획관리지역/자연보전권역	54,786,000 138,000(원/㎡)	

토지 경매입니다. 지목이 답입니다. 지목은 토지의 주된 용도나 이용 상황에 따라 분류한 종류를 말합니다. 공간정보의 구축 및 관리에 관한 법률에서 지목의 종류는 28가지입니다. 답은 물을 대어 벼농사 짓는 논입니다. 지목이 전, 답 과는 농지입니다. 농지 위에 경매에서 제외되는 단독주택이 있습니다.

농림축산식품부예규 제59호, 2022.8.16. 농지취득자격증명발급심사요령 제2조에서 농지란 다음 각 호의 어느 하나에 해당하는 토지를 말합니다.

> 가. 전・답, 과수원, 그 밖에 법적 지목(地目)을 불문하고 실제로 농작물 경작지 또는 다년생식물 재배지로 이용되는 토지. 다만, 다음에 해당하는 토지를 제외한다.
> 1)「공간정보의 구축 및 관리 등에 관한 법률」에 따른 지목이 전・답, 과수원이 아닌 토지(지목이 임야인 토지는 제외한다)로서 농작물 경작지 또는 제2호 각 목에 따른 다년생식물 재배지로 계속하여 이용되는 기간이 3년 미만인 토지
> 2)「공간정보의 구축 및 관리 등에 관한 법률」에 의한 지목이 임야인 토지로서 「산지관리법」에 따른 산지전용허가(다른 법률에 따라 산지전용허가가 의제되는 인가・허가・승인 등을 포함한다)를 거치지 아니하고 농작물의 경작 또는 다년생식물의 재배에 이용되는 토지

3)「초지법」에 따라 조성된 초지

나. 가목의 토지의 개량시설(유지, 양·배수시설, 수로, 농로, 제방, 토양의 침식이나 재해로 인한 농작물의 피해를 방지하기 위하여 설치한 계단·흙막기·방풍림 그 밖에 이에 준하는 시설을 말한다)의 부지

다. 농작물 경작지 또는 제2호 각 목의 다년생식물 재배지로 이용되고 있는 토지에 설치한 다음의 시설의 부지

1) 고정식온실·버섯재배사·비닐하우스와 그 부속시설

2) 축사 또는 곤충사육사와 그 부속시설

3) 간이퇴비장

4) 농막·간이저온저장고 및 간이액비저장조

농지법에서는 농지를 효율적으로 이용하고 보전하기 위하여 농업진흥지역을 지정합니다. 농업진흥지역은 용도에 따라 다음으로 구분하여 지정할 수 있습니다.

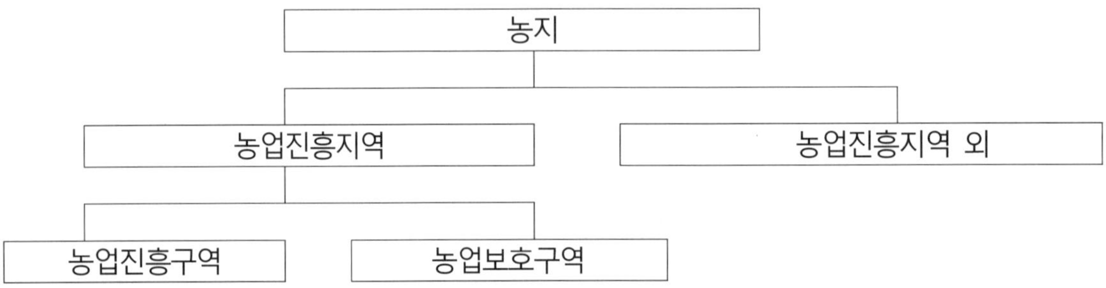

농업진흥지역의 지정은 국토의 계획 및 이용에 관한 법률에 따른 녹지지역·관리지역·농림지역 및 자연환경보전지역을 대상으로 합니다. 다만, 특별시의 녹지지역은 제외합니다.

농업진흥구역에서는 농업 생산 또는 농지 개량과 직접적으로 관련된 행위로서 △농수산물의 가공·처리 시설의 설치 및 농수산업 관련 시험·연구 시설의 설치 △어린이놀이터, 마을회관 △농업인 주택, 어업인 주택, 농업용 시설, 축산업용 시설 또는 어업용 시설의 설치 등 대통령령으로 정하는 행위 외의 토지이용행위를 할 수 없습니다.

농업보호구역에서는 △농업진흥구역에 허용되는 토지이용행위 △농업인 소득 증대에 필요한 시설로서 농업인이 공동으로 운영하고 사용하는 창고·작업장·농기계수리시설·퇴비장, 경로당, 어린이집, 유치원 등 대통령령으로 정하는 사항 외의 토지이용행위는 할 수 없습니다.

농지법 제28조는 농업의 진흥을 위해 경지정리 등 우량농지가 규모화된 지역을 농업진흥지역으로 지정하여 관리하도록 하고 있습니다. 농업진흥지역은 시·도지사가 시·군·구 등과 협의하여 지정·변경·해제하도록 하고 있어 특정 토지(농지)가 농업진흥지역에 해당하는지 여부는 해당 농지(토지)를 관할하는 지자체로 문의하여 확인하면 됩니다.

농림축산부에서는 한국농어촌공사와 함께 농지를 포함한 농업진흥지역 지정 여부 등에 대한 서비스 제공을 위해 농지공간포털(www.njy.mafra.go.kr)을 운영하고 있습니다. 국토교통부도 토지이음(www.eum.go.kr)을 통해 각종 법률에 따른 토지(농지)에 대한 규제(농업진흥지역 지정 여부) 등을

확인할 수 있도록 관련 서비스를 제공하고 있습니다. 다만, 인터넷 서비스는 각 지자체에서 입력한 정보를 기준으로 한 것이기에 지자체 사정에 따라 일부 데이터가 누락 될 수 있음으로 관할하는 지자체로 확인하는 것이 보다 정확합니다.

농업인

농업인의 기준은 아래의 하나에 해당하는 개인을 말합니다.

첫째, 1,000㎡ 이상의 농지에서 농작물 또는 다년생식물을 경작 또는 재배하거나 1년 중 90일 이상 농업에 종사하는 자. 90일 이상 농업에 종사하는 자란 농업경영주와 1년 중 90일 이상 농업경영이나 농지 경작활동의 피고용인으로 종사한다는 계약을 체결하고 노동력을 제공하고 있는 자

둘째, 농지에 330㎡ 이상의 고정식온실·버섯재배사·비닐하우스, 기타 농업생산에 필요한 시설을 설치하여 농작물 또는 다년생식물을 경작 또는 재배하는 자

셋째, 대가축 2두, 중가축 10두, 소가축 100두, 가금 1천 수 또는 꿀벌 10군 이상을 사육하거나 1년 중 120일 이상 축산업에 종사하는 자

대가축은 소, 말, 노새, 당나귀, 착유우, 중가축은 돼지, 면양, 염소, 개, 오소리, 사슴, 소가축은 토끼를 말한다(농림축산식품부 2AA-2109-0334318 질의회신).

넷째, 농업경영이란 농업인이나 농업법인이 자기의 계산과 책임으로 농지에서 농작물을 경작하거나 다년생식물을 재배하는 것을 말하는데 농업경영을 통하여 농산물의 연간 판매액이 120만원 이상인 자

비고	-일괄매각. 목록1,2,4,5.개발행위허가를 득하여 일부 토목공사된 주거용이행지. 건축신고, 허가등 제반사항 확인 필요. -목록1.3. 주거나지. -목록2.4. 단독주택부지. 지상소재 단독주택(사용승인미필) 매각제외. -2020. 10. 12.자 나**로부터 공사대금 금180,000,000원의 유치권신고서가 제출, 그 성립 여부 불분명. -목록1.5.매각결정기일까지 농지취득자격증명 또는 농지가 아니라는 증명 제출 필요함.(미제출시 매수보증금 몰수함). -**면장의 사실조회에 따르면 목록1.5.에 대하여 개발행위허가를 받은 자에 한하여 농지취득자격증명원을 신청할 수 있다는 회신 있음.

이 경매물건은 지목 답입니다. 그런데 단독주택부지 사용하고 있는 지상소재 단독주택이 있습니다. 사용승인미필입니다. 매각결정기일까지 농지취득자격증명 또는 농지가 아니라는 증명 제출 필요하며 미제출시 매수보증금 몰수입니다. 면장의 사실조회에 따르면 개발행위허가를 받은 자에 한하여 농지취득자격증명원월 신청할 수 있다는 회신이 있습니다.

나씨로부터 공사대금 일억팔천만원의 유치권신고가 제출되었습니다. 입찰 전 경매물건에 대한 권리분석은 크게 세가지를 나눌 수 있습니다.

칫째, 농지취득자격증명원을 발급받을 수 있는지

둘쩨, 법정지상권이 성립되는지. 즉 토지를 경매로 매수하였을 때 단독주택을 철거할 수 있는지

셋째. 일억팔천만원의 유치권신고가 있는데 유치권 성립하는 지

매각물건명세서

사 건	2020타경3[illegible] 부동산임의경매	매각물건번호	1	작성일자	2021.05.31	담임법관(사법보좌관)	조[illegible]
부동산 및 감정평가액 최저매각가격의 표시	별지기재와 같음	최선순위 설정	2018.06.07. 근저당.			배당요구종기	2020.10.27

부동산의 점유자와 점유의 권원, 점유할 수 있는 기간, 차임 또는 보증금에 관한 관계인의 진술 및 임차인이 있는 경우 배당요구 여부와 그 일자, 전입신고일자 또는 사업자등록신청일자와 확정일자의 유무와 그 일자

점유자 성 명	점유 부분	정보출처 구 분	점유의 권 원	임대차기간 (점유기간)	보 증 금	차 임	전입신고 일자, 사업자등록 신청일자	확정일자	배당 요구여부 (배당요구일자)
나[illegible]		현황조사	주거 점유자(주택소유자)						
이[illegible]		현황조사	주거 점유자(주택소유자)						

<비고>

※ 최선순위 설정일자보다 대항요건을 먼저 갖춘 주택·상가건물 임차인의 임차보증금은 매수인에게 인수되는 경우가 발생 할 수 있고, 대항력과 우선변제권이 있는 주택·상가건물 임차인이 배당요구를 하였으나 보증금 전액에 관하여 배당을 받지 아니한 경우에는 배당받지 못한 잔액이 매수인에게 인수되게 됨을 주의하시기 바랍니다.

등기된 부동산에 관한 권리 또는 가처분으로 매각으로 그 효력이 소멸되지 아니하는 것

해당사항없음

매각에 따라 설정된 것으로 보는 지상권의 개요

목록2.4 지상 소재 제시외 건물에 관한 법정지상권 성립여부는 불분명함.

비고란

- 일괄매각. 목록1,2,4,5.개발행위허가를 득하여 일부 토목공사된 주거용이행지. 건축신고,허가등 제반사항 확인 필요.
- 목록1.3. 주거나지.
- 목록2.4. 단독주택부지. 지상소재 단독주택(사용승인미필) 매각제외.
- 2020. 10. 12.자 나[illegible]로부터 공사대금 금180,000,000원의 유치권신고서가 제출, 그 성립 여부 불분명.
- 목록1.5.매각결정기일까지 농지취득자격증명 또는 농지가 아니라는 증명 제출 필요함.(미제출시 매수보증금 몰수함).
- [illegible]면장의 사실조회에 따르면 목록1.5.에 대하여 개발행위허가를 받은 자에 한하여 농지취득자격증명원을 신청할 수 있다는 회신 있음.

농지취득자격증명

농지는 자기의 농업경영에 이용하지 않는 농지의 소유가 확산되는 것을 방지하고 농지소유자격을 원칙적으로 농업인과 농업법인으로 제한하였습니다. 그러나 주말·체험영농으로 농업인이 아닌 개인도 농지를 소유할 수 있습니다.

주말・체험영농이란 농업인이 아닌 개인이 주말 등을 이용하여 취미생활이나 여가활동으로 농작물을 경작하거나 다년생식물을 재배하는 것을 말합니다.

농지가 산업단지, 공공주택단지 등 대규모 개발지로 전용되면서, 개발 예정지 중심으로 농지 투기 행태가 발행하자 농지투기 행위를 근절하여 헌법상의 경자유전의 원칙 및 농지는 투기 대상이 되어서는 안 된다는 농지법의 원칙을 실현하기 위해 관련 제도를 개선하고 현행 제도 운영상 나타난 일부 미비점을 개선・보완하기 위해 2021년 8월 17일 농지법을 개정하여 2021년 8월 18일부터 시

행하였습니다. 2021년 8월 18일 이후 농업진흥지역 내 농지의 주말・체험영농목적 취득을 제한하였습니다. 농업진흥지역 내 농지는 주말·체험영농 목적으로 취득할 수 없습니다. 주말·체험영농 목적으로 농업진흥지역 외 농지를 취득할 때도 주말·체험영농계획서, 농업경영계획서를 작성해 농지 취득자격 심사를 받아야 합니다. 농지를 취득하기 위해 농업경영계획서를 작성할 때 기존 취득 면적, 노동력·농업 기계 확보 방안, 소유농지 이용실태를 포함해 직업, 영농경력, 영농거리 등을 작성하여야 합니다. 재직증명서나 농업경영체등록증, 자금조달계획서 등 실제 농업경영을 할 수 있는지 관련 증명서류 제출도 하여야 합니다. 농업경영계획서에 의무 기재 사항을 적지 않거나 증명서류를 제출하지 않으면 농지취득자격증명 발급이 제한됩니다.

농업인이 아닌 개인이 주말 등을 이용하여 취미 또는 여가활동으로 농작물을 경작하거나 다년성 식물을 재배하고자 농지를 소유하는 경우 1,000㎡ 미만의 농지에 한하여 이를 소유할 수 있습니다. 이 경우 면적의 계산은 그 세대원 전부가 소유하는 총면적으로 합니다.

농지의 소유권을 취득하고자 하는 자는 농지취득자격증명원을 발급받아 소유권에 관한 등기를 신청할 때에 이를 첨부하여야 합니다. 경매로 농지를 낙찰받은 매수인은 매각허가 여부를 결정할 때까지(매각결정기일 전까지) 농지취득자격증명원을 법원에 제출하여야만 매각허가를 받을 수 있습니다. 즉 낙찰받은 후 1주일 이내 농지 소재지 시·구·읍·면장에게 농지취득자격증명원을 발급받아 법원에 제출하여야 합니다.

농지취득자격증명을 신청하기 위해서는 최고가매수신고인이 되고 입찰보증금 영수증 발급과 동시에 증명서류를 받게 되는데 이 증명서류를 가지고 농지취득자격증명신청서를 작성한 후 당해 농지의 소재지를 관할하는 시·구·읍·면장에게 제출합니다. 이때 농업경영계획서(농업인 또는 농업인이 되고자 하는 자와 농업법인) 주말·체험영농계획서를 첨부하여 제출합니다.

시・구・읍・면의 장은 농지 투기가 성행하거나 성행할 우려가 있는 지역의 농지를 취득하려는 자 등 농림축산식품부령으로 정하는 자가 농지취득자격증명 발급을 신청한 경우 제44조에 따른 농지위원회의 심의를 거쳐야 합니다.

시・구・읍・면의 장은 제1항에 따른 농지취득자격증명의 발급 신청을 받은 때에는 그 신청을 받은 날부터 7일(제2항 단서에 따라 농업경영계획서를 작성하지 아니하고 농지취득자격증명의 발급 신청을 할 수 있는 경우에는 4일, 제3항에 따른 농지위원회의 심의 대상의 경우에는 14일) 이내에 신청인에게 농지취득자격증명을 발급하여야 합니다. 14일 이내에 경우는 아래와 같습니다.

1. 「부동산 거래신고 등에 관한 법률」 제10조에 따른 토지거래허가구역의 농지를 취득하려는 자
2. 농업법인
3. 취득대상 농지 소재지 관할 시・군・구(자치구인 구를 말한다. 이하 이 조에서 같다) 또는 연접한 시・군・구 내에 거주하지 않으면서 관할시・군・구 내의 농지를 최초로 취득하려는 자
4. 1필지의 농지를 3인 이상이 공유로 취득하려는 자
5. 「출입국관리법」 제31조에 따라 등록한 외국인 또는 「재외동포의 출입국과 법적 지위에 관한 법률」 제6조에 따라 국내거소신고를 한 외국국적동포
6. 그 밖에 신청인의 농업경영능력 등을 면밀히 심사할 필요가 있다고 인정하여 시・군・구의 조

례로 정하는 자

농지전용사업이 시행 중인 경매농지를 제외한 일반적인 농지에 있어서는 최고가(차순위)매수신고인이 농지취득자격증명의 발급을 신청하기 위한 첨부서류에 최고가(차순위)매수신고인증명서가 불필요하므로 농지취득자격증명의 발급기간을 고려 입찰 전에 미리 농지취득자격증명의 신청이 가능합니다.

토지거래허가구역에서 주말·체험영농 목적으로 토지거래허가는 불가합니다. 그러나 경매의 경우에는 토지거래허가는 필요 없습니다.

농업경영계획서를 작성할 경우 농업경영계획서의 영농착수시기는 실제 경작예정시기를 씁니다. 예를 들면 겨울에 논을 매입한다면 봄부터 농사를 짓겠다고 하면 됩니다. 전소유자가 모내기를 한 땅을 낙찰받은 경우는 영농착수시기를 다음 해부터로 작성합니다. 임차인이 농사를 짓고 있는 땅을 매입할 때는 임차기간 종료 후를 영농착수 시기로 작성합니다.

불법 형질 변경된 농지의 농지취득자격증명원 발급 방법

신청대상 농지에 불법으로 형질을 변경한 부분이 있는 경우 또는 불법 건축물이 있는 경우 농업경영계획서에 실현 가능한 사후원상복구 계획을 포함하거나 별도로 제출합니다. 농지취득자격증명원을 신청하였으나 발급요건에 부합되지 않는 경우에는 그 사유를 명시한 농지취득자격증명신청서 반려통지서를 신청인에게 교부합니다.

무허가건축물이나, 도로, 주차장 등으로 불법으로 형질변경한 부분이 있는 농지인 경우 사후원상복구계획서를 제출하였는데도 농지취득자격증명원이 발급되지 않을 때는 경매법원의 불허가 결정에 즉시항고장을 제출한 다음 시·구·읍·면장을 상대로 농지취득자격증명원을 발급해 주지 않은 것은 위법이라는 취지로 행정소송을 제기합니다. 승소 후 농지취득자격증명원을 발급받아 경매법원에 제출합니다.

반려사유	판결내용
토지 중 일부 면적에 무허가 건축물과 불법 형질변경된 부분이 있어 농지취득자격증명발급신청을 반려	농지취득자격증명발급심사요령 자체는 어디까지나 행정기관 내부의 사무처리준칙에 불과하여 법원이나 일반국민을 구속하는 효력이 없다할 것이므로 어느 모로 보나 이 사건 토지를 경락으로 취득하려는 이 사건에 있어서는 이를 들어 농지취득자격증명의 발급을 거부할 수 없다.
토지 중 일부가 묘지로 사용하고 있다고 반려	농지전용 행위자가 아닌 불법 농지전용 후 경매절차에서 취득하는 자에게 원상회복을 요구할 법적 근거가 없다.
농지 상에 기계공장으로 활용되고 있는 가건물이 있어 이를 철거한 후 농지로 원상복구하기 전에는 농지로서의 이용이 불가능하다는 이유로 농지취득자격증명신청을 반려	정당한 경매절차를 통하여 농지를 취득하려고 하는 자로서 농지를 낙찰받아 소유권을 취득하기 전에는 원상회복 등의 조치를 할 아무런 권원이 없다.

입찰 전 농지취득자격증명 발급 담당자와 원상복구조건과 농지취득자격증명의 발급가능성 여부를 미리 확인하고 입찰하여야 합니다.

농지전용사업이 시행 중인 경매농지에 대하여 당해 농지의 최고가 매수신고인이 전용목적으로 당해 경매 농지에 대한 자격증명을 신청하는 경우에는 당해 농지에 대한 전용사업계획서를 제출하여야 하고, 시·구·읍·면장은 실현 가능성 등을 검토하여 미리 자격증명을 발급할 수 있습니다. 또한 해당 농지를 농지전용 목적으로 취득한 후 해당 농지의 전용허가 사항을 변경하거나, 신규 취득자 명의로 농지전용 허가 신청하여야 합니다.

농림부의 농지취득자격심사요령 제9조의2에 의하면 시·구·읍·면장은 농지전용사업이 시행 중인 경매농지에 대하여 당해 농지의 최고가매수신고인이 농업경영 또는 주말체험영농 목적으로 당해 경매농지에 대한 자격증명을 신청한 경우에는 당해 농지의 상태, 경작 또는 재배 가능성 등을 검토하여 미리 자격증명을 발급할 수 있습니다.

농지전용사업계획서의 실현 가능성은 향후 기존 농지전용허가 취소 및 명의변경을 전제로 최고가매수신고인의 전용사업계획서상 실현가능성을 검토하여 판단합니다. 미리 농지취득자격증명을 발급해 준 후에는 농지전용 허가취소 또는 농지전용 변경 등의 조치를 하여야 합니다.

해당 농지를 농업경영 또는 주말·체험영농을 목적으로 취득한 경우 : 해당 농지에 대한 농지전용 허가 취소 해당 농지를 농지전용 목적으로 취득한 경우 : 해당 농지의 전용허가 사항을 신규 취득자 앞으로 변경하거나, 기존의 농지전용 허가를 취소하고 신규 취득자 명의로 농지전용 허가

유치권의 성립요건

유치권의 성립요건은 ①물건과 유가증권을 대상으로 하며, ②채권이 유치권의 목적물에 관하여 생긴 것이어야 하며, ③채권이 변제기에 있어야 하며, ④유치권자는 타인의 물건 기타 유가증권의 점유자이어야 하고, ⑤유치권의 발생을 배제하는 법령 상, 계약상의 사유가 없어야 하고, ⑥경매개시결정으로 인한 압류의 효력이 발생한 이후에 점유를 개시한 자는 압류의 효력에 저촉되므로 유치권이 성립하지 않습니다.

유치권자는 타인의 물건을 점유하여야 합니다. 주택의 소유자가 유치권신고를 하였습니다. 유치권이 성립되지 않습니다.

임차인/대항력		점유부분	전입/확정/배당	보증금/월세	예상배당액 예상인수액	비고
나**		주거 (현황서상)	전입 : - 확정 : - 배당 : -		배당액 : 미상 미배당 : 미상 인수액 : 없음	**주택소유자**
이**		주거 (현황서상)	전입 : - 확정 : - 배당 : -		배당액 : 미상 미배당 : 미상 인수액 : 없음	**주택소유자**
비고	-기타점유 -지상에 제시외 조적조 주택 소재하며, 그 주택 소유자 점유					

법정지상권

법정지상권은 저당권 설정 당시부터 저당권의 목적되는 토지 위에 건물이 존재할 경우에 한하여 인정되며, 토지에 관하여 저당권이 설정될 당시 그 지상에 토지 소유자에 의한 건물의 건축이 개시되기 이전이었다. 건물이 없는 토지에 관하여 저당권이 설정될 당시 근저당권자가 토지소유자에 의한 건물의 건축에 동의하였다고 하더라도 그러한 사정은 주관적 사항이고 공시할 수도 없는 것이어서 토지를 낙찰받는 제3자로서는 알 수 없는 것이므로 그와 같은 사정을 들어 법정지상권의 성립을 인정한다면 토지 소유권을 취득하려는 제3자의 법적 안정성을 해하는 등 법률관계가 매우 불명확하게 되므로 법정지상권이 성립되지 않는다(대법원 2003다26051). 설령 근저당권자의 동의를 얻어 주택을 건축하였다고 하더라도 근저당권이 설정된 이후에 건축된 주택에 관하여 법정지상권은 성립되지 않습니다.

토지 감정평가요항표

Page : 2

(1) 위치 및 주위환경　(2) 교통상황　(3) 형태 및 이용상태
(4) 인접 도로상태　(5) 토지이용계획 및 제한상태　(6) 제시목록 외의 물건
(7) 공부와의 차이　(8) 기타참고사항(임대관계 및 기타)

(6) 제시목록 외의 물건

기호(2.4)지상에 별첨 사진과 같이 신축되어 사용승인단계인 단독주택이 소재함.

(7) 공부와의 차이

기호(1-4) 토지의 공부상 지목이 '답'이나 공히 개발행위허가를 득하여 일부 토목공사된 주거용이행지로서 기호(1,3)은 주거나지 상태이며, 기호(2,4)는 단독주택 건축허가를 득하여 건물 사용승인단계인 주거용건부지임.

(8) 기타참고사항(임대관계 및 기타)

임대관계 미상임.
기호(2,4) 건축신고 내역
-기호(2) 토지
*신고번호: 2019-　면-신축신고-45
*신고일자: 2019.08.19
*대지면적: 776㎡
*건축면적: 82.73㎡(연면적: 110.78㎡)
*건물용도: 단독주택
*착공예정일: 2019.08.23
-기호(4) 토지
*신고번호: 2018-　면-신축신고-90호
*신고일자: 2018.11.12
*대지면적: 459㎡
*건축면적: 76.64㎡
*건물용도: 단독주택
*착공예정일: 2019.04.23

등기사항전부증명서(말소사항 포함)
- 토지 -

고유번호 1312-

[토지] 경기도 시 면 리 6

【 표 제 부 】 (토지의 표시)

표시번호	접 수	소 재 지 번	지 목	면 적	등기원인 및 기타사항
~~1~~	~~2019년8월29일~~	~~경기도 시 면 리~~	~~답~~	~~776㎡~~	~~분할로 인하여 경기도 시 면 리 676-24에서 이기~~
2	2020년9월21일	경기도 시 면 리	대	776㎡	지목변경

【 갑 구 】 (소유권에 관한 사항)

순위번호	등 기 목 적	접 수	등 기 원 인	권리자 및 기타사항
1 (전 6)	소유권이전	2018년6월7일 제17119호	2018년4월26일 매매	소유자 이 -******* 경기도 양평군 거래가액 금230,000,000원
				분할로 인하여 순위 제1번 등기를 경기도 여주시 면 리 676-24에서 전사 접수 2019년8월29일 제24506호
2	소유권이전	2020년5월26일 제16184호	2020년5월22일 매매	소유자 이 -******* 경기도 안양시 매매목록 제2020-681호
3	임의경매개시결정	2020년7월24일 제23950호	2020년7월24일 수원지방법원 여주지원의 임의경매개시결정(2020타경3)	채권자 이 형 -******* 양주시

1/5

[토지] 경기도 ... 시 ...면 ...리

【 을 구 】 (소유권 이외의 권리에 관한 사항)

순위번호	등 기 목 적	접 수	등 기 원 인	권리자 및 기타사항
1 (전 5)	근저당권설정	2018년6월7일 제17120호	2018년6월7일 설정계약	채권최고액 금196,000,000원 채무자 이... 경기도 ... 근저당권자 여주새마을금고 131244-0000353 경기도 여주시 세종로14번길 5(홍문동)
1-1	1번근저당권공동담보변경			공동담보목록 제2019-502호 토지분필로 인하여 2019년8월29일 부기
2 (전 6)	지상권설정	2018년6월7일 제17121호	2018년6월7일 설정계약	목 적 건물 기타 공작물이나 수목의 소유 범 위 토지의 전부 존속기간 설정등기일부터 만30년으로 한다. 지 료 없음 지상권자 여주새마을금고 131244-0000353 경기도 여주시 세종로14번길 5(홍문동)
3 (전 7)	근저당권설정	2018년6월15일 제17904호	2018년6월15일 설정계약	채권최고액 금150,000,000원 채무자 이... 경기도 양평군 ... ~~근저당권자 홍...교 ...-*******~~ ~~경기도 양주시 ...~~
				분할로 인하여 순위 제1번부터 3번까지 등기를 경기도 여주시 ...면 ...리 676-24에서 전사 접수 2019년8월29일 제24506호
3-1	3번근저당권공동담보변경			공동담보목록 제2019-503호 토지분필로 인하여 2019년8월29일 부기
3-2	3번근저당권이전	2020년3월19일 제9026호	2019년12월25일 협의분할에 의한 상속	근저당권자 이...형 ...-******* 경기도 양주시 ...

2018.06.07 건물이 없는 상태에서 근저당권 설정 → 법정지상권 성립 불가

열람용

2/5

등기부 현황(토지)

접수일	등기목적	권리자	채권금액	기타등기사항	소멸여부
2018.06.07	근저당권	**새마을금고	196,000,000	**말소기준권리**	소멸
2018.06.07	지상권	**새마을금고		만30년	소멸
2018.06.15	근저당권	이*형	150,000,000	홍**의 근저당권이전	소멸
2020.05.26	소유권이전	이*현		전소유자:이** 매매 (2020.05.22.)	
2020.07.24	임의경매	이*형	청구금액 150,000,000		소멸

2018년 6월 7일 근저당권이 최선위이며 근저당권은 경매로 인한 매각으로 말소됩니다. 경매로 인수하는 등기부상의 권리 없습니다.

권리분석

1. 등기부등본 분석 : ① 최선순위 설정(말소기준권리) : 근저당권
   ② 등기부상 인수하는 권리 : 없음
2. 법정지상권 안 됨
3. 유치권 성립 안 됨

점유자가 유치권을 주장하고 있을 때 건물점유자가 건물의 원시취득자에게 그 건물에 관한 유치권이 있다고 하더라도 그 건물의 존재와 점유가 토지소유자에게 불법행위가 되고 있다면 그 유치권으로 토지소유자에게 대항할 수 없다(대법원 판례 87다카3073).

★ 유치권 성립 요건, 유치권신고 물건의 권리분석 체크리스트

「용인 협력업체 채권단」 결성 공고

1. 2000년 11월 2일 건설산업(주)의 부도로 위 건설산업(주)는 서울지방법원에 회사정리절차개시신청을 하였으나, 2001. 03. 09 위 동법원 제4파산부는 위 건설산업(주)의 청산가치가 계속기업가치보다 높다는 이유로 위 건설산업(주)에 대해서 회사정리절차 폐지결정 및 파산선고 결정을 하였습니다.
2. 경기도 용인시 면 번지외 39필지 소재 「용인 시티 신축현장」에 위 건설산업(주)로부터 각 공사물을 도급받아 위 현장에 성실하게 피와 땀을 흘려 각 공사물을 제작·납품하였던 위 현장의 모든 협력 업체들은 위 건설산업(주)로부터 변제받지 못한 부도어음 등의 공사대금채권을 변제받을 때까지 위 현장 「용인 아파트」 및 그 부속물까지 유치하고 외부의 불법방해 등에 적법하게 대항하고자 아래와 같이 채권단을 결성하였습니다.

-아 래-

1. 채권단명 : 「용인 협력업체 채권단」
2. 결성목적 : 공사대금청구권에 기한 유치권 행사
3. 문 의 : 채권단 사무실 (Tel: 031- 6)

2(년 3월 29일

「용인 협력업체 채권단」

대 표

■ 유치권

① 유치 : 남의 물건을 보관함

② 타인의 물건 또는 유가증권을 점유한 자가 그 물건이나 유가증권에 관하여 생긴 채권이 변제기에 있는 경우에는 변제를 받을 때까지 그 물건 또는 유가증권을 유치할 권리가 있다(민법 제320조제1항).

③ 부동산경매에 있어서 매수인은 유치권자에게 그 유치권으로 담보하는 채권을 변제할 책임이 있다(민사집행법 제91조제5항).

유치권 성립 요건
① 채권이 타인의 물건(동산, 부동산)이나 유가증권에 관하여 생긴 것이어야 한다. ② 타인의 물건을 점유하고 있어야 한다. ③ 변제기가 있어야 한다. ④ 당사자 사이에 유치권의 발생을 배제하는 특약이 없어야 한다. ⑤ 경매개시 결정 전에 점유하여야 한다.

■ 점유

① 사실적 지배

② 사실적 지배 : 타인의 간섭을 배제

③ 출입문을 잠그고 열쇠를 보관하는 한편, 유치권을 행사하고 있다는 내용의 경고문을 아파트의 출입문에 게시하였다면, 타인의 지배를 배제하고 사회통념상 아파트를 사실상 지배하여 점유를 취득하였다고 본다(서울중앙지방법원 2009가합49365).

④ 점유의 시기 : 경매개시결정 이전부터 점유

> 채무자 소유의 건물 등 부동산에 강제경매개시결정의 기입등기가 경료되어 압류의 효력이 발생한 이후에 채무자가 위 부동산에 관한 공사대금 채권자에게 그 점유를 이전함으로써 그로 하여금 유치권을 취득하게 한 경우, 그와 같은 점유의 이전은 목적물의 교환가치를 감소시킬 우려가 있는 처분행위에 해당하여 민사집행법 제92조 제1항, 제83조 제4항에 따른 압류의 처분금지효에 저촉되므로 점유자로서는 위 유치권을 내세워 그 부동산에 관한 경매절차의 매수인에게 대항할 수 없다(대법원 2005다22688).

▪처분 : 목적물의 교환가치를 감소시킬 수 있는 재산권의 변동행위, 점유권도 재산권의 일종이고, 점유의 이전은 목적물의 교환가치를 감소시킬 수 있는 염려가 있는 행위로써 처분에 해당. 압류 이후에 채무자가 점유권을 이전하는 것은 처분금지효에 반함. 압류 이후에 채무자가 점유권을 이전하는 것은 처분금지효에 반함.

▪공사대금 채권을 실제와 달리 허위로 크게 부풀려 유치권에 의한 경매를 신청할 경우 → 소송사기죄의 실행의 착수에 해당(대법원 2012도9603)

유치권은 목적물에 관하여 생긴 채권이 변제기에 있는 경우에 비로소 성립하고(민법 제320조), 한편 채무자 소유의 부동산에 경매개시결정의 기입등기가 마쳐져 압류의 효력이 발생한 후에 유치권을 취득한 경우에는 그로써 부동산에 관한 경매절차의 매수인에게 대항할 수 없는데, 채무자 소유의 건물에 관하여 증·개축 등 공사를 도급받은 수급인이 경매개시결정의 기입등기가 마쳐지기 전에 채무자에게서 건물의 점유를 이전받았다 하더라도 경매개시결정의 기입등기가 마쳐져 압류의 효력이 발생한 후에 공사를 완공하여 공사대금채권을 취득함으로써 그때 비로소 유치권이 성립한 경우에는, 수급인은 유치권을 내세워 경매절차의 매수인에게 대항할 수 없다(대법원 2006다22050, 2011다55214).

점유관계	채무자(소유자)점유
기타	- 목적물에 대하여 현황조사차 방문하였으나 폐문부재로 소유자 및 점유자를 만나지 못하였음. 컨테이너, 본건 입구근처 1층 출입문 및 본관 1층 출입문에 각 안내문을 붙여 놓음. - 점유관계를 확인할 수 없으므로 가까운 발행관서에서 확인한 전입세대열람 내역 및 상가건물임대차현황서 결과를 기재함. - 전입세대열람 내역 및 상가건물임대차현황서에 해당 주소에 전입세대 및 임차인이 없음. - 본건 출입문 및 건물에 `(주)[illegible]`으로 표시되어 있음.

2. 부동산의 현황

- 본건 출입문에 유치권 플랭카드(유치권행사중 (주)[illegible]종합건설)가 걸려 있고, 콘테이너에도 유치권 플랭카드(공사비미지급, 유치권행사)가 붙여 있음.

⑤ 경매사건의 현황조사보고서에 본건 출입문에 유치권 플랭카드(유치권 행사 중) 걸려 있고 콘테이너에도 유치권 플랭카드(공사비 미지급)가 붙여 있음) 있다. 하지만, 경매개시기입등기일 이전에 부동산을 타인의 간섭을 배제할 정도로 적법하게 점유하고 있었다고 인정하기 부족하고, 달리 이를 인정할 증거가 없다(수원지방법원 안산지원 2020가합7559).

■ 당사자 사이의 유치권의 발생을 배제하는 특약이 없어야 한다.

① 건물주에게 승낙받아 각종 내부시설을 하여 상당한 가액이 현존한다고 해도 건물주와 임차인이 임대차계약을 할 때 건물의 임차인이 임대차관계 종료 시에는 건물을 원상으로 복구하여 임대인에게 명도하기로 한다는 약정한 사실이 있으면 건물에 지출한 각종 유익비 또는 필요비의 상환청구권을 미리 포기하기로 한 취지의 특약이라고 볼 수 있어 임차인은 유치권 주장을 할 수 없다고 한다(대법원95다12927).

공사 중 부도 및 기타 사유로 인하여 더 이상 공사를 진행할 수 없을 경우와 상기 부동산이 경매 등으로 법적 절차가 진행될 경우에는 모든 건축물에 대한 소유권, 유치권, 기타 시설물 등 일체의 권리를 포기하고, 귀행에 모든 권리를 양도하겠다.

② 유원지를 이용하여 접객업을 하기 위하여 임야상에 건물을 지어 전기가설공사, 상수도 설치공사를 시행하고 또 선착장 시설을 위한 석축공사를 시행한 경우, 위와 같이 임차한 토지 위에 유원지 경영 등에 필요한 시설을 하기 위하여 투입한 비용을 그 토지에 대한 유익비라고 할 수는 없다(광주고등법원 82나156).

③ 유치권은 법정담보물권이기는 하나 채권자의 이익보호를 위한 채권담보의 수단에 불과 하므로 이를 포기하는 특약은 유효하고, 유치권을 사전에 포기한 경우 다른 법정요건이 모두 충족되더라도 유치권이 발생하지 않는 것과 마찬가지로 유치권을 사후에 포기한 경우 곧바로 유치권은 소멸한다. 그리고 유치권 포기로 인한 유치권의 소멸은 유치권 포기의 의사표시의 상대방뿐 아니라 그 이외의 사람도 주장할 수 있다(대법원 2014다52087).

■ 유치권부존재확인소송 채권자 승소한 경매사건

① 유치권부존재확인의 소를 제기하면 유치권자라고 주장하는 피고들이 유치권의 성립 및 존속요건에 관하여 주장·증명할 책임을 부담한다(대법원 97다45259).

② 유치권이 존재하지 않음이 밝혀진 경매사건 ≫ 문건처리내역 ≫ 매각물건명세서(사건번호 기재) ≫ 대법원 나의사건검색 ≫ 사건진행내역 확인 ≫ 판결서사본 열람 ≫ 확정판결 확인

「**건설주식회사는 신청채권자와 맺은 사업약정서를 통해 유치권 포기를 약정한 사실이 있다는 의견서가 신청새권자에 의하어 제출 됨」
「유치권배제신청서 제출」
「채권자가 유치권자에 대하여 제기한 유치권부존재확인소송은 채권자 승소로 확정」
「***의 유치권부존재확인판결문정본이 2***.*.*.자로 제출됨」

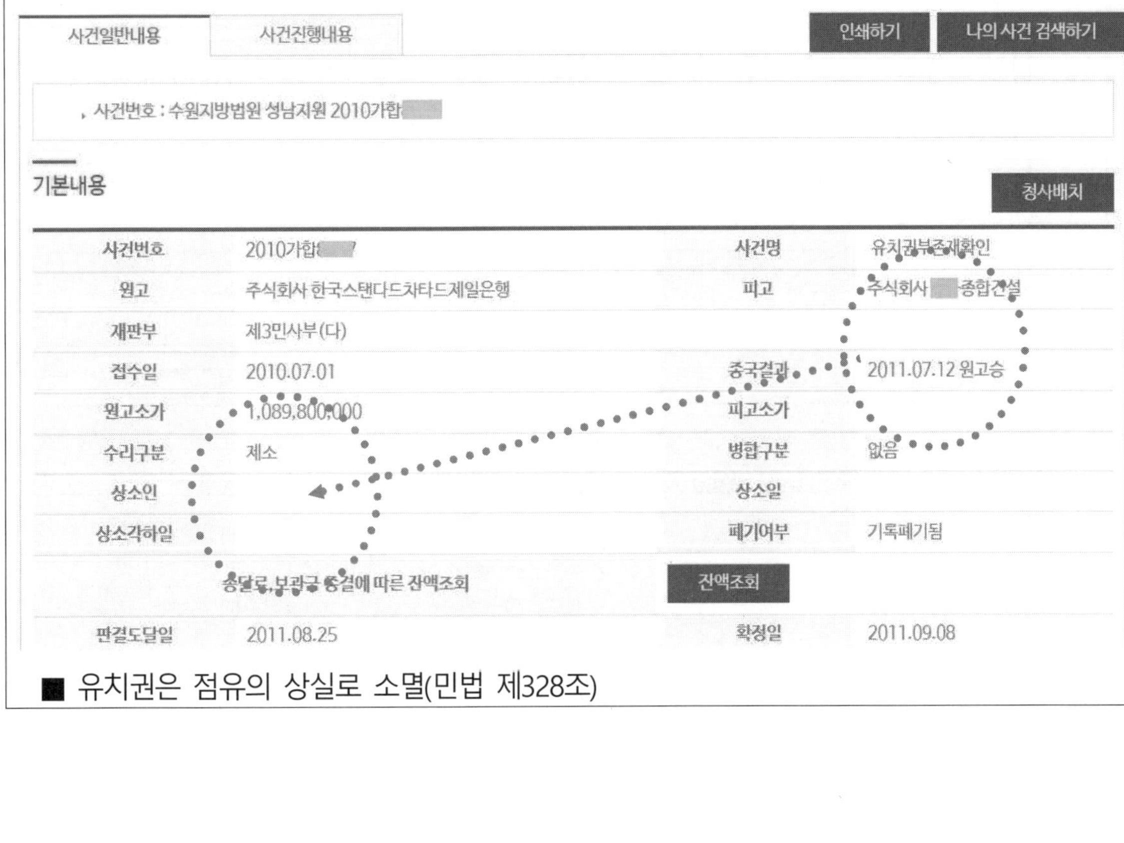
사건일반내용 | 사건진행내용 | 인쇄하기 | 나의 사건 검색하기

› 사건번호 : 수원지방법원 성남지원 2010가합

기본내용 | 청사배치

사건번호	2010가합	사건명	유치권부존재확인
원고	주식회사 한국스탠다드차타드제일은행	피고	주식회사 종합건설
재판부	제3민사부(다)		
접수일	2010.07.01	종국결과	2011.07.12 원고승
원고소가	1,089,800,000	피고소가	
수리구분	제소	병합구분	없음
상소인		상소일	
상소각하일		폐기여부	기록폐기됨
	송달료, 보관금 종결에 따른 잔액조회	잔액조회	
판결도달일	2011.08.25	확정일	2011.09.08

■ 유치권은 점유의 상실로 소멸(민법 제328조)

★경매 부동산의 점유자와 인도명령 대상자

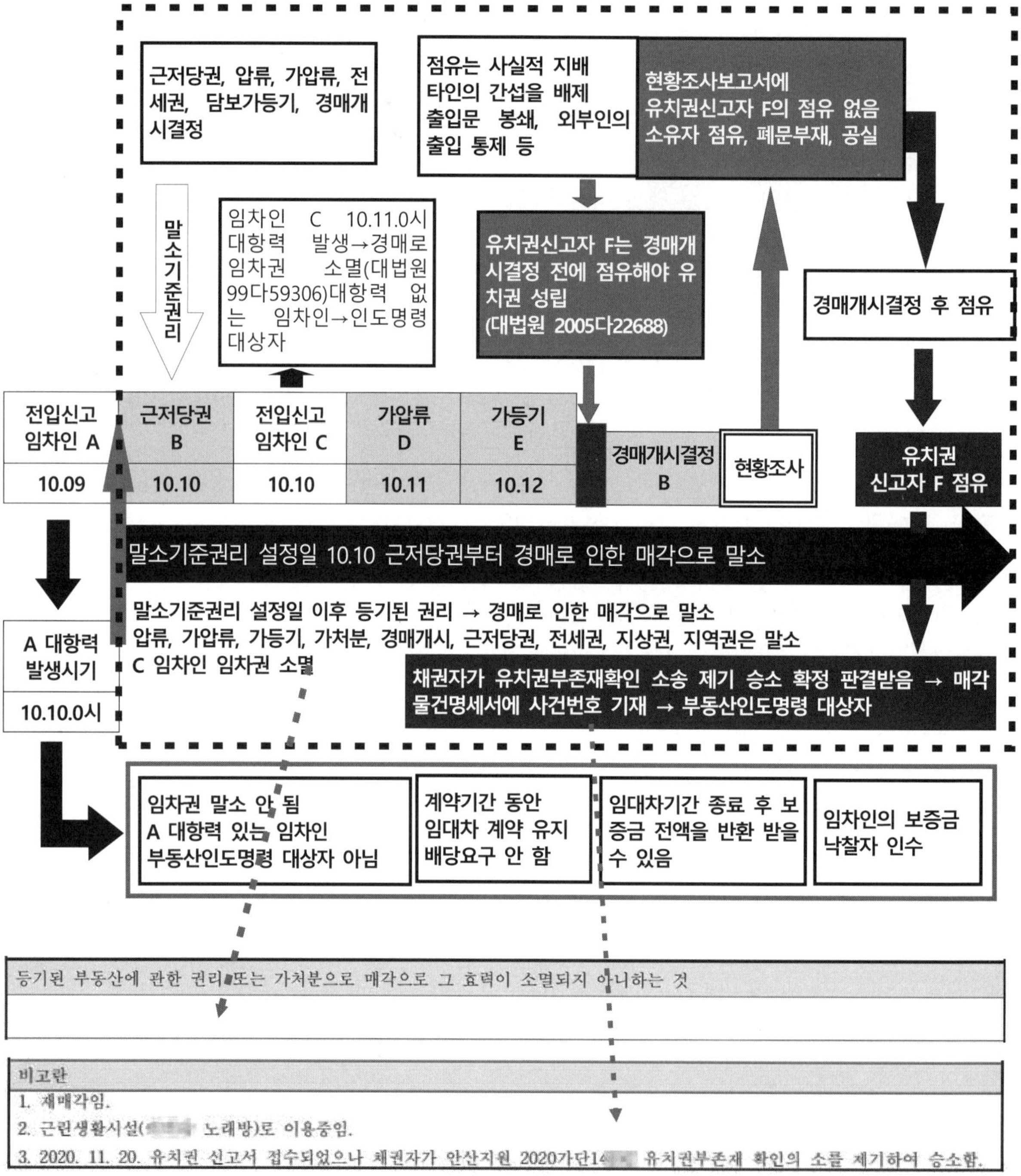

유치권신고 있음 입찰 전.후 체크리스트

구분	조사내용
입찰전	1. 등기부등본의 부채총액과 가처분 등 소유권이 제한된 상태, 부채총액이 과다한 상태에서 공사했는지 확인 2. 건축물대장(도면 : 감정평가서 참조)을 열람하여 건축주와 착공일, 건축년도, 사용승인일 확인 3. 감정평가금액과 유치권신고 금액과의 균형 여부 파악 4. 유치권신고자가 경매개시결정전에 가압류를 하였는지 확인, 가압류가 있다면 채권·채무 관계있을 수 있음 5. 부동산점유관계조사서에 "소유자 점유", "폐문부재", "임차인점유", "공실" 등으로 경매개시결정 전부터 유치권신고자가 유치권행사 중임을 알리지 않았을 경우 유치권신고자의 점유사실을 인정받기 어려움, 경매개시결정등기 전부터 유치권 행사 중임을 알렸는지 조사 6. 유치권신고자의 점유의 사실적 지배 조사, 현장조사 시 전기, 도시가스가 사용 중인지 확인, 관리비 연체 현황 확인하고 점유하지 않는다고 파악될 경우 증거자료 확보 7. 문건접수내역, 매각물건명세서 확인하여 유치권배제신청서, 유치권기록말소 신청, 유치권부존재확인의 소에서 승소 등을 확인 8. 유치권부존재확인의 소에서 승소시 대법원 나의사건검색에서 승소확정 판결받았는지 확인하고 판결서사본열람
입찰후	1. 경매사건기록 열람하여 유치권신고서, 임대차계약서, 공사계약서, 공사일지 등에서 착공시기 등 확인, 임대차계약서의 원상회복 조항, 시공업자의 유치권포기각서, 근저당권자의 배당배제신청서, 유치권기록말소 열람, 유치권부존재확인의 소송 판결서 열람복사 2. 유치권신고서의 공사업자를 만나 공사사실 여부를 확인하고 공사를 하지 않았을 경우 형사처벌 대상이 됨을 고지하고 명도 합의 유도 3. 인도명령 신청 ⇨ 강제집행 4. 경매입찰방해죄 등으로 형사고소

PART 2

입찰표 작성, 매각대금 납부와 셀프등기

1. 입찰표의 기재 방법, 입찰봉투의 작성, 차순위매수신고

본인 입찰

기 일 입 찰 표

지방법원 지원 집행관 귀하 　　　　　　　입찰기일 : 20 년 10 월 8 일

사건번호	20 타경 호	물건번호	※물건번호가 여러개 있는 경우에는 꼭 기재		
입찰자 / 본인	성 명 (법인명칭, 대표자)	윤 ㊞	전화번호	자 택	
				휴대폰	C
	주민등록번호 (사업자등록번호)	6	법인등록번호		
	주 소				
	송달장소	상 동			
입찰자 / 대리인	성 명	㊞	본인과의 관계		
	주민등록번호		전화번호	자 택	
				휴대폰	
	주 소				

입찰가격	천억	백억	십억	억	천만	백만	십만	만	천	백	십	일	원
					8	4	3	3	3	3	3	3	원

보증금액	백억	십억	억	천만	백만	십만	만	천	백	십	일	원
					6	7	0	0	0	0	0	원

위 보증금중 /10을 초과하는 금원은 틀림없이 반환 받았습니다. ㊞

보증의 제공방법	☑ 현금·자기앞수표 □ 보증서	보증을 반환 받았습니다. 입찰자 윤 ㊞

※ 주의사항. (입찰가격란의 금액표기는 반드시 빈칸이 없도록 끝까지 기재하여 주시기 바랍니다.)

1. 입찰표는 물건마다 별도의 용지를 사용하십시오. 다만, 일괄입찰시에는 1매의 용지를 사용하십시오.
2. 한 사건에서 입찰물건이 여러개 있고 그 물건들이 개별적으로 입찰에 부쳐진 경우에는 사건번호외에 물건번호를 기재하십시오.
3. 입찰자가 법인인 경우에는 본인의 성명란에 법인의 명칭과 대표자의 지위 및 성명을, 주민등록란에는 입찰자가 개인인 경우에는 주민등록번호를, 법인인 경우에는 사업자등록번호를 기재하고, 대표자의 자격을 증명하는 서면(법인의등기부 등·초본)을 제출하여야 합니다.
4. 주소는 주민등록상의 주소를, 법인은 등기부상의 본점소재지를 기재하시고, 신분확인상 필요하오니 주민등록증을 꼭 지참하십시오.
5. 입찰가격은 수정할 수 없으므로, 수정을 요하는 때에는 새 용지를 사용하십시오.
6. 대리인이 입찰하는 때에는 입찰자란에 본인과 대리인의 인적사항 및 본인과의 관계 등을 모두 기재하는 외에 본인의 위임장(입찰표 뒷면을 사용)과 인감증명을 제출하십시오.
7. 위임장, 인감증명 및 자격증명서는 이 입찰표에 첨부하십시오.
8. 일단 제출된 입찰표는 취소, 변경이나 교환이 불가능합니다.
9. 공동으로 입찰하는 경우에는 공동입찰신고서를 입찰표와 함께 제출하되, 입찰표의 본인란에는 "별첨 공동입찰자목록 기재와 같음" 이라고 기재한 다음, 입찰표와 공동입찰신고서 사이에는 공동입찰자 전원이 간인하십시오.
10. 입찰자 본인 또는 대리인 누구나 보증을 반환 받을 수 있습니다.
11. 보증의 제공방법(현금·자기앞수표 또는 보증서)중 하나를 선택하여 ☑표를 기재하십시오.

[전산양식 A3360]

대리인 입찰

기 일 입 찰 표

지방법원 지원 집행관 귀하　　　　입찰기일 : 20 년 10 월 6 일

사건번호	20 타경 7 호	물건번호	※물건번호가 여러개 있는 경우에는 꼭 기재

입찰자					
본인	성명 (법인명칭, 대표자)	최 (인)		전화번호	자택 / 휴대폰
	주민등록번호 (사업자등록번호)	6003	법인등록번호		
	주소	20 동 301호			
	송달장소	60길 59 동 301호			
대리인	성명	이 (인)	본인과의 관계	자	
	주민등록번호	80		전화번호	자택 / 휴대폰 010-
	주소	4동 301호			

	천억	백억	십억	억	천만	백만	십만	만	천	백	십	일	
입찰가격					6	7	6	1	0	0	0	0	원

	백억	십억	억	천만	백만	십만	만	천	백	십	일	
보증금액					6	7	0	0	0	0	0	원

위 보증금중 1/10을 초과하는 금원은 틀림없이 반환 받았습니다. ㉑

보증의 제공방법	☑ 현금·자기앞수표 ☐ 보증서	보증을 반환 받았습니다. 입찰자 이 (인)

※ 주의사항. **(입찰가격란의 금액표기는 반드시 빈칸이 없도록 끝까지 기재하여 주시기바랍니다.)**

1. 입찰표는 물건마다 별도의 용지를 사용하십시오. 다만, 일괄입찰시에는 1매의 용지를 사용하십시오.
2. 한 사건에서 입찰물건이 여러개 있고 그 물건들이 개별적으로 입찰에 부쳐진 경우에는 사건번호외에 물건번호를 기재하십시오.
3. 입찰자가 법인인 경우에는 본인의 성명란에 법인의 명칭과 대표자의 지위 및 성명을, 주민등록란에는 입찰자가 개인인 경우에는 주민등록번호를, **법인인 경우에는 사업자등록번호를 기재하고,** 대표자의 자격을 증명하는 서면(법인의 등기부 등·초본)을 제출하여야 합니다.
4. 주소는 주민등록상의 주소를, 법인은 등기 기록상의 본점소재지를 기재하시고, 신분확인상 필요하오니 주민등록증을 꼭 지참하십시오.
5. **입찰가격은 수정할 수 없으므로, 수정을 요하는 때에는 새 용지를 사용하십시오.**
6. 대리인이 입찰하는 때에는 입찰자란에 본인과 대리인의 인적사항 및 본인과의 관계 등을 모두 기재하는 외에 본인의 위임장(입찰표 뒷면을 사용)과 인감증명을 제출하십시오.
7. 위임장, 인감증명 및 자격증명서는 이 입찰표에 첨부하십시오.
8. 일단 제출된 입찰표는 취소, 변경이나 교환이 불가능합니다.
9. 공동으로 입찰하는 경우에는 공동입찰신고서를 입찰표와 함께 제출하되, 입찰표의 본인란에는 "별첨 공동입찰자목록 기재와 같음" 이라고 기재한 다음, 입찰표와 공동입찰신고서 사이에는 공동입찰자 전원이 간인하십시오.
10. 입찰자 본인 또는 대리인 누구나 보증을 반환 받을 수 있습니다.
11. 보증의 제공방법(현금·자기앞수표 또는 보증서)중 하나를 선택하여 ☑표를 기재하십시오.

[전산양식 A3360]

(뒷면)

위 임 장

대리인	성 명	이	직 업	회사원
	주민등록번호	8	전화번호	
	주 소	204동301호		

위 사람을 대리인으로 정하고 다음 사항을 위임함.

다 음

지방법원 지원 20 타경 호 부동산

경매사건에 관한 입찰행위 일체

본인1	성 명	김	직 업	가사
	주민등록번호	6	전화번호	
	주 소	동301호		
본인2	성 명	(인감인)	직 업	
	주민등록번호		전화번호	
	주 소			
본인3	성 명	(인감인)	직 업	
	주민등록번호		전화번호	
	주 소			

- 본인의 인감증명서 첨부
- 본인이 법인인 경우에는 주민등록번호란에 사업자등록번호를 기재

지원 집행관 귀하

공동입찰

(앞쪽)

입　　찰　　표

지방법원　　지원 집행관　　　　　　　　　귀하　　　　20　　년 10 월 8 일

사건번호	20　　타경　　　　　　　호	물건번호	

입찰자			
본인	성명	별첨공동입찰자 목록 기재와 같음	
	주민등록번호(사업자등록번호)		
	주소		
대리인	성명	㊞	본인과의 관계
	주민등록번호	−	전화번호　　−
	주소		

입찰가격	천억	백억	십억	억	천만	백만	십만	만	천	백	십	일	원
	X	X	X	X	6	9	8	7	0	0	0	0	

보증금액	백억	십억	억	천만	백만	십만	만	천	백	십	일	원
	X	X	X	X	6	9	8	7	0	0	0	

위 보증금중 /10을 초과하는 금원은 틀림없이 반환받았습니다. ㊞

보증의 제공방법	☑ 현금 · 자기앞수표 □ 보증서	보증을 반환받았습니다. 입찰자　김 이　　㊞

※ 주의사항 (입찰가격란의 금액표기는 반드시 빈칸이 없도록 끝까지 기재하여 주시기 바랍니다.)

1. 입찰표는 물건마다 별도의 용지를 사용하십시오. 다만, 일괄입찰시에는 1매의 용지를 사용하십시오.
2. 한 사건에서 입찰물건이 여러개 있고 그 물건들이 개별적으로 입찰에 부쳐진 경우에는 사건번호 외에 물건번호를 기재하십시오.
3. 입찰자가 법인인 경우에는 본인의 성명란에 법인의 명칭과 대표자의 지위 및 성명을, 주민등록번호란에는 입찰자가 개인인 경우에는 주민등록번호를, 법인인경우에는 사업자등록번호를 기재하고, 대표자의 자격을 증명하는 서면(법인의 등기부 등 · 초본)을 제출하여야 합니다.
4. 주소는 주민등록상의 주소를, 법인은 등기부상의 본점소재지를 기재하시고, 신분확인상 필요하오니 주민등록증을 꼭 지참하십시오.
5. 입찰가격은 수정할 수 없으므로, 수정을 요하는 때에는 새 용지를 사용하십시오.
6. 대리인이 입찰하는 때에는 입찰자란에 본인과 대리인의 인적사항 및 본인과의 관계 등을 모두 기재하는 외에 본인의 위임장과 인감증명을 제출하십시오.
7. 위임장, 인감증명 및 자격증명서는 이 입찰표에 첨부하십시오.
8. 일단 제출된 입찰표는 취소, 변경이나 교환이 불가능합니다.
9. 공동으로 입찰하는 경우에는 공동입찰신고서를 입찰표와 함께 제출하되, 입찰표의 본인란에는 "별첨 공동입찰자목록 기재와 같음"이라고 기재한 다음, 입찰표와 공동입찰신고서 사이에는 공동입찰자 전원이 간인하십시오.
10. 입찰자 본인 또는 대리인 누구나 보증을 반환받을 수 있습니다.
11. 보증의 제공방법(현금 · 자기앞수표 또는 보증서) 중 하나를 선택하여 ☑표를 기재하십시오.

[양식 5-1] 공동입찰신고서

공 동 입 찰 신 고 서

법원 집행관 귀하

사건번호 20 타경 호

물건번호

공동입찰자 별지 목록과 같음

위 사건에 관하여 공동입찰을 신고합니다.

20 년 10 월 8 일

신청인 이 외 1 인(별지목록 기재와 같음)

※ 1. 공동입찰을 하는 때에는 입찰표에 각자의 지분을 분명하게 표시하여야 합니다.
2. 별지 공동입찰자 목록과 사이에 공동입찰자 전원이 간인하십시오.

양식 4-2

공동 입찰자 목록

일련번호	성명	주소		지분	비고
		주민등록번호	전화번호		
1	이[illegible]	[illegible]		1/2	
		8[illegible] - [illegible]	010[illegible]		
2	이[illegible]	[illegible]		1/2	
		8[illegible] - [illegible]	010[illegible]		
3	㊞				
		-			
4	㊞				
		-			
5	㊞				
		-			
6	㊞				
		-			
7	㊞				
		-			
8	㊞				
		-			
9	㊞				
		-			

※ 구법적용사건(2002. 6. 30. 이전 접수)의 경우에만 공동입찰허가가 필요합니다.

(앞면)양식1

입 찰 표

지방법원 지원 집행관 귀하 20 년 10월 8일

사건번호	20 타경 호	물건번호	

입찰자			
본인	성명	별첨공동입찰자 목록 기재와 같음	
	주민등록번호 (사업자등록번호)		
	주소		
대리인	성명	최 (인)	본인과의 관계: 배우자
	주민등록번호	-	전화번호
	주소		

입찰가격	천억	백억	십억	억	천만	백만	십만	만	천	백	십	일	
					7	1	2	3	0	0	0	0	원

보증금액	백억	십억	억	천만	백만	십만	만	천	백	십	일	
					6	7	0	0	0	0	0	원

위 보증금중 /10을 초과하는 금원은 틀림없이 반환받았습니다. ㊞

보증의 제공방법	☑ 현금 · 자기앞수표 ☐ 보증서	보증을 반환받았습니다. 입찰자 최

※ 주의사항 (입찰가격란의 금액표기는 반드시 빈칸이 없도록 끝까지 기재하여 주시기 바랍니다.)

1. 입찰표는 물건마다 별도의 용지를 사용하십시오. 다만, 일괄입찰시에는 1매의 용지를 사용하십시오.
2. 한 사건에서 입찰물건이 여러개 있고 그 물건들이 개별적으로 입찰에 부쳐진 경우에는 사건번호 외에 물건번호를 기재하십시오.
3. 입찰자가 법인인 경우에는 본인의 성명란에 법인의 명칭과 대표자의 지위 및 성명을, 주민등록번호란에는 입찰자가 개인인 경우에는 주민등록번호를, 법인인경우에는 사업자등록번호를 기재하고, 대표자의 자격을 증명하는 서면(법인의 등기부 등·초본)을 제출하여야 합니다.
4. 주소는 주민등록상의 주소를, 법인은 등기부상의 본점소재지를 기재하시고, 신분확인상 필요하오니 주민등록증을 꼭 지참하십시오.
5. 입찰가격은 수정할 수 없으므로, 수정을 요하는 때에는 새 용지를 사용하십시오.
6. 대리인이 입찰하는 때에는 입찰자란에 본인과 대리인의 인적사항 및 본인과의 관계 등을 모두 기재하는 외에 본인의 위임장과 인감증명을 제출하십시오.
7. 위임장, 인감증명 및 자격증명서는 이 입찰표에 첨부하십시오.
8. 일단 제출된 입찰표는 취소, 변경이나 교환이 불가능합니다.
9. 공동으로 입찰하는 경우에는 공동입찰신고서를 입찰표와 함께 제출하되, 입찰표의 본인란에는 "별첨 공동입찰자목록 기재와 같음"이라고 기재한 다음, 입찰표와 공동입찰신고서 사이에는 공동입찰자 전원이 간인하십시오.
10. 입찰자 본인 또는 대리인 누구나 보증을 반환받을 수 있습니다.
11. 보증의 제공방법(현금 · 자기앞수표 또는 보증서) 중 하나를 선택하여 ☑표를 기재하십시오.

전산양식 A3360(앞면)

공 동 입 찰 신 고 서

법원 집행관 귀하

사건번호 20 타경 호

물건번호

공동입찰자 별지 목록과 같음

위 사건에 관하여 공동입찰을 신고합니다.

20 년 10 월 8 일

신청인 최 외 1 인(별지목록 기재와 같음)

※ 1. 공동입찰을 하는 때에는 입찰표에 각자의 지분을 분명하게 표시하여야 합니다.
2. 별지 공동입찰자 목록과 사이에 공동입찰자 전원이 간인하십시오.

양식 4-2

공 동 입 찰 자 목 록

일련번호	성 명	주 소 / 주민등록번호	전화번호	지 분	비 고
1	강 ㊞	동 / -	010	1/2	
2	최 ㊞	종 / -	010	1/2	
3	㊞	-			
4	㊞	-			
5	㊞	-			
6	㊞	-			
7	㊞	-			
8	㊞	-			
9	㊞	-			

※ 구법적용사건(2002. 6. 30. 이전 접수)의 경우에만 공동입찰허가가 필요합니다.

(뒷면)

위 임 장

대리인	성 명	최	직 업	배우자
	주민등록번호	[illegible]	전화번호	010[illegible]2
	주 소	[illegible]		

위 사람을 대리인으로 정하고 다음 사항을 위임함.

다 음

대구지방법원 서부지원 20 타경 호 부동산

경매사건에 관한 입찰행위 일체

본인1	성 명	강 (인감인)	직 업	회사원
	주민등록번호	[illegible]	전화번호	010[illegible]01
	주 소	[illegible]		
본인2	성 명	(인감인)	직 업	
	주민등록번호		전화번호	
	주 소			
본인3	성 명	(인감인)	직 업	
	주민등록번호		전화번호	
	주 소			

- 본인의 인감증명서 첨부
- 본인이 법인인 경우에는 주민등록번호란에 사업자등록번호를 기재

지방법원 지원 집행관 귀하

매수신청보증봉투(흰색 작은 봉투) 입찰봉투의 작성

수원지방법원 안양지원

매수신청보증봉투

사 건 번 호	타경 호
물 건 번 호	※물건번호가 여러개 있는 경우에는 꼭 기재
제출자	㊞

㊞ ㊞ ㊞

1. 매수신청보증을 넣고 날인의 표시가 있는 부분에 꼭 날인 하시기 바랍니다.
2. 입찰표와 함께 입찰봉투(황색 큰 봉투)에 넣으십시오.

입찰자용 수취증

주의: 이 부분을 절취하여 보관하다가 매수신청보증을 반환받을 때 제출하십시오.

수원지방법원 성남지원(연결번호 번)

분실시에는 매수신청보증을 반환받지 못할 수가 있으니 주의 하십시오.

(집행관 인) 절 취 선

수원지방법원 성남지원(연결번호 번)

◈ 접는선 뒷면의 사건번호와 물건번호를 반드시 기재하여 주시기 바랍니다.

※ 타인이 사건번호를 볼 수 없도록 위 접는선을 접어서 지철기(호치키스)로 봉하여 제출하십시오.

입 찰 봉 투

제출자 성명	본 인	강 [redacted] 외 1 ㉐
	대리인	㉐

◈ 주의사항 ◈

1. 입찰대상이 아닌 경매사건에 응찰한 경우에는 즉시 매수보증금을 반환받을 수 없고 개찰이 모두 완료한 후에 매수보증금을 반환 받을 수 있으므로 매각기일을 꼭 확인하여 주시기 바랍니다.
2. 매수신청보증봉투와 입찰표를 넣고 사건번호를 타인이 볼 수 없도록 접어서 지철기(호치키스)로 봉하십시오.
3. 위 입찰자 성명란을 기재하고, 입찰봉투 제출 시 신분증을 제시하십시오.
4. 입찰자용 수취증의 절취선에 집행관의 날인을 받으십시오.

날인의 표시가 있는 부분에는 꼭
날인하시기 바랍니다.

법정에서의 매각기일 매수신청절차

법정에 들어감
↓↓
게시판에서 취하·변경 확인
↓↓
입찰표·보증금봉투·입찰봉투를 교부 받음
↓↓
입찰표 기재대에서 입찰표·보증금봉투 기재
↓↓
보증금은 매수신청보증봉투에 넣고 매수신청보증봉투와 입찰표를 입찰봉투에 넣어 다시 봉함
↓↓
입찰함에 투입하기 전에 관계직원에게 연결번호를 부여받음
↓↓
입찰자용 수취증의 절취선에 집행관의 날인을 받음
↓↓
입찰자용 수취증을 떼고 입찰봉투만 입찰함(투명함)에 넣음
↓↓
입찰마감
↓↓
개찰 및 최고가매수인 선정
↓↓
낙찰받지 못한 입찰자들은 「입찰자용 수취증」과 「매수신청보증봉투」를 교환

입찰참가시 준비물

<table>
<tr><th colspan="2">구 분</th><th>준 비 물</th></tr>
<tr><td rowspan="3">본인이 직접 참여시</td><td>개인</td><td>* 신분증(주민등록증, 운전면허증, 여권 등)
* 도장
* 입찰보증금</td></tr>
<tr><td>법인</td><td>* 법인등기부등본 * 법인인감
* 대표이사 신분증 * 법인인감도장
* 입찰보증금</td></tr>
<tr><td>법률행위 무능력자</td><td>* 법정대리인의 신분증
* 법정대리인을 증명하는 서류
* 대리인 도장
* 입찰보증금</td></tr>
<tr><td rowspan="2">본인이외의 자가 참여시</td><td>개인</td><td>* 대리인의 신분을 증명하는 신분증
* 본인의 위임사실이 기록된 위임장(본인의 인감도장이 날인된 위임장)
* 본인의 인감증명서
* 대리인의 도장
* 입찰보증금</td></tr>
<tr><td>법인 또는 단체</td><td>* 대리인을 증명하는 위임장
* 법인(단체)의 인감증명
* 법인(단체)의 등기부등본
* 대리인의 신분증
* 대리인의 도장
* 입찰보증금</td></tr>
</table>

입찰의 제외 사유

① 입찰표상의 금액의 기재를 수정한 경우
② 매수신청보증이 부족한 경우
③ 입찰가격이 최저매각가격 미만인 경우
④ 자격증명서면을 제출하지 않은 경우
⑤ 한 장의 입찰표에 여러 개의 사건번호나 물건번호를 기재한 경우
⑥ 동일물건에 관하여 이해관계가 다른 2인 이상의 대리인이 된 경우
⑦ 동일사건에 관하어 입찰자이면서 다른 입칠자의 대리인이 된 경우
⑧ 입찰가격의 기재가 불명확한 경우(예, 5와 8, 7과 9, 0과 6 등)

입찰함에 투입

입찰봉투에 서류를 다 넣고 봉함 → 집행관에게 제출하여 봉투에 일련번호를 부여받고 입찰자용 수취증의 절취선에 집행관의 날인을 받음 → 집행관으로부터 일련번호와 날인을 받은 후에는 입찰봉투로부터 입찰자용 수취증을 떼어내 보관 → 입찰봉투를 입찰함에 투입.

일련번호가 기재된 입찰자용 수취증은 번호표와 같은 기능을 하는 것으로서 집행관의 날인이 있어야 하고 입찰에 떨어졌을 때 입찰보증금을 반환받는데 필요함

개찰과 차순위매수신고

입찰을 마감하면 곧바로 개찰

입찰함에서 봉투를 꺼내어 사건번호 순으로 분류한 다음 한 사건씩 개찰을 시작한다.

개찰시 매수신청(입찰)보증금과 제출서면 등을 확인하고 대리인이 매수신청(입찰)한 경우 대리권을 증명할 수 있는 서면을 확인하여 하자가 없을 때 최고가매수신고인으로 하고, 소정의 매수신청(입찰)보증금을 제출한 자 중 최고의 가격으로 응찰한 신고인을 최고가매수신고인으로 결정. 다만, 최고가매수신고인이 소정의 보증금을 제출하지 아니하였거나 일정한 요건이 미비할 경우에는 그의 응찰은 무효로 하고 바로 다음 가격으로 응찰한 사람을 최고가매수신고인으로 결정.

최고가매수인이 정해지면 집행관은 최고가매수신고인은 매수가격 금 ○○원을 신고한 ○○(주소)에 사는 ○○○(이름)입니다. 차순위매수신고를 할 사람은 신고하십시오라고 차순위매수신고를 최고함

○ 감정가격 : 600,000,000원　　○ 최저매각가 : 294,000,000원

○ 입찰보증금(10%) : 29,400,000원

◎ 입찰결과

1등 : A 470,000,000원(최고가매수매수인)　　2등 : B 460,000,000원

3등 : C 455,000,000원　　4등 : D 430,000,000원

◎ 차순위매수신고할 수 있는 자

470,000,000(최고가매수금액) - 29,400,000(입찰보증금) = 440,600,000

매수가격이 440,600,000원 이상인 자

B = 매수가격 460,000,000원 > 440,600,000원

C = 매수가격 455,000,000원 > 440,600,000원

D = 매수가격 430,000,000원 < 440,600,000원

B와 C는 차순위매수신청할 수 있음

D는 차순위매수신청할 수 없음

■ 차순위매수신고를 한 사람이 둘 이상인 때에는 신고한 매수가격이 높은 사람을 차순위매수신고인으로 정함
■ 차순위매수신고인은 일단 신고하여 집행관에 의하여 호창되면 신고를 임의로 철회하지 못함, 차순위매수신고인은 매수인이 대금을 모두 지급한 때에야 비로소 매수의 책임을 벗게 되고, 매수신청의 보증을 돌려줄 것을 요구할 수 있음.
■ 최고가매수신고인이 매각대금을 납부하지 아니할 경우에는 다시 재매각을 실시하지 않고 바로 차순위 매수신고인에게 매각허가결정을 함
■ 매각허가를 받은 차순위매수신고인도 매각대금을 납부하지 않아 재매각절차가 진행될 경우에는 재매각기일 3일 전까지 최고가 매수신고인과 차순위매수신고인 중 먼저 매각대금을 납부한 매수인이 매각목적물의 소유권을 취득
■ 최고가매수신고인 및 차순위매수신고인 이외의 매수신고인은 그 자리에서 입찰봉투에서 절취했던 입찰자용 수취증과 주민등록증을 제시하고 보증금을 수령. 이때 입찰자용 수취증이 없으면 보증금을 돌려받지 못하는 경우도 있을 수 있으므로 입찰자용 수취증을 잘 보관해야 함. 그리고 최고가매수인(낙찰자)에게는 입찰봉투에서 절취했던 입찰자용 수취증을 회수하고 경매보증금을 영수하였다는 영수증을 발급.
■ 매수신고가 있은 뒤 경매신청을 취하하는 경우에는 최고가매수신고인 또는 매수인뿐만 아니라 차순위매수신고인의 동의도 받아야 그 효력이 생김

2. 경매사건기록 열람과 매각대금 납부

▪ 입찰에 참여하여 최고가매수신고인이 되었을 때는 경매계에 가서 경매사건기록에 대한 열람·복사하여 임차인의 권리신고 내역, 교부청구내역 등을 확인할 수 있음
▪ 매각허가 결정 후 대금지급기한통지서를 최고가매수인에게 보낼 때 전자소송안내장을 보내 줌. 전자소송포털에서 기록열람의 경우 최고가매수신고인의 지위에서 최고가매수인의 지위로 변경이 되었을 때부터 열람이 가능. 최고가매수신고인의 지위에서 최고가매수인의 지위로 변경은 매각허부결과가 허가로 입력된 때로부터 변경됨.

▪ 최고가매수신고인으로 결정되면 최고가매수인자격심사, 매각절차상 하자심사 후 불허가사유가 없을 시 7일 이내에 매각허가결정을 선고
▪ 매각허가결정이 선고되고 나서 1주일 내에 이해관계인이 항고하지 아니하면 매각허가결정이 확정
▪ 매각허가결정이 확정되면 최고가매수인에게 대금지급기한이 정하여졌으니 대금지급기한까지 법원에 출석하여 매각대금을 납부하라는 대금지급기한통지서를 송달(전자소송 안내문 첨부)
▪ 최고가매수인은 대금지급기한까지 매각대금을 납부

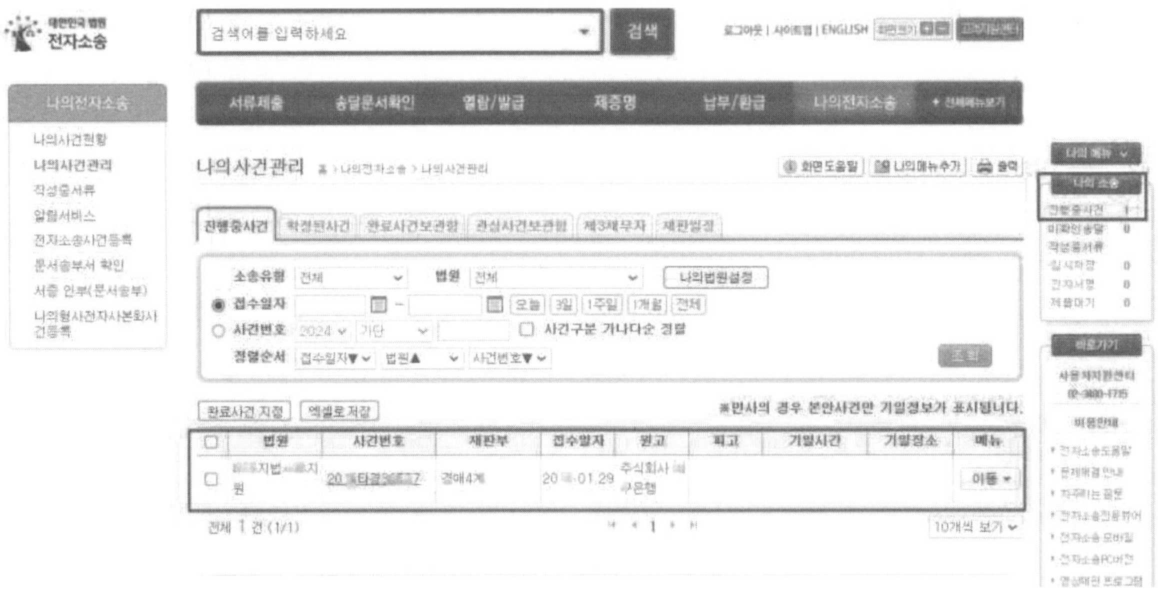

www.scourt.go.kr

음성출력용바코드

[전자소송 안내]

인터넷으로 쉽고 빠르게 전자소송하세요

인증서 준비

(실지명의 확인 가능한 전자서명 인증서 또는 행정전자서명인증서)

사용자 등록

(전자소송홈페이지(http://ecfs.scourt.go.kr) 회원가입)

전자소송동의 및 인증

- 법원 : 수원지법
- 사건번호 : 2023
- 전자소송인증번호 :
- 사용자명 :

※ 본인의 주민등록번호를 알고 있는 제3자가 전자소송인증번호까지 알게 될 경우 이를 이용하여 본인의 위임 없이 소송을 진행할 수 있으므로, 전자소송인증번호가 유출되지 않도록 유의하시기 바랍니다.

전 자 소 송

전자적 제출 / 전자적 송달 / 전자적 열람 / 전자적 납부 / 제증명 전자적 발급

서류제출

소장 및 필요한 각종 서류를 제출할 수 있습니다.

- 민사 서류
- 가사 서류
- 회생·파산
- 특허 서류
- 행정 서류
- 민사집행
- 비송 과태료
- 지급 명령

송달문서확인

온라인으로 송달받은 문서를 확인할 수 있습니다.

- 전체송달문서
- 미확인송달문서

나의전자소송

나의 사건기록과 사건진행내역을 온라인으로 조회할 수 있습니다.

- 나의사건현황
- 나의사건관리

○ 상세한 사항은 전자소송 홈페이지(http://ecfs.scourt.go.kr, → '전자소송 안내')를 참조하시기 바랍니다.

○ 홈페이지 이용·장애 문의는 사법사용자지원센터[평일 09:00~18:00, 02)3480-1715]로 하시기 바랍니다.

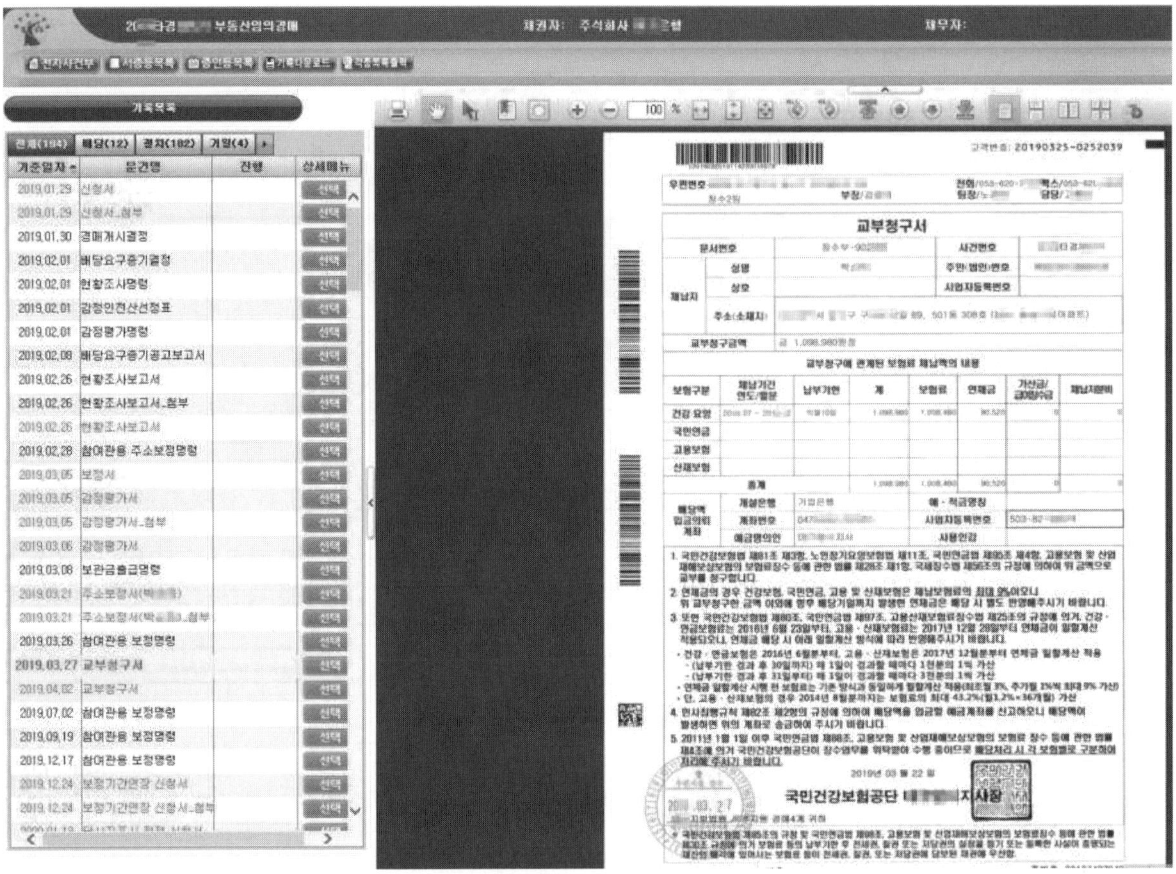

기록목록
전체(194)
배당(12)
경처(182)
기일(4)
기준일자
문건명
진행
상세메뉴
2019.01.30 경매개시결정
2019.02.01 배당요구종기결정
2019.02.01 현황조사명령
2019.02.01 감정인전산선정표
2019.02.01 감정평가명령
2019.02.08 배당요구종기공고보고서
2019.02.26 현황조사보고서
2019.02.26 현황조사보고서_첨부
2019.02.28 참여관용 주소보정명령
2019.03.08 보관금출급명령
2019.03.26 참여관용 보정명령
2019.03.27 교부청구서
2019.04.02 교부청구서
2019.07.02 참여관용 보정명령
2019.09.19 참여관용 보정명령
2019.12.17 참여관용 보정명령
교부청구서
국민건강보험공단

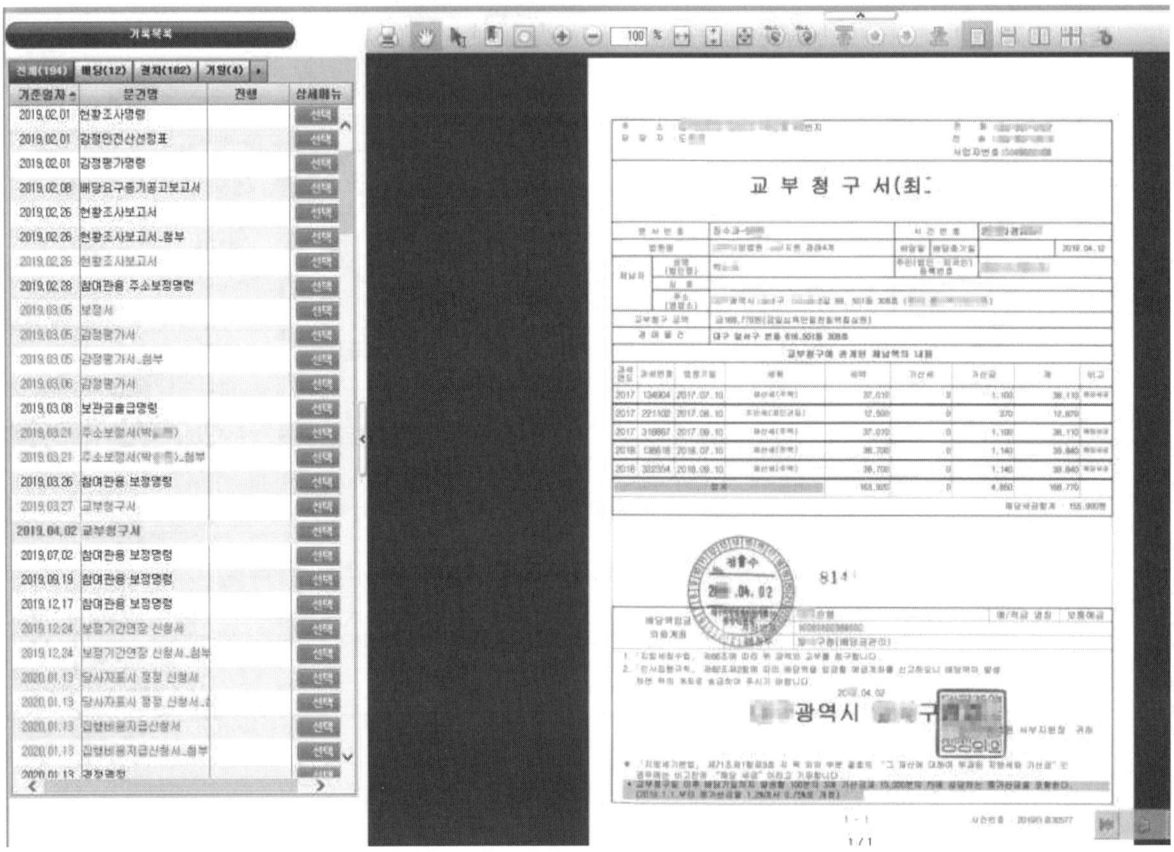

기록목록
2019.02.01 현황조사명령
2019.02.01 감정인전산선정표
2019.02.01 감정평가명령
2019.02.08 배당요구종기공고보고서
2019.02.26 현황조사보고서
2019.02.28 참여관용 주소보정명령
2019.03.08 보관금출급명령
2019.03.26 참여관용 보정명령
2019.04.02 교부청구서
2019.07.02 참여관용 보정명령
2019.09.19 참여관용 보정명령
2019.12.17 참여관용 보정명령
교 부 청 구 서(최
광역시

[경매1계]

지 방 법 원

대금지급기한통지서

사　　건　　20 타경 3 부동산임의경매

채 권 자　　한국주택금융공사의 업무수탁기관 주식회사 한국스탠다드차타드은행

채 무 자

소 유 자　　채무자와 같음

매 수 인

매 각 대 금

대금지급기한　20　　(금) 16:00 경매1계

위와 같이 대금지급기한이 정하여졌으니 매수인께서는 위 지급기한까지 이 법원에 출석하시어 매각대금을 납부하시기 바랍니다.

해당물건번호 : 1(00원)

20 .

법원주사　　김

주의 : 1.매수인이 매각대금을 납부한 후 소유권이전등기 등을 촉탁 신청할 때 수인의 공유자가 수인으로부터 지분의 전부 또는 일부를 이전받는 경우에는 등기촉탁신청서에 부동산별/등기권리자별로 각각의 이전받는 지분을 표시하여 주시기 바랍니다. (예) 매수인 갑 : 이전할 지분 공유자 ○○○의 지분 ○분의 ○(최종 이전할 지분), 공유자 □□□의 지분 ○분의 ○(최종 이전할 지분) 매수인을 : 이전할 지분 공유자 ○○○의 지분 ○분의 ○(최종 이전

※은행대출을 위해 필요한 서류	
1. 입찰보증금 납부영수증(입찰 법정에서 영수증을 준다.)	
2. 대금지급기한통지서	3. 부동산 등기부등본
4. 주민등록표등본, 주민등록표초본	5. 인감증명서 및 인감도장
6. 국세·지방세 완납증명, 소득증빙 자료	

준비물
1. 대금지급기한통지서, 신분증, 도장　2. 매각대금

입찰 전 대출금융기관 선정 → 경매사건 알려주고 대출금리, 대출기간 등 입찰 전 협의 → 낙찰 후 대출 신청 → 대출기관의 안내에 따라 진행 매각대금을 금융권으로부터 대출을 받아 납부하는 경우에 금융기관은 대금납부 당일에 소유권이전등기와 근저당권 설정을 동시에 함 지정 법무사를 통하여 소유권이전등기와 근저당권설정 등기 신청

매각대금납부

① 준비물 대금지급기한통지서, 매각대금, 신분증	매각대금과 대금지급기한통지서 준비
↓↓	
② 법원 경매계 → 법원보관금납부명령서 발급받음	준비물을 지참하여 해당 법원 경매계에서 법원보관금납부명령서를 발급받음
↓↓	
③ 법원 내 은행 → 법원보관금 납부서 수령	법원보관금 납부서 법원명, 사건번호 등 기재
↓↓	
④ 잔금 납부	㉠ 수납은행 : 잔금을 수표, 현금 납부 (신한은행 : 수납창구 담당자에게 앱을 통해 납부의뢰 → 앱으로 대금납부할 수 있음)
↓↓	
④ 법원 내 은행에서 인지대 납부 ㉠ 매각대금완납증명원 : 500원 ㉡ 매각허가결정문 등본 : 1,000원	㉠ 수납은행 : 직접 납부 소송등인지의 현금 납부서에 소정사항을 기재 납부 ㉡ 인지납부대행기관의 인지납부용 인터넷 홈페이지 접속하여 납부 (영수필확인서 및 영수필통지서 출력)
↓↓	
⑤ 법원 경매계(민사신청과) → 매각대금완납증명원·매각허가결정문 등본 신청서 작성 후 인지대납부영수증과 함께 제출	매각대금완납증명원·매각허가결정 등본 수령

법원보관금납부명령서

법원코드	과코드	재판부번호
000		

구분	항목	내용	항목	내용
	사 건 번 호	20	물 건 번 호	1
	납 부 금 액	금 원		
	보관금 종류	매각대금		
	납 부 기 한	20 1. 까지		
납부자	성 명		전 화	010- 23
납부자	주민등록번호 (사업자등록번호)		우편번호	
납부자	주 소	구)		
대리인	성 명		전 화	
대리인	주민등록번호 (사업자등록번호)		우편번호	
대리인	주 소			

위의 보관금을 납부하시기 바랍니다.

20 .

지원

사법보좌관 이

※ 법원보관금납부시 실명확인을 위하여 필요하오니 주민등록증을 지참하시기 바랍니다.

[제1호 서식]

실명 확인	인

법원보관금 납부서(은행제출용)

※ 납부자께서는 뒷면 유의사항을 확인하신 후 기재하십시오.

납부당사자	법 원 명			
	사건번호		물건번호	
	납부금액		보관금종류	○민사예납금 ○경매예납금 ○매각대금 ○재산조회비용 ○채권등매각대금 ○ 진술최고비용 ○권리실행금 ○기타
사용란	납부당사자		주민등록번호 (사업자등록번호)	
	납부자 주소	우편번호(–)	전화번호( )	
	잔액환급 계좌번호	은행	지점	예금주
		계 좌 번 호		

위의 보관금을 납부합니다.

년 월 일

납부당사자

대리인 (인)

소송등인지의 현금납부서 (은행보관용)

법원코드		관서계좌		
납부인 사용란	금 액		숫자금액	
	납부인 성 명		주민(사업자) 등록번호	
	납부인 전화번호			
	납부인 주 소			
	납부인 환급계좌 (당사자)	은행 지점	계좌번호	
	사건 사건명		사건번호	
	사건 상대방			
	관할법원			
	심 급	①1심 ②단독사건항소 ③합의사건항소 ④행정사건 1심 ⑤상고심		

위와 같이 소송등인지를 현금으로 납부합니다.

년 월 일

납부인 (인)

수납인

※ 납부인란에는 소 (상소)의 제기나 각종 신청을 하는 본인의 인적사항을 기재하여야 함
※ 환급(반환)사유가 발생하면 청구가 없더라도 환급계좌로 환급하오니, 납부인과 환급계좌 명의인이 일치하도록 기재하시기 바랍니다.
※ 환급계좌는 반드시 당사자 본인명의 계좌이어야 함을 유의하시기 바랍니다.
※ 관할법원 기재시는 뒷면 유의사항을 참조하십시오.

(212031, 115×182) NCR 54g 3매1조 (2017. 3 개정)

송달료(예납 · 추납) 납부서

※ 예납이란 : 사건접수시신청, 항고, 항소, 상고 등 납부-사건번호 미기재
※ 추납이란 : 사건진행중 송달료 추가납부요청이나 보정명령서상 송달료 추가 납부 요청이 있는 경우 납부하는 유형-사건번호 기재

법원제출용 (3-1)

법원코드					

은행번호

※ 납부자께서는 이면 유의사항을 확인하신 후 정확히 기재하여 주시기 바랍니다

납부당사자 사용란						
	법원명			사건번호		
	성 명			금 액		
	주 소				우편번호	
	잔액환급 계좌번호	① 우리은행계좌입금	우리은행	지점	계좌번호	
		② 타은행계좌입금	은행	지점	계좌번호	
			예 금 주		휴대전화번호	
	계좌환급 불가시 환급통지 방식			○ 문자메시지(SMS) ○ 카카오톡 ○ 우편		

※ 성명, 주소, 환급계좌정보 및 휴대전화번호를 반드시 기재하여 주시기 바랍니다

법원 사용란	사건번호	연도	사건번호	진행번호		
	전산등록	사건등록(인)	이송등록(인)	수이수등록(인)	재배당등록(인)	기타( )(인)

위 사건에 관하여 송달료를 납부합니다.

년 월 일

법원 지원 귀중 납부자 (인)

※ 송달료 예납 후 6개월이 지날 때까지 법원에 송달료 납부영수증을 제출하지 않으면 환급절차가 진행되므로 기간 내에 법원에 접수하시기 바랍니다.

[제4호 서식]

법원보관금 영수증서(납부자용)

20 -1

은행번호 :

법 원 명	지방법원 지원	사 건 번 호	20 타경 (0001)
납 부 금 액	₩630,600,000	보관금종류	매각대금
납 부 자 성 명	전	주 민 등 록 번 호 (사업자등록번호)	1
납 부 자 주 소	( ) 경기 시 구 로 동 호	전화번호	
잔 액 환 급 계 좌 번 호	은행	지점	예 금 주	
	계 좌 번 호			

위의 보관금이 납부되었음을 알려드립니다.

②출납필 우리은행 성남법원(출)

20 월 일

우리은행 법원 (출)

(212032, 210×297) 백상지 80g (2011. 1 제정)

우리은행

매각대금 완납증명원

① 이 신청서를 모두 작성합니다. ② ▒별관 ▒층 ▒▒은행에서 인지 500원을 구입한 후 접수합니다. ③ 접수 후 담당 경매계에서 증명서를 발급받습니다.

사 건 지방법원 지원 20 타경 호

위 경매사건의 목적물인 **□ 부동산, □ 자동차, □ 건설기계, □ 기타( )**를 금 **원**에 낙찰 받아 **20 년 월 일** 그 대금전액을 납부하였음을 증명하여 주시기 바랍니다.

20 . . .

매수인 : (인 또는 서명)

연락처 :

▒▒지방법원 ▒▒지원 귀중

정본(등본) 교부신청서

① 이 신청서를 모두 작성합니다.
② 2층 　　은행에서 발급받을 서류 1통 당 인지 1,000원을 구입한 후 접수합니다.

사건번호 : 　　지방법원 　　지원 20 　　타경 　　　　호

위 사건에 관하여 다음 서류를 교부하여 주시기 바랍니다.
(해당 서류에 ☑ 하고 발급받을 통수를 기재)

☐ 경매개시결정 정본(540)	______통
☐ 매각허가결정 등본(543)	______통
☐ 배당기일조서 등본(88)	______통
☐ 배당표 등본(206) ☐ 사건별 수불내역서 포함	______통
☐ 기타 (　　　　　　　　　　)	______통

20 　년 　월 　일

신청인 자 격 : ☐ 채권자 ☐ 채무자 ☐ 소유자 ☐ 근저당권자
☐ 매수인(낙찰자) ☐ 기타(　　　　　　　　　　)

신청인 성 명 : 　　　　　　(서명 또는 ㊞)
대리인 : 　　　　　　(서명 또는 ㊞)
연락처 :

* 신청인 자격 란은 채권자, 채무자, 소유자, 근저당권자, 매수인 등을 ☑하시기 바랍니다.
* 대리인으로 오신 경우 위임장을 제출하시기 바랍니다.

매각대금완납증명원

사　　　건　　20 타경　　부동산임의경매
채 권 자　　주식회사 저축은행
채 무 자　　김
소 유 자　　채무자와 같음

위 사건에 관하여 다음 사항을 증명합니다.

■ 다　　음 ■

매 수 인 :　전 . ( )
매각대금 :　금　　683,100,000원
매각대금 완납일 :　20 . .
매각물건의 표시 :　별지기재 부동산표시와 같음

20 . .

지방법원 지원

법원주사

3. 취등록세 등 납부와 소유권이전등기 및 말소등기촉탁 신청

	갈 곳	첨부서류
①	○인터넷등기소 ○법원 종합민원실 앞 자동발급기 ○시청·구청 발급	㉮ 부동산등기사항전부증명서(부동산등기부등본)
	○관할 시, 구청 발급 ○법원 종합민원실 앞 자동발급기 ○정부 24 홈페이지	㉯ 토지대장등본(대지권이 있는 집합건물은 대지권등록부) ㉰ 건축물대장등본(집합건물의 경우 전유부) ㉱ 매수인 주민등록표초본(법인–법인등기부등본 ㉲ 매수인 주민등록표등본 ㉳ 가족관계증명서(상세)
②	시청·구청(세무과) 방문 취득세, 등록면허세 등 납부서 겸 영수증 발급	매각대금완납증명원·매각허가결정문과 ㉮~㉳번 서류 각 1부 지참 방문 취등록세 신고서 작성 제출 → 주민등록표등본, 가족관계증명서(상세) 매각대금완납증명원·매각허가결정문 사본, 부동산의 표시 → 제출 → 취득세, 등록면허세 등 납부서 겸 영수증 발급 등록면허세 등 - 이전(지자체 문의), 말소(건당 7,200원)
③	은행(시·구청 내 은행)	㉮ 등록면허세 등 납부(위택스에서 납부할 수 있음) ㉯ 국민주택채권 매입(매입과 동시에 할인율 적용 차액만 계산)하고 확인증 받음(매입할 필요가 없는 경우 시가표준액 500만원 미만 토지, 2,000만원 미만 주택, 1,000만원 미만 그 외 부동산) (주택도시기금 사이트, 우리은행, 국민은행 인터넷 뱅킹으로 매입하고 매도할 수 있음)
④	법원(법원 내 은행)	등기신청수수료 납부 : 이전(건당 18,000원, 말소(건당 4,000원) 송달료(예납) 납부서(6,000원) : 송달료 납부시 환급계좌기재
⑤	법원 경매계	미리 작성한 등기촉탁신청서에 부동산목록과 준비한 서류 첨부하여 접수
⑥	등기권리증 수령	

성남시 OCR

취득세 납부서 겸 영수증 (납세자 보관용) 분당구 135

납세번호	1356301015012O ... 60

<등기후 납부시 가산세부과>

납 세 자 : 전
주민등록번호 - *******
주 소 : 경기도 성남시 구 로 , 215동 705호 ( )

과세원인 : 경락(기타)
과세대상 : 토지+건물 동 번지 9동 1호 85.2000㎡ 건물 164.99㎡ 경락공매

신고납부기한 : 20

세 목	납 부 세 액
취 득 세	13662000
농어촌 특별세	1366200
지 방 교 육 세	1366200
세 액 합 계	16394400

과 세 표 준 액
683100000
전 자 납 부 번 호

위의 금액을 영수합니다.

년 월 일

20 년 월 일

담당자: 01
전 화: 031-
* 납부장소 : 금융기관, 우체국, 농협
※ 이 영수증은 5년간 보관하시기 바라며, 과세증명서로 사용할 수 있습니다.

취득세 (비과세 / 감 면) 확인서

납 세 자 **********
주 소 **********

다음의 취득세 가 아래와 같이 감면(비과세)됨을 확인합니다.

과세원인	**********
세 율	**********
소 재 지	********** / **********
과세표준	**********	당초세액	**********
감면세율	**********	납부세액	**********

결 정 이 유 : **********
****
****
****

년 월 일

성남시 분당구청장 (직인)

※ 이 영수증은 5년간 보관하시기 바라며, 과세증명서로 사용할 수 있습니다.

성남시 OCR

등록면허세 납부서 겸 영수증 (납세자 보관용) 분당구 135

납세번호	13563011400220 ... 8

<등기후 납부시 가산세부과>

납 세 자 : 전
주민등록번호 - *******
주 소 : 경기도 성남시 구 로 , 215동 705호 (동,)

과세원인 : 말소등기
과세대상 : 동 번지 마을 09동 01호 외 4건

세 목	납 부 세 액
등 록 면 허 세	30000
지 방 교 육 세	6000
농어촌 특별세	0
세 액 합 계	36000

과 세 표 준 액
0
전 자 납 부 번 호

위의 금액을 영수합니다.

년 월 일

20 년 월 일

담당자: 0
전 화: 031-
* 납부장소 : 금융기관, 우체국, 농협
※ 이 영수증은 5년간 보관하시기 바라며, 과세증명서로 사용할 수 있습니다.

등록면허세 (비과세 / 감 면) 확인서

납 세 자 **********
주 소 **********

다음의 등록면허세 가 아래와 같이 감면(비과세)됨을 확인합니다.

등기원인	**********
세 율	**********
소 재 지	********** / **********
과세표준	**********	당초세액	**********
감면세율	**********	납부세액	**********

결 정 이 유 : **********
****
****
****

년 월 일

성남시 분당구청장 (직인)

※ 이 영수증은 5년간 보관하시기 바라며, 과세증명서로 사용할 수 있습니다.

국민주택채권 매입신청서

실명확인	계 원	책 임 자

성 명 (법인명)		주민(사업자) 등록번호	-	연락처	( ) -
우편번호	-	주 소		기타번호 (등기용 등록번호/ 관리번호(계약번호))	
매입금액	금		원정 (₩)		
매입용도		징구기관			
대리인성명		주 민 등록번호	-	연락처	( ) -
채권보유여부 (해당란에 ☐표)	1. 즉시매도 ( ) 시장가격으로 매도	2. 채권보유 ( ) 대행증권사에 입고	증권사명	증권계좌	

1. 주택도시기금법 시행규칙 제2조 제항에 따라 위와 같이 국민주택채권 매입을 신청합니다.
2. 위의 채권을 증권예탁결제원 명의로 일괄등록할 것을 동의합니다.
3. 위의 채권을 매도하는 경우에는 매출기관의 대행증권사에 매도하는 것을 동의하며, 채권매도금액을 영히 영수합니다.

년 월 일

신청인(대리인) (서명 또는 인)

등기신청수수료의 현금납부서(은행보관용)

등기소코드	기번	조작자	수납일	수납점	수납액	법원별	수납번호

등기소명

등기소명		관 서 계 좌	
금 액		숫 자 금 액	
납부의무자(납부인) 성명		주 민 등 록 번 호 (사업자등록번호)	

위와 같이 등기신청수수료를 현금으로 납부합니다.

20 년 월 일

납부자 (서명 또는 날인)

수납인

※ 법인 또는 비법인단체는 그 명칭, 등록번호를 기재하여야 함.
※ 납부의무자는 등기신청인이며, 등기권리자와 등기의무자가 공동신청하는 경우에는 등기권리자가 이를 납부하여야 하고, 납부의무자인 등기신청인의 인적사항을 기재하여야 함.
※ 납부의무자란에는 등기신청하는 본인 또는 대리인의 인적사항을 기재하여야 함.

3-1

(212033, 200×130) NCR 54g/㎡ 30매1조 (2017. 3 개정)

우리은행

소유권이전등기 및 말소등기 촉탁 신청서

사건번호 ○○지방법원 ○○지원 20××타경 ××호
매수인 : 이 ○ ○

위 사건에 관하여 매수인은 귀원으로부터 매각허가결정을 받고 대금전액을 완납하였으므로 별지목록 기재 부동산에 대하여 소유권이전 및 말소등기를 촉탁하여 주시기 바랍니다.

첨부서류

부동산의 표시	3부
말소할 등기내역서	3부
등록세 등 각종 비용 내역서	2부
부동산등기사항전부증명서	1통
주민등록표초본	1통
토지·건축물대장 각 등본	각 1통
등록면허세 등 납부확인서	1부
국민주택매입필증	1부
등기신청수수료납부서	1부
송달료(예납)납부서	1부
부본(주민등록초본, 토지대장, 건축물대장)	각 1부

20××년 ×월 ×일

신청인(매수인) 강 ○ ○(인)

○○지방법원 ○○지원 귀중

부동산의 표시

[물건 1]

1. 1동의 건물의 표시
   경기도 [illegible]
   [illegible]린
   108동
   [도로명주소] 경기도 [illegible] 17

   철근콘크리트구조 (철근)콘크리트지붕 지상21층 공동주택(아파트)
   1층 81.6793㎡
   2층 572.2840㎡
   3층 572.2840㎡
   4층 572.2840㎡
   5층 572.2840㎡
   6층 572.2840㎡
   7층 572.2840㎡
   8층 572.2840㎡
   9층 572.2840㎡
   10층 572.2840㎡
   11층 572.2840㎡
   12층 572.2840㎡
   13층 572.2840㎡
   14층 572.2840㎡
   15층 572.2840㎡
   16층 572.2840㎡
   17층 572.2840㎡
   18층 572.2840㎡
   19층 572.2840㎡
   20층 572.2840㎡
   21층 572.2840㎡

전유부분의 건물의 표시
   14층1404호
   철근콘크리트구조 105.8231㎡

대지권의 목적인 토지의 표시
   토지의 표시 : 1. 경기도 [illegible]-8
   대 74419.1㎡
   대지권의종류 : 1. 소유권
   대지권의비율 : 1. 74,419.1분의 64.2457

제출서류 편철 순서(3묶음으로 제출)

1. 법원 제출용 (1묶음)
   -소유권이전등기 촉탁신청서
   -부동산의 표시
   -말소할 등기 내역서
   -등록세 등 각종 비용 내역서
   -부동산등기사항전부증명서(원본)
   -주민등록표초본(매수인-복사본)
   -토지·건축물대장 각 등본(복사본)
   -송달료(예납)납부서

2. 등기소 송부용(촉탁) (2묶음)
   -부동산의 표시
   -말소할 등기 내역서
   -등록세 등 각종 비용 내역서
   -각종 비용 납부확인서 등
   (등록세, 등기수수료, 국민주택채권)
   -주민등록표초본(매수인-원본)
   -토지·건축물대장 각 등본(원본)

3. 기타 부본(3묶음)
   -부동산 표시 1부
   -말소할 등기 내역서 1부

※위의 서류 첫 번째 묶음, 두 번째, 3번째 묶음을 포개어 스테이플러로 한 번 묶어 제출 서류와 서류 사이에 간인한다.

간인이란 한 장의 문서에 내용을 모두 기재할 수 없을 경우 여러장에 나누어서 기재할 수 있으며 이때 여러장이 하나의 연속된 문서임을 확인하기 위해 각장 사이에 간인을 한다.

간인방법 : 그림과 같이 첫 번째장과 두 번째장이 연속적인 하나의 문서인 경우 첫장을 위로 접어(상단 10분의 1정도를 접는다) 두 번째장 사이에 낙찰자의 도장을 날인하면 된다.

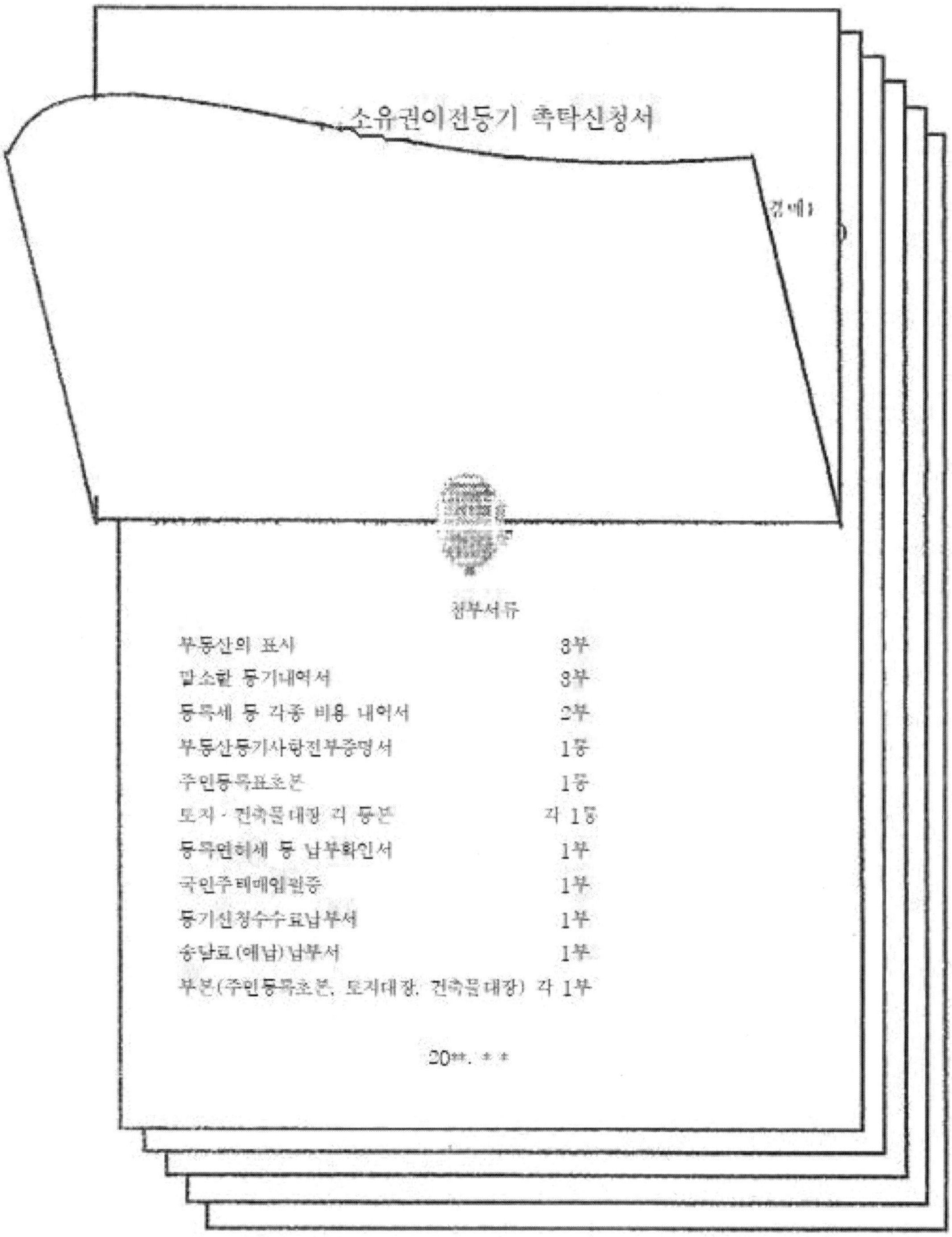

소유권이전등기 촉탁신청서

청부서류

부동산의 표시	3부
말소할 등기내역서	3부
등록세 등 각종 비용 내역서	2부
부동산등기사항전부증명서	1통
주민등록표초본	1통
토지 · 건축물대장 각 등본	각 1통
등록면허세 등 납부확인서	1부
국민주택매입필증	1부
등기신청수수료납부서	1부
송달료(예납)납부서	1부
부본(주민등록초본, 토지대장, 건축물대장)	각 1부

20**. * *

[말소할 등기내역서]

연번	등기목적	접 수
		년 월 일 접수 제 호
		년 월 일 접수 제 호
		년 월 일 접수 제 호
		년 월 일 접수 제 호
		년 월 일 접수 제 호
		년 월 일 접수 제 호
		년 월 일 접수 제 호
		년 월 일 접수 제 호
		년 월 일 접수 제 호
		년 월 일 접수 제 호
		년 월 일 접수 제 호
		년 월 일 접수 제 호
		년 월 일 접수 제 호
		년 월 일 접수 제 호
		년 월 일 접수 제 호
		년 월 일 접수 제 호
		년 월 일 접수 제 호
		년 월 일 접수 제 호
		년 월 일 접수 제 호
		년 월 일 접수 제 호
		년 월 일 접수 제 호
		년 월 일 접수 제 호

[등록세 등 각종 비용 내역서]

■ 낙 찰 금 액	금 원

■ 소유권이전등기		
	등록세(취득세)	금 원
	지방교육세	금 원
	농어촌특별세	금 원
	합계세액	금 원

■ 말소등기		
	등록면허세	금 원
	지방교육세	금 원
	합계세액	금 원

■ 국민주택채권매입		
	채권금액	금 원
	발행번호	

■ 등기신청수수료		
	소유권이전등기	금 원
	말소등기	금 원

PART 3
부동산인도 요청 등 내용증명 발송과 부동산점유이전금지가처분

1. 부동산인도 합의 요청, 지료 청구 등 내용증명 발송

▪ 내용증명은 서증의 하나이지만 본인이 보내는 문서의 내용 및 발송시기를 우체국에서 공적으로 증명해 주는 제도
▪ 개인 상호간에 있어서 채권·채무의 이행 등 권리의무의 득실 변경에 관하여 발송되는 우편물의 문서내용을 후일의 증거로 남길 필요가 있을 경우와 채무자에게 채무의 이행 등을 최고하기 위하여 주로 이용되는 제도
▪ 내용증명을 발송하였다고 하여 법적 효력이 발생되는 것은 아니지만 일정한 법률적인 의사표시가 있었음을 증명하므로 분쟁 발생시 중요한 증거가 됨
 내용증명을 발송할 경우 3통을 작성하여 1통은 상대방에게 발송하고, 1통은 우체국에서 보관하며, 1통은 본인이 보관
▪ 내용증명 우편물은 등기통상으로 취급되어 배달기록을 남기고 있으며 언제 배달하였다는 것을 증명하는 배달증명 우편물로 발송

수신 :
발신 :

부동산인도 합의 요청

○○지방법원○○지원 20**타경**호 부동산임의경매사건에서 ○○시 ○○번지 부동산을 낙찰받아 20**.*.*. 매각대금을 납부하고 소유권을 취득한 소유자입니다.
 부동산을 인도받고자 연락드립니다. 원만한 합의 인도를 원합니다. 20**.**.**까지 연락주시기 바랍니다.

20**.*.*.
발신인 ○○○
연락처 010-1000-1***

※ 채무자나 대항력 없는 임차인이 비협조적이어서 부동산인도 협상에 불응한다거나 비협조적 태도를 보이면 부동산인도명령을 신청하기 전에 부동산점유이전금지가처분을 신청.
점유이전금지가처분 : 점유자가 다른 사람에게 점유를 이전하지 못하게 묶어 두는 것을 말함, 부동산점유이전금지가처분 결정문이 송달되면 부동산인도 협의시 인도 협상의 주도권을 잡을 수 있다.

2.

수신 :

발신 :

제목 : **소유권이전에 따른 부동산인도 안내**

20××년 ×월 ×일 수원지방법원 ××지원에서 실시한 경매사건의 목적물인 ××시 ××구 ××번길 ×× 주택(아파트)을 경락받고 20××년 ××월 ××일 매각대금을 지급하여 부동산에 대한 소유권을 취득한 소유자입니다.

××시 ××구 ××번길 ×× 주민등록이 전입된 세대주인 김××님께서는 이 주택(아파트·다세대주택)을 점유하여 사용하고 있는 것에 대하여 임대차계약 등 어떠한 계약 관계도 존재하지 않으며, 이 부동산을 사용·수익함에 있어서 어떠한 권원도 갖고 있지 않습니다.

민법 제211조에 의해 소유권자는 사용·수익·처분을 권리가 있습니다. 소유권 행사하기 위하여 부동산인도 안내서를 보내드리게 되었습니다.

소유권이전일인 20××년 ××월 ××일로부터 40일 내(20××년 ××월 ××일까지) 인도할 시 이사비용 중 일부를 지급할 의사가 있습니다. 이사비 지급은 인도 후 전기, 수도, 도시가스 사용료 등 정산한 후 귀하의 통장으로 지급해 드리겠습니다.

만일 김××님께서는 20××년 ××월 ××일까지 인도하지 않을 시 이사비용 중 일부를 지급하지 않겠으며, 불법점유 함으로서 임대료 상당의 부당이득을 취하고 있는 바 소유권취득일인 20××년 ××월 ××일부터 인도완료일까지 임대료인 월 ××원을 지급하여야 합니다.

합의 인도 불응시 부득히 강제집행을 통해 인도받을 수 밖에 없습니다. 김××님의 유체 동산은 보관소에 보관될 것이며 김××님께서 냉장고 등 가재도구를 찾아갈 시에는 강제집행에 소요된 제반비용과 매각대금납부일로부터 인도일까지 월 ×원의 부동산 임대료를 지불하여야만 귀하께서 인수하게 될 것입니다.

만일 강제집행비용과 임대료를 지불하지 않을 시에는 보관소에 보관된 물품은 경매 처분하여 강제집행비용 및 보관료와 임대료에 충당하게 될 것이며 경매처분 뒤 남은 물품은 폐기처분될 것입니다.

20××년 ××월 ××일까지 합의 인도할 의사가 있으시면 010-0000-0000 연락주시기 바랍니다. 합의 인도에 대한 의사표시가 없으면 부득이 강제집행을 통해 인도받을 수 밖에 없으며 강제집행에 소요한 용달비, 용역비 등은 귀하께서 부담하게 될 것입니다. .

20××년 ×월 ×일

소유권자 ○ ○ ○ ㊞

3.

수신 :

발신 :

제목 : **부동산인도 협조 의뢰**

민사집행법에 의거 대한민국 법원으로부터 ○○시 ○○구 ○○동 ○○아파트 ○○동 ○○호를 경매로 취득한 소유자입니다.

귀하께서는 그 동안 수차례 점유를 풀고 소유권자인 본인에게 부동산의 인도를 요청하였으나 원만한 합의가 이루어지지 않고 있으며, 자진하여 인도할 의사가 없다고 판단되어 부득이 강제집행할 수밖에 없음을 알려 드립니다.

아울러 강제 집행 시에는 귀하의 동산 및 가재도구는 보관소에 보관될 것이며 귀하께서 냉장고 등 가재도구를 찾아갈 시에는 강제집행에 소요된 제반비용과 매각대금납부일로부터 인도일까지 월 ×원 부동산임대료를 지불하여야만 귀하께서 인수하게 될 것입니다. 이점 유념하시기 바랍니다.

만일 귀하께서 강제집행비용과 부동산임대료를 지불하지 않을 시에는 보관소에 보관된 물품은 법적조치 후 경매 처분하여 강제집행비용 및 보관료와 임대료에 충당하게 될 것이며 경매처분 뒤 남은 물품은 폐기처분 될 것입니다.

상기와 같은 강제집행을 단행하기 전에 자진하여 주택을 인도하여 주실 것을 거듭 촉구합니다.

◇ 주택인도기간 : 20××년 ×월 ×일

◇ 인도일까지 사용한 주택사용료(약 200만 원)와 인도일까지의 관리비 및 각종 공과금을 정산하여 주시기 바랍니다.

20××년 ×월 ×일

소유권자 ○ ○ ○ ㊞

4.

수신 :

발신 :

제목 : **강제집행 예정 및 임대료 지급 독촉**

생략하옵고

귀하께서는 그 동안 수차례 점유를 풀고 소유권자인 본인에게 주택의 인도를 요청하였으나 금일까지 주택의 인도를 이행하지 않아 자진하여 인도 할 의사가 없다고 판단되어 부득이 강제집행할 수밖에 없음을 알려드립니다.

강제집행 시 폐문이거나 부재일 경우에는 강제 개문하고 집행이 될 것이며 귀하의 냉장고 등 가재도구는 보관소에 보관될 것입니다. 귀하께서 동산 및 가재도구를 찾아갈 시에는 강제집행에 소요된 제반비용과 소유권이전일부터 강제집행일까지의 주택을 사용한 임료를 지불하여야만 귀하께서 인수하게 될 것입니다. 이점 유념하시기 바랍니다.

만일 본인이 강제집행을 하게 되면 귀하는 강제집행에 소요된 제반비용 즉 변호사 선임비와 강제집행에 소요되는 모든 비용도 귀하께서 부담하게 될 것입니다. 이럴 경우 귀하께서는 이중의 부담을 안게 될 것입니다. 귀하께서 제반비용과 강제집행에 소요된 비용과 소유권이전일부터 인도일까지의 부당이득금에 대하여 지급하여야 할 것입니다.

다시 한번 자진하여 점유를 풀고 20××년 ×월 ×일까지 부동산을 인도하여 주시기 바랍니다.

귀하께서는 귀하의 귀책사유로 인하여 손해를 보게 되는 보증금의 일부 때문에 부동산인도를 거절하고 있습니다. 이사비용조로 400만 원을 요구하며 인도를 거부하는 것은 타당치 않다고 생각합니다. 400만 원씩이나 이사비용을 줄 의무가 없습니다.

귀하께서 20××년 ×월 ×일까지 자진하여 이사할 경우 이사비용의 일부에 대하여 위로금조로 드릴 수 있습니다. 하지만 400만 원은 드릴 수가 없습니다. 오히려 귀하는 소유주인 본인에게 임대료를 지불할 의무가 있습니다. 이점 유념하시기 바랍니다.

20××년 ×월 ×일

소유권자 : 강 ○ ○ ㊞

5.

합의 이행 각서

갑(소유자) : 성　명　강○○

주소 : 서울 강남구 대치동 ○○아파트 310동 202호

을(점유자) : 성　명　김○○

주소 : 서울 송파구 송파동 S아파트 101동 502호

목적물의 표시 : 서울 송파구 송파동 S아파트 101동 502호

갑과 을은 위 표시 목적물에 대하여 다음과 같이 성실히 이행하기로 약속하며, 이 약속의 내용을 명백히 함과 아울러 후일의 증거를 위하여 그 증서를 각 1부씩 상호 보관키로 한다.

- 다　음 -

1. 을은 위 목적부동산을 타인에게 이전하거나 점유명의를 변경하지 아니한다.
2. 을은 20××년 ○월 ○일까지 위 부동산을 갑(소유자)에게 인도(명도)한다.
3. 을은 20××년 ○월 ○일 인도일까지 관리비 등 각종 공과금을 정산한다.
4. 을은 건물에 부착된 전등, 싱크대 등 부착물과 시설물은 현 상태로 두고, 인도(이사)한다.
5. 을은 인도(이사) 시 깨끗이 정리하고, 잔존물(쓰레기)이 없도록 한다.
6. 갑은 20××년 ○월 ○일 인도일 이후 출입문을 강제개문하여 목적물 내로 출입하여 집기 등을 폐기 처분하는 경우 을은 어떠한 불이익도 감수하겠으며 이로 인하여 발생하는 모든 비용은 을이 부담하고 을은 갑에게 민·형사상의 책임을 묻지 않기로 한다.
7. 을은 약정한 날에 갑에게 부동산을 인도 하지 않을 경우 소유권이전일(20××.×.×.)부터 인도일까지 매월 ×원을 갑에게 지급한다. 또한 부동산 인도 불응으로 인해 강제집행 시 집행에 소요되는 모든 비용을 갑이 청구하면 이의를 제기하지 않고 을은 갑에게 지급한다.

을(　성함 자필 서명 : 생년월일 :　.　.　)은 위의 1에서 7의 사항에 상호합의하였음을 확약하고 자필 서명과 지장(우무인), 인감 날인합니다.	자필 서명	인감인	우무인
	자필 서명		

8. 을이 전항(1~5)의 사항을 성실히 이행하였을 경우 갑은 을에게 금 ××원(계좌번호 :　　　) 을 지급한다. 단, 쓰레기, 공과금 등 미정산시 해당 처리 금액을 공제하고 지급한다.

20××년 ○월 ○일

갑(소유자) : 자필 서명 ㊞

을(점유자) : 자필 서명 ㊞

※ 자필 서명과 지장을 찍고, 인감도장 날인받고, 인감증명서 1통을 받고, 신분증을 복사 첨부한다(시군구청이나 읍면동사무소를 방문하여 전자패드에 서명 후 본인이 서명한 사실을 확인하는 확인서를 발급받아, 인감증명시 대신 사용할 수 있음).

※ 등기소를 방문하여 확정일자인을 부여받는다.

6.

명 도 확 인 서

사건번호 :

이　　름 :

주　　소 :

위 사건에서 위 임차인은 임차보증금에 따른 배당금을 받기 위해 매수인에게 목적부동산을 명도하였음을 확인합니다.

첨부서류 : 매수인 명도확인용 인감증명서 1통

년　　　월　　　일

매 수 인　　　　　　　　(인)

연락처(☎)

지방법원　　　　　귀중

7. **물품내역확인서**

사건번호 : 20**타경 ***호
부동산의 표시 : **시 **구 **로 **

○○지방법원 ○○지원에서 진행한 20××타경 ×××호 부동산경매 사건의 입찰에 참가하여 위 부동산을 낙찰받아 소유권을 20××년 ×월 ×일 취득한 소유자로서 위 부동산이 20××. ×. ×. 공실(폐문부재) 상태임을 증인들과 확인하고 사진으로 촬영한 다음의 물품 외 다른 것들이 없음을 확인합니다.

-다 음-

물품내역 :

20××. ×. ×.

증인 1) 성명 : 전화 :
주소 :
증인 2) 성명 : 전화 :
주소 :

8. **공실확인서**

부동산의 표시 : **시 **구 **로 **
위 부동산이 공실임에 틀림이 없음을 확인합니다.

20**. * . *.

증인 1) 성명 :
전화 :
주소 :
증인 2) 성명 :
전화 :
주소 :
증인 3) 성명 :
전화 :
주소 :

9.

수신 :

발신 :

체납관리비 징수 협조 요청

○○시 ○○동 H아파트 102동 306호의 소유권이전에 따른 권리변동이 발생함에 따라 통보하오니 업무에 참고하시기 바라며 다음과 같이 조치하시기 바랍니다.

- 다　　　　　음 -

1. ○○법원 ○○지원 부동산임의경매로 인하여 낙찰자 강OO로 소유권이전이 되었습니다.
2. 소유권이전일(20××.5.16.) 이후 현재 102동 306호에 점유하여 살고 있는 분은 현소유주의 동의 없이 불법점유하고 있는 상태입니다.
3. 102동 306호의 소유권이전일인 20××년 ×월×일 이전의 체납된 전기료 및 관리비는 본인이 권리취득발생 전에 발생한 건임으로 20××년 5월 16일 현재 점유하여 사용하고 있는 거주자에게 청구하여 청산하여 주시기 바랍니다. 또한 102동 306호를 본인이 인도하여 사용하기 전에 발생한 관리비 등도 본인은 지불할 수 없다는 의사를 통보하오니 업무에 차질이 없도록 조치바랍니다.
4. 거듭 강조하지만 본인은 전소유자(점유자)의 관리비 체납분에 대하여 지불 할 의사도 없으며 법적인 책임도 없음을 통보합니다. 본인은 정당한 국가기관에 의하여 소유권을 취득한 권리자입니다. 선의의 피해가 발생하지 않도록 조치바라며 귀소의 업무 소홀로 인하여 불미스러운 일이 발생하지 않도록 조치하시기 바랍니다.
5. 상기 내용에 대하여 이의사항이 있으시면 20××년 5월 31일까지 서면으로 통보하여 주시기 바랍니다. 서면통보가 없음으로 인하여 발생하는 모든 책임은 귀소에서 부담하겠다는 의사의 표시로 받아들이겠습니다.

6. 별첨 : 등기부등본 1부

20××. ×. ×.

×시 ××구 ××2동 ××번지

강 ○ ○ ㉐

10.

수신 :

발신 :

체납관리비 징수 독촉

귀소의 무궁한 발전을 기원합니다. 귀소의 H아파트 102동 306호의 체납관리비징수를 독촉하오니 조치하여 주시기 바랍니다.

- 다　　음 -

1. 현재 102동 306호는 전소유자(최○○)가 거주(불법거주)하고 있습니다. 체납관리비는 최○○가 사용한 관리비입니다. 최○○가 거주자로서 사용한 관리비는 최○○에게 징수하시기 바랍니다.
2. 체납관리비에 관한 법원 판례를 참고하면 서울지방법원에서는 「입주자이 지위를 승계 했다고 해서 전소유자의 채무를 인수하겠다는 승낙이 있었다고 볼 수 없다.」고 판결하였고, 창원지방법원에서도 「경매로 아파트소유권을 승계한 사람은 공동주택관리령에서 정한 승계인을 볼 수 없기 때문에 체납관리비를 낼 수 없다.」고 판결하였습니다.
3. 귀소에서는 체납관리비가 연체되고 있는 사실을 낙찰인이 알 수 있도록 공시(법원에 권리신고)를 했어야 하고 체납관리비 발생 때에는 경매 이전에 재빨리 가압류 조치 등 체납관리비 징수에 대한 채권을 확보하였어야 합니다.
4. 전소유자의 체납관리비를 절대로 본인은 인수하지 않겠습니다. 왜냐하면 경매로 아파트소유권을 취득한 사람은 공동주택관리령에서 정한 승계인이 될 수 없기 때문이며, 또한 아파트는 낙찰인과 전소유자간의 연관관계가 없어 채무인수기준이 적용치 않는 특수한 상황입니다.
5. 102동 306호의 아파트 인도에 대한 강제집행 후에는 전소유자로부터 체납관리비 징수에 어려움이 있을 것으로 사료되오니 20××년 6월 10일까지 귀소에서 체납관리비에 대한 적절한 채권을 확보하시기 바랍니다. 다시 한번 강조하오니 현재 거주하고 있는 최○○에게 체납관리비를 징수하는데 소홀함이 없도록 만전을 기하여 주시기 바랍니다.

××시 ××구 ××동 ××번지

강 ○ ○ (인)

11.

수신 :

발신 :

지료청구

20××. ×.×. ○○지방법원 ☆☆지원에서 실시한 경매사건에서 ××시 ××구 ××동 ××번지 토지(이하 "토지")를 경락받고 20××. ×.×.에 매각대금을 지급하여 토지(건물)에 대한 소유권을 취득한 소유자입니다.

귀하께서는 ××시 ××구 ××동 ××번지 토지의 지상에 건물을 소유하고 있습니다. 귀하께서 토지를 점유하는 것에 대하여 소유자와 귀하 사이에는 임차권, 지상권, 전세권 등 어떠한 계약관계도 존재하지 않으며, 이 토지를 사용, 수익함에 있어서 어떠한 권원도 갖고 있지 않습니다.

귀하는 토지를 불법 점유함으로써 지료상당의 부당이득을 취하고 있습니다. 경매의 경우 매각대금을 납부하면 소유권을 취득합니다. 따라서 토지 소유권 취득일인 20××. ×.×. 부터 건물 철거완료일까지 토지에 대한 지료인 월 510,000원 상당의 부당이득을 반환할 의무가 있다고 할 것입니다.

지료산출 근거 : 대지 감정가 × 이자율(년 10%) / 12

따라서 건물철거완료시까지 매월 지료상당의 부당이득에 대하여 지급을 요청합니다. 매월 말일까지 입금(입금할 통장 계좌 : 농협 *** ** ****** 예금주 ****)하여 주시기 바랍니다.

지료를 지급하지 않을 시 귀하의 재산에 가압류를 할 것이며, 부당이득반환 및 건물철거청구 소송을 진행할 계획입니다.

20**.*.*.

소유자 신 ○○

연락처 010-1000-1****

12.

수신 :

발신 :

지료청구 및 건물 철거 요청

생략하옵고 아래와 같이 지료청구 및 건물 철거를 요청합니다.

1. ○○시 ○○번지 토지 ○○㎡를 소유권이전등기를 한 소유자입니다.
2. 귀하는 아무런 근원도 없이 ○○시 ○○번지 토지 ○○㎡를 사용·수익하고 있습니다.
3. 소유권 침해를 받고 있어 부득이 토지에 대한 지료청구와 지상 건물 철구 소송을 진행할 예정입니다.
4. 지료청구는 통상 감정가의 12%에 해당하는 금액으로 매년 청구될 것입니다.
5. 만일 20**.**.**까지 지료 및 건물철거에 대한 원만한 합의가 이루어지지 않을 경우 부득이 지료청구 및 건물 철거에 대한 소를 진행할 수 밖에 없으며, 귀하께서 거주하는 주택에 가압류 후 강제집행을 진행할 예정입니다.
6. 만일 20**.**.**까지 지료 및 건물철거에 대한 원만한 합의가 이루어지지 않을 경우 부득이 지료청구 및 건물 철거에 대한 소를 진행할 수 밖에 없음을 알려드립니다.
7. 원만한 합의를 원하니 20**.**.**까지 연락주시기 바랍니다.

20**.*.*.

소유자 ○○○

연락처 010-1000-1****

13

수신 :

발신 :

건물 철거 등 합의 요청

○○지방법원○○지원 20**타경**호 부동산임의경매사건에서 ○○시 ○○번지 대지 ○○㎡를 낙찰받아 20**.*.*. 매각대금을 납부하고 20**.*.*. 소유권이전등기를 한 소유자입니다.

그런데 ○○시 ○○번지 건물 등 철거에 관하여 합의철거를 희망합니다. 20**.**.**까지 연락주시기 바랍니다.

20**.*.*.

발신인 ○○○

연락처 010-1000-1****

14. 경매부동산의 점유자에 대한 부동산 점유이전금지가처분

경매부동산에는 채무자·소유자, 임차인 등이 부동산을 점유하고 있습니다. 최고가매수인은 매각대금을 납부 후 경매부동산의 점유자로부터 부동산을 인도받습니다. 그런데 채무자·소유자, 임차인 등 경매부동산의 점유자가 최고가매수인에게 부동산을 인도하지 않고 제3자에게 점유를 이전할 수 있습니다.

부동산점유이전금지가처분이란 경매부동산의 점유자가 다른 사람에게 점유를 이전하지 못하게 묶어 두는 것을 말합니다. 즉 부동산에 대한 인도·명도청구권을 보전하기 위한 가처분으로 목적물의 인적(주관적)·물적(객관적) 현상을 본집행 시까지 그대로 유지하게 하는 가처분을 말합니다. 낙찰부동산에 살고 있는 점유자를 상대로 점유이전금지가처분결정을 받아 두면 이후에 다른 사람이 점유하여 살고 있어도 그 사람에게 효력이 미치기 때문에 부동산인도명령을 받은 후 강제집행을 할 수 있습니다.

낙찰부동산을 점유하고 있는 자를 상대로 점유이전금지가처분을 실행해 거실의 한 쪽에 아래와 같은 점유이전금가처분 고시문이 붙어 있다면 최고가매수인은 부동산인도 협상시 주도권을 잡게 될 것입니다.

> 집행근원에 기한 채권자의 위임에 의하여 정본 주문표시 부동산에 대하여 채무자의 점유를 해제하고 집행관이 이를 보관합니다.
>
> 그러나 이 부동산의 현상을 변경하지 않을 것을 조건으로 하여 채무자가 사용할 수 있습니다.
>
> 채무자는 정본 주문표시 부동산에 대하여 그 점유를 타인에게 이전하거나 또는 점유명의를 변경하지 못합니다.
>
> 누구든지 집행관의 허가 없이 이 고지를 손상 또는 은닉하거나 기타의 방법으로 그 효용을 해하는 때에는 처벌을 받을 수 있습니다.

점유이전금지가처분이 집행된 후 그 목적물의 점유를 승계한 제3자에 대하여 부동산인도명령을 집행할 때는 승계집행문을 부여받아 강제집행할 수 있습니다.

> 점유이전금지가처분은 그 목적물의 점유이전을 금지하는 것으로서, 그럼에도 불구하고 점유가 이전되었을 때에는 가처분채무자는 가처분채권자에 대한 관계에 있어서 여전히 그 점유자의 지위에 있다는 의미로서의 당사자항정의 효력이 인정될 뿐이므로, 가처분 이후에 매매나 임대차 등에 기하여 가처분채무자로부터 점유를 이전받은 제3자에 대하여 가처분채권자가 가처분 자체의 효력으로 직접 퇴거를 강제할 수는 없고, 가처분채권자로서는 본안판결의 집행단계에서 승계집행문을 부여받아서 그 제3자의 점유를 배제할 수 있을 뿐이다(대법원 98다59118).

부동산점유이전금지가처분신청서

신청인 (성명) 강 ○ ○ (주민등록번호 580101-1******)
(주소) 서울시 ○○구 ○○동 ××
연락처 : 010-9***-1000
피신청인 (성명) 김 ○ ○ (주민등록번호 680201-1******)
(주소) 서울시 ○○구 ○○동 ××

목적물의 표시 : 별지목록 기재와 같습니다.
목적물의 가액 : 금 3,540,000원
피보전권리의 요지 : 소유권에 기한 인도청구권

신 청 취 지

1. 피신청인은 별지도면 표시 부동산 중의 ㄱ, ㄴ, ㄷ, ㄹ, ㅁ, ㄱ의 각섬을 순차적으로 연결하는 부분의 주택에 대한 점유를 풀고 신청인이 위임하는 집행관에게 그 보관을 명한다.

2. 집행관은 현상을 변경하지 아니할 것을 조건으로 하여 채무자에게 이를 사용하게 하여야 한다.

3. 피신청인은 그 점유를 타인에게 이전하거나 또는 점유명의를 변경하여서는 아니 된다.

4. 집행관은 위 취지를 공시하기 위하여 적당한 방법을 취하여야 한다.
라는 재판을 구합니다.

신 청 이 유

1. 피신청인이 점유 사용하고 있는 주택건물은 신청인이 귀원에서 진행한 귀원 20××타경 2×××호 부동산 임의경매 사건 입찰에 참가하여 별지목록표시의 부동산을 낙찰받아 20××년 ×월 ×일 매각대금을 전부를 납부하여 20××년 ×월 ×일 신청인 명의로 소유권이전등기를 경료한 신청인의 소유 부동산(소갑제2호증)입니다.

2. 그러나 신청인은 피신청인을 수차례 방문하여 위 부동산을 인도하여 줄 것을 요청하였으나 아무런 조치를 취함도 없이 인도하여 주지 않고 있습니다.

3. 따라서 신청인은 피신청인을 상대로 건물명도청구의 본안소송을 서두르고 있으나 본안소송은 상당한 시일을 요하므로 그 동안 점유보전의 방법상 이 건 신청에 이른 것입니다.

4. 이 사건 손해담보에 대한 담보제공은 보증보험회사와 지급보증위탁계약을 맺은 문서로 제출하는 방법으로 담보제공을 할 수 있도록 허가하여 주시기 바랍니다.

첨 부 서 류

1. 부동산목록 1부
2. 소명자료
3. 인지대
4. 송달료
5. 부동산등기부
6. 토지, 건축물대장
7. 목적물가액 계산서

20××년 ×월 ×일

위 신청인 강 ○ ○ ㊞

○○지방법원 ○○지원 귀중

※ 신청서를 접수할 때에는 당사자 1인당 3회분의 송달료를 납부하여야 한다.

인지대 10,000원, 송달료 법원에 문의 후 납부 : 수납은행 또는 인지납부대행기관(금융결제원)의 인터넷 홈페이지 (www.cardrotax.or.kr) 에서 인지납부대행기관을 통하여 신용카드 등으로도 납부할 수 있다.(신용카드 등으로 납부하는 경우 납부대행 수수료는 납부자가 부담함)
※ 점유이전금지가처분 신청을 대한민국 법원 전자소송홈페이지에서 사용자등록 후 『홈>서류제출>민사 서류의 「민사 신청」탭에서 「민사가처분신청서」』를 통하여 제출할 수 있다.

부동산의 표시

1. 성남시 분당구 분당동 **
   대 60.5평방미터

2. 위 지상
   조적조 슬래브지붕 2층 주택
   1층 32.19 평방미터
   2층 32.19 평방미터
   지층 8.91 평방미터
   내역 지층 : 보일러실

신 청 부 분

위 부동산 표시부분 중 2층 주택 32.19평방미터 전부

별 지 도 면

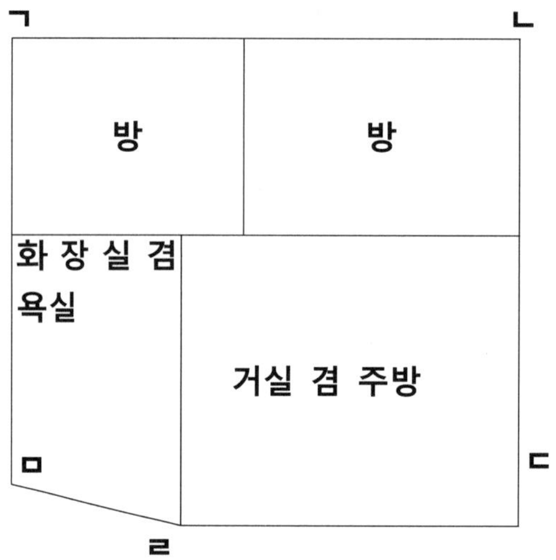

1. ○○시 ○○구 ○○동123
   대 60.5평방미터
2.위 지상
   조적조 슬래브지붕 2층 주택
   1층 32.19 평방미터
   2층 32.19 평방미터
   지층 8.91 평방미터
   내역 지층 : 보일러실

신 청 부 분

위 표시중 2층 주택 전부로 별지도면의 ㄱ, ㄴ, ㄷ, ㄹ, ㅁ, ㄱ의 각점을 연결하는 선내 부분 32.19평방미터 전부

15. 부동산점유이전금지가처분 진행절차

절차	내용
점유이전금지가처분 신청서 작성	
↓↓	
인지대·송달료 납부	인지대, 송달료 납부 : 수납은행 또는 인지납부대행기관(금융결제원)의 인터넷 홈페이지 (www.cardrotax.or.kr) 에서 인지납부대행기관을 통하여 신용카드 등으로도 납부할 수 있음
↓↓	
신청서 접수, 사건번호 부여 받음	관할법원 민사신청 담당부서(종합민원실)에 제출
↓↓	
(보정명령) ↓↓ (보정서 제출)	대한민국 법원 전자소송 홈페이지에서 사용자등록 후 『홈>서류제출>민사 서류의「민사 신청」탭에서 『민사가처분신청서』를 통하여 제출할 수 있다.
↓↓	
담보제공명령문 수령	접수 후 2~4일 후 해당 법원을 방문하여 담보제공명령서를 수령하거나, 우편(7~10일 소요)으로 명령서를 수령한다.
↓↓	
담보제공명령에 대한 보증보험료 납부	담보제공명령에 대한 보증 보험회사에 보험료 납부
↓↓	
결 정 문 수 령	
↓↓	
강제집행신청서 접수/집행관 사무실	가처분결정 수령 즉시 집행관사무실에서 강제집행신청서 작성하여 제출
↓↓	
집행비용 납부	
↓↓	
집행시간 일자 시간 결정	"집행관으로부터 ○일 ○시에 집행합니다" 통지 받음
↓↓	
낙찰부동산에 점유이전금지가처분 실행	열쇠공, 입회인 2명 대동 채권자가 결정서를 송달받은 날로부터 2주를 넘긴 때에는 집행을 할 수 없다.

16. 법원 전자소송으로 부동산점유이전금지가처분 신청

첨부서류 준비 및 신청취지/신청이유 작성

부동산목록(부동산의 표시), 소명자료 등을 pdf파일로 저장 토지대장/건축물대장/개별공시지가확인원 발급	■ 부동산 목록 1부, 피보전권리 및 신청이유를 소명할수 있는 자료, 소명자료, 내용증명, 우편배달증명 등을 스캔받아 pdf로 변환 저장 ■ 정부24사이트 회원가입 → 로그인 ① [토지대장] → 토지대장 발급 → PDF 파일로 저장 [개별공시지가 확인] – 1,616,000원 ② [건축물대장] → 건축물대장 발급 → PDF 파일로 저장 [구조 면적 확인] 구조 : 철근콘크리트조, 면적 : 84.89㎡ [사용승인 확인] 사용승인일·등기부의 보존등기일 확인 2002.4 ③ [개별공시지가확인원] → 개별공시지가확인원 발급 → PDF 파일로 저장 ④ 전자소송사이트에서 부동산가액 및 소가를 계산

↓↓

전자소송용 등기부등본 발급 (※ 법원 전자소송 사이트에 미리 회원가입하여 ID를 만들어 두어야 함)	■ 인터넷등기소 회원가입 → 로그인 [등기부등본 열람발급] 클릭 → 전자발급(전송) → 집행등 전자소송용 체크 → 고유번호찾기 → 등기부등본 고유번호 입력 → 결제 → 전자소송 발급 : 클릭 → 전자 제출용 발급시 전송 소송 ID를 입력하시겠습니까 : 확인 클릭 → 전자소송 ID 입력 확인 → 출력

↓↓

소명 자료 등	도면 작성 → PDF 파일 저장 내용증명 등 채무자에게 보낸 증거 자료 스캔 받아 PDF 파일로 저장

↓↓

부동산가액 및 소가 계산	전사소송 사이트에서 부동산가액 및 소가 계산 후 출력

↓↓

신청취지/신청이유	작성

↓↓

전자소송사이트 로그인

서류제출	**▷서류제출 → [민사신청] 클릭**
↓↓	
민사신청	▷[민사가처분신청서] 클릭
↓↓ 민사가처분신청서	사건확인 ▷[본안사건 없음] 체크 → [확인] 클릭 전자소송동의 ▷[이 사건에 관하여 전자소송시스템을 이용한 진행에 동의합니다] 체크 ▷당사자작성 클릭
↓↓	
사건기본정보	▷[사건명] 부동산점유이전금지 클릭 ▷[목적물의 가격] 목적물의 가격 입력 ▷[피보전권리] 소유권에 기한 건물 인도 청구권 입력 ▷[제출법원] 관할법원 찾기 → 클릭 → 관할법원선택 → 입력, 1건 → 입력 ▷[등록] 클릭
↓↓	**▷등록면허세 목록, 등기촉탁수수료 목록, 선담보목록은 작성하지 않고 넘어감**
당사자기본정보입력	▷[당사자기본정보 입력] ▷[채권자] 체크 → 내정보 가져오기 → 클릭 → 등록 ▷[채무자] 체크 → 성함, 주소 → 등록
↓↓	
신청취지 및 이유	▷신청취지 → 입력 → 확인 ▷신청이유 → 입력 → 확인 (미리 작성하여 둔 한글파일에서 복사 붙이기)
↓↓	
목적물입력	목적물 기본정보 ○제출방식→ [발급내역] → 클릭 → 발급내역 조회 → [발급정보] 체크 → [저장] 확인
↓↓	
소명 첨부 서류	▷[파일첨부] 클릭 → 파일 업로드 ▷[작성완료] 등록
↓↓	
최종문서확인	▷[모든 문서의 내용에 이상이 없음을 확인합니다. [체크] → [확인] 클릭
전자서명	
소송비용납부	
전자제출	

↓↓

■ 담보제공명령이 나면 서울보증보험에 전화해 안내에 따라 입금

서울 구

채권자 이

2097104-1
(민사신청과 55단독(신청))
2

지 방 법 원

55단독(신청)

담 보 제 공 명 령

사 건 20 카단 부동산점유이전금지가처분

채 권 자 이
구

채 무 자 오
구

위 사건에 대하여 채권자에게 담보로 이 명령을 고지받은 날부터 7 일 이내에 채무자를 위하여 금 500만원. 원을 공탁할 것을 명한다.
채권자는 위 금액을 보험금액으로 하는 지급보증위탁계약을 체결한 문서를 제출할 수 있다.

등 본 입 니 다.
20 .
법원주사

20 .

판 사

※ 공탁소에 공탁을 하신 후, 반드시 위에서 정한 기일 내에 공탁서 사본을 담당재판부에 제출하여주시기 바랍니다.

채무자 오

2097104-515998

(민사신청과 55단독(신청))

지 방 법 원

55단독(신청)

결 정

사 건 201 카단 부동산점유이전금지가처분

채 권 자 이
구

채 무 자 오
구

주 문

채무자는 별지도면 중 ㄱ,ㄴ,ㄷ,ㄹ,ㅁ,ㅂ,ㄱ의 각 점을 순차적으로 연결하는 선내 (가)부분 1395제곱미터 전부에 대한 점유를 풀고 채권자가 위임하는 집행관에게 인도하여야 한다.

집행관은 현상을 변경하지 아니할 것을 조건으로 하여 채무자에게 사용을 허가하여야 한다.

채무자는 그 점유를 타에 이전하거나 또는 점유명의를 변경하여서는 아니된다.

집행관은 위 취지를 적당한 방법으로 공시하여야 한다.

피보전권리의 내용 건물명도 토지인도

이 유

이 사건 부동산점유이전금지가처분 신청은 이유 있으므로 담보로 공탁보증보험증권(서울보증보험주식회사 증권번호 제 100-000-201 호)을 제출받고 주문과 같이 결정한다.

정 본 입 니 다.
20 . 10. 26.
법원주사

20 . 10. .

판 사

◇ 유의 사항 ◇

※ 1. 채권자가 이 결정서를 송달받은 날로부터 2주를 넘긴 때에는 집행을 할 수 없습니다 (민사집행법 제292조 제2항, 제301조).

※ 1. 이 가처분 결정은 채권자가 제출한 소명자료를 기초로 판단한 것입니다.
2. 채무자는 이 결정에 불복이 있을 경우 가처분이의나 취소신청을 이 법원에 제기할 수 있습니다.

고　　시

사　　건 : 20　가4
채 권 자 :
채 무 자 : 이 회
집행권원 : 　지방법원 　지원 20　카단6

위 집행권원에 기한 채권자
의 위임에 의하여 별지표시 부동산에 대하여 채무자의 점유를 해제하고 집행관이 이를 보관합니다.
그러나 이 부동산의 현상을 변경하지 않을 것을 조건으로 하여 채무자가 사용할 수 있습니다.
채무자는 별지표시 부동산에 대하여 그 점유를 타인에게 이전하거나 또는 점유명의를 변경하지 못합니다.
누구든지 집행관의 허가없이 이 고시를 손상 또는 은닉하거나 기타의 방법으로 그 효용을 해하는 때에는 벌을 받을 수 있습니다.

202 .10.

**　지방법원 　지원**
집 행 관 　이

※ 문의전화 : 　지방법원 　지원 집행관사무소 집행(일정)문의: 　4
접수문의:

17. 부동산점유이전금지가처분 등 소송시 소가계산과 인지액·송달료 계산

소장을 직접 작성하고자 할 때는 목적물가액 및 소가를 산출할 줄 알아야 합니다. 민사소송절차, 행정소송절차, 그 밖에 법원에서의 소송절차 또는 비송사건절차에서 소장이나 신청서 또는 신청의 취지를 적은 조서에는 다른 법률에 특별한 규정이 있는 경우가 아니면 이 법에서 정하는 인지(印紙)를 붙여야 합니다. 인지액 산정의 기준이 되는 가액이 소가입니다. 대여금, 손해배상금 등 금전을 청구하는 소송의 경우에는 청구액 자체가 소가가 됩니다.

건물인도소송의 소가는 부동산시가표준액을 기준으로 산정하는 것인데, 여기서 부동산시가표준액은 토지의 경우 공시지가로, 건물인 경우 건축물신축가격기준액×구조지수×용도지수×위치지수×경과연수별잔가율×명도를 구하는 면적의 계산에 의해 산정합니다. 위와 같이 계산된 부동산시가표준액에 1/2를 곱한 금액이 바로 건물인도소송의 최종적인 소가가 되는 겁니다. 전자소송 사이트에서 목적물가액 및 소가, 송달료와 인지액을 계산할 수 있습니다.

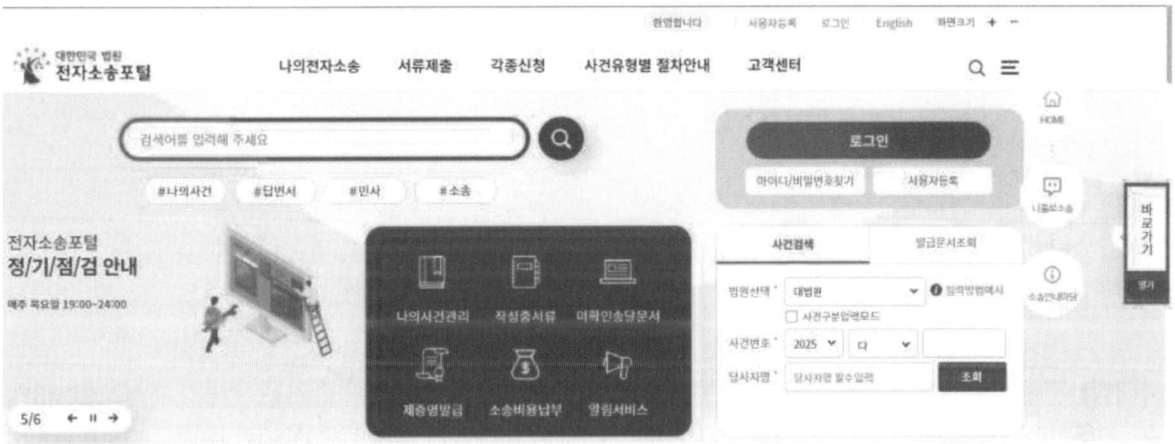

▷[바로가기 열기] 클릭

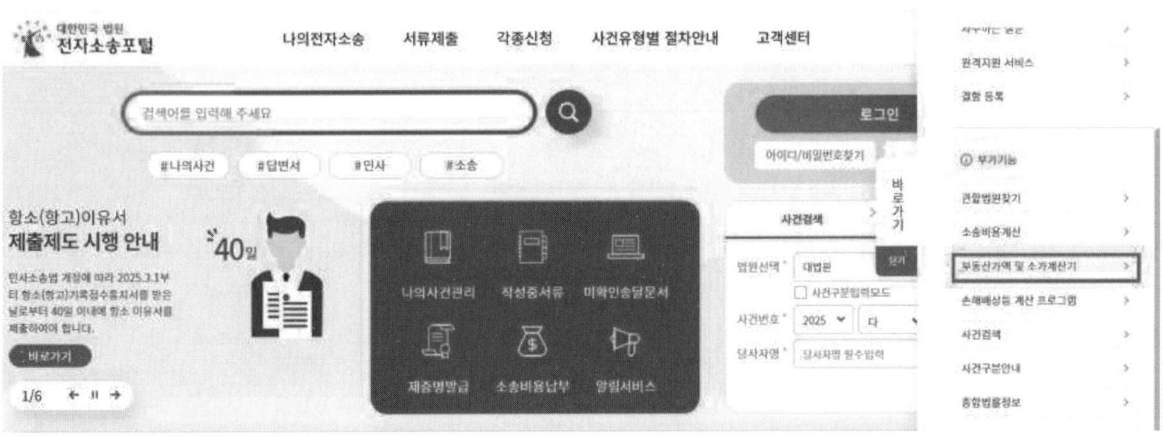

▷[부동산가액 및 소가계산기] 클릭

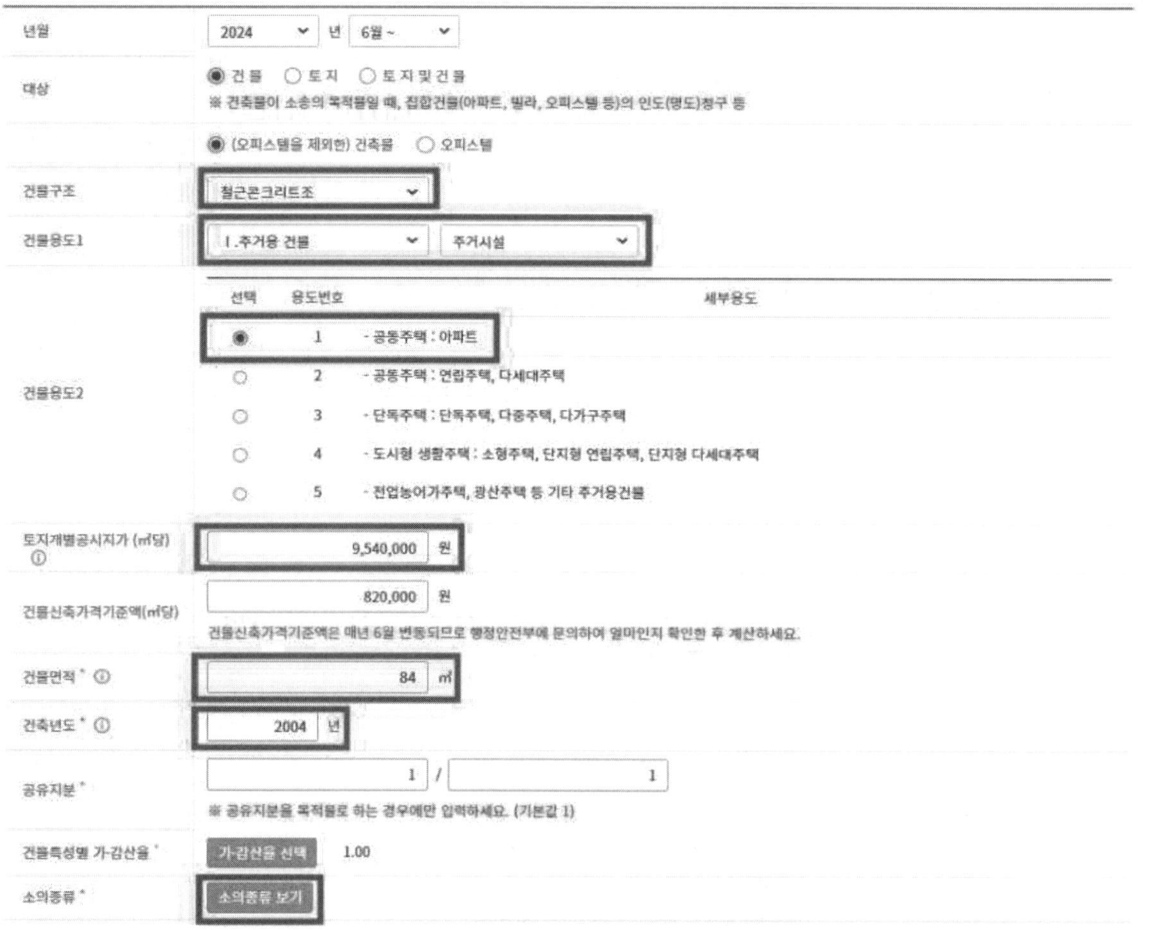

▷[대상] 건물 체크 ▷ [건물구조] 철근콘크리트조 선택 ▷[건물용도] 주거용 건물, 주거시설 선택, [용도번호] 아파트 선택 ▷[토지개별공시지가] 부동산 공시가격 알리미 사이트 방문 개별공시지가 확인하여 입력 ▷[건물 면적] 84 [건축년도] 보존등기일 입력(2004) 입력 후 [소가 종류] 소의종류보기 클릭

o 통상의 소

1. 확인의 소	(1) 소유권의 가액	가액의 1	선택
	(2) 점유권의 가액	가액의 1/3	선택
	(3) 지상권/임차권의 가액	가액의 1/2	선택
	(4) 지역권의 가액	가액의 1/3	선택
	(5) 담보물권의 가액	가액의 1	선택
	(6) 전세권(채권적 전세권 포함)의 가액	가액의 1	선택
2. 물건의 인도, 명도, 방해제거를 구하는 소	(1) 소유권에 기한 경우	가액의 1/2	선택
	(2) 지상권/전세권/임차권/담보물권에 기한 경우 또는 그 계약의 해지/해제/계약기간의 만료를 원인으로 하는 경우(대부분 건물명도)	가액의 1/2	선택
	(3) 점유권에 기한 경우	가액의 1/3	선택
3. 상린관계상의 청구	소유권	가액의 1/3	선택
4. 공유물분할청구의 소	소유권(원고 공유지분비율)	가액의 1/3	선택

▷물건의 인도, 명도, 방해제거를 구하는 소 → (1) 소유권에 기한 경우 [선택] 클릭

1 / 1

※ 공유지분을 목적물로 하는 경우에만 입력하세요. (기본값 1)

건물특성별 가·감산율 *

가·감산율 선택 1.00

소의종류 *

소의종류 보기 2. 물건의 인도, 명도, 방해제거를 구하는 소 : 가액의 1/2

- 본 계산표에서 기준이 되는 토지의 가액은 「부동산 가격공시에 관한 법률」에 의한 개별공시지가에 따릅니다 (개별공시지가가 없는 경우에는 시장·군수 또는 구청장이 같은 법 제9조에 따라 국토교통부장관이 제공한 토지가격비준표를 이용하여 계산하시기 바랍니다).
- 집합건물의 소유권확인, 소유권이전(말소)등기 등을 청구할 경우에는 '토지 및 건물' 을 선택하시기 바랍니다.
- 오피스텔에 대한 시가표준액 산정기준이 신설되어 2022. 1. 1.이후 접수된 사건부터 오피스텔 건물에 대한 소가 산정방식이 변경되었으므로 참고하시기 바랍니다.

초기화

계산

▷[계산] 클릭

건물시가표준액

51,492,000원

건물가액

25,746,000원

소가(건물)

12,873,000원

- **건물**
  (건물신축가격기준액(㎡) **820,000원** × 구조지수 **100**/100 × 용도지수 **100**/100 × 위치지수 **136**/100 × 경과연수별잔가율 **0.55**)(1,000원미만 절삭) × 면적(㎡) **84** × 가감산특례 **1.00** x 공유지분 **1/1 × 50/100** × 소의종류 **1/2 = 12,873,000원**

계산식 복사하기 출력하기

▪소가는 12,873,000원. 명도소송 또는 건물철거 등 소송을 제기할 때는 매각부동산을 명도하라고 하는 매각부동산 명도청구와 더불어 피고는 원고(낙찰자·매수인)에게 20××년부터 도완료일까지 매월 500,000원을 지급하라고 하는 매각부동산의 명도의무가 발생하는 시기부터 명도완료 시까지의 임료도 동시에 청구하고, 소송비용도 상대방의 부담으로 한다는 내용을 기재
▪임료산정은 감정평가액의 12% 또는 그 주택의 전세가를 감정하여 전세가를 월세로 환산한 금액에 거주기간을 곱하여 산정한 금액으로 계산

인지대·송달료 계산

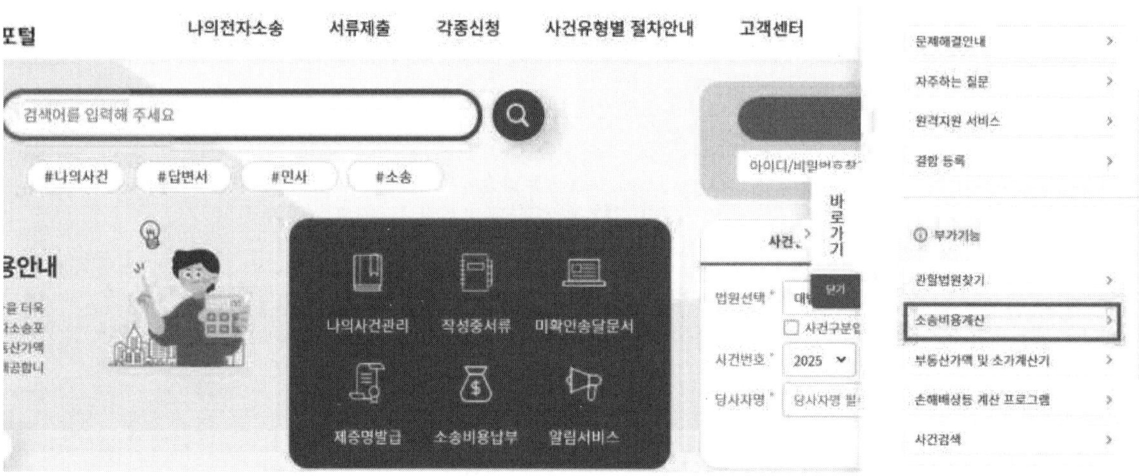

▷[소송비용계산] 클릭

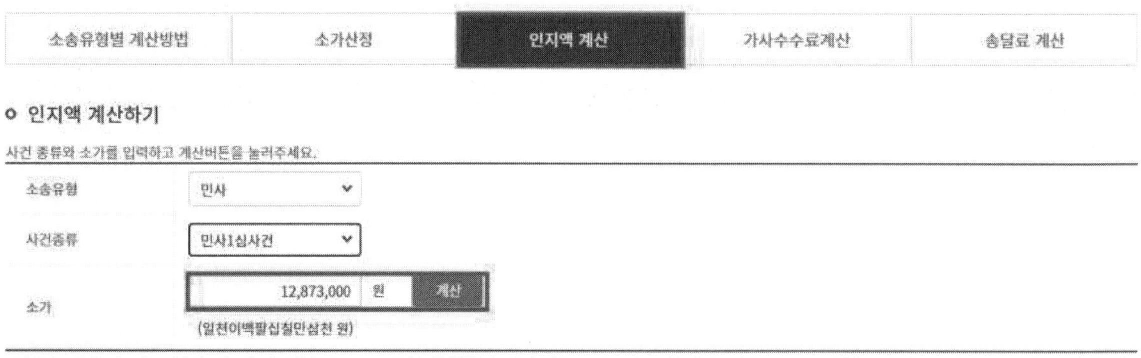

▷[인지액 계산] 소가 12,873,000원 입력 계산 클릭

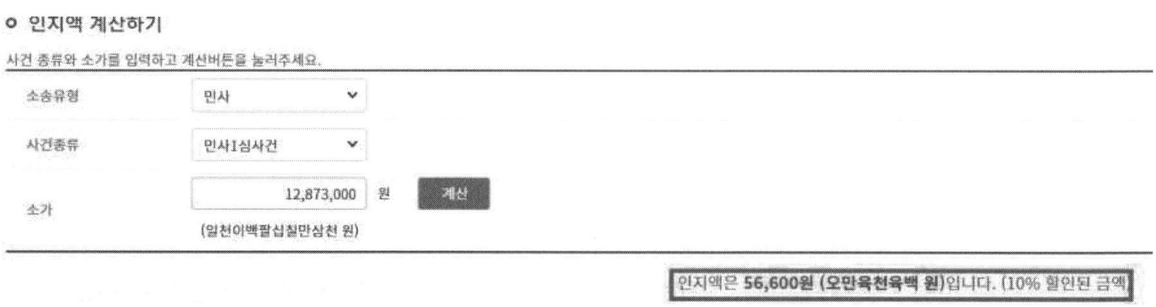

18. 소송 등의 서류가 폐문부재·사망 등으로 송달되지 않을 때 송달 방법

법원은 인도명령결정문, 점유이전금지가처분, 건물철거 소송 등을 신청하면 매수자(낙찰자)가 제출한 상대방의 주소로 등기우편으로 인도명령결정문 등을 송달합니다. 송달은 소송에 관한 서류의 내용을 알리기 위해 일정한 형식을 밟아서 당사자 기타의 소송관계인에게 서류를 교부하는 행위를 말합니다. 법원에서 보낸 우편물이 폐문부재, 수취거부 등으로 송달되지 않으면 법원은 신청 채권자에게 주소보정명령을 합니다.

지방법원 지원

주 소 보 정 명 령

사 건 20

채 권 자

채 무 자 박

소 유 자 채무자와 같음

아래 당사자의 주소지로 송달한 결과 다음과 같은 사유로 송달불능이 되었습니다.
이 보정명령을 받은 날로부터 5일 이내에 송달가능한 주소를 보정하십시오. 이 보정명령은 재판장(사법보좌관)의 명에 따른 것으로 만일 정해진 기일 내에 주소보정을 하지 아니하는 경우 신청이 각하될 수 있음을 유의하시기 바랍니다.

채무자겸소유자1 박 ( )
[주소] 구 501동 308호(동, 아파트)
[송달불능사유] 폐문부재

20 . 2. 28.

법원주사보 김

※ 보정하실 주소는 반드시 도로명 주소로 기재하시기 바랍니다.

주소보정명령을 가지고 행정복지센터에 가시 주민등록표 열람 또는 등·교부신청서를 작성해 제출하면 주민등록표 등·초본을 발급받아 해당 법원에 제출하면 됩니다. 전자소송으로 제출할 수 있습니다. 전자소송 사이트 로그인한 다음 송달문서확인에서 제출 할 수 있습니다.

공시송달 신청서

사　　건　20

채 권 자

채 무 자　박

소 유 자　채

위 사건에 관하여, 귀원의 주소보정명령에 따라 채무자 및 소유자 2 최　의 주민등록초본을 발급하여, 주민등록초본상 최후주소지로 송달하였으나, 기타(송달지 거주 40대(여)의 진술에 의하면, 최　은 친정어머니인데 현재 치매증상이 심하여 병원에 있으며, 촉탁서가 무슨 내용인지는 모르나 상속에 관계된 서류라면 상속은 받지 않기로 했으니 의미가 없으며 만약 수령하더라도 임의로 의사결정 할 수 없으니 받지 않겠다는 의사를 명확히 함.)이라는 송달불능사유에 의하여 송달불능됨에 따라, 통상의 방법으로는 우편송달이 어려울 것으로 예상되므로 이에 공시송달 신청을 하오니 허가하여 주시기 바랍니다.

20　년　월　일

신청인(채권자)　주

지방법원　지원　귀중

지방법원 지원

보 정 명 령

사 건 20

채 권 자

채 무 자 박

소 유 자 채무자와 같음

귀하는 이 명령이 송달된 날로부터 5일 안에 다음 흠결사항을 보정하시기 바랍니다.

흠 결 사 항

이 사건 채무자겸소유자 박 ( )이 사망하였으므로 소유자의 제적등본, 전호주의 제적등본, 기본증명서, 가족관계증명서, 혼인관계증명서, 입양관계증명서, 친양자입양관계증명서, 말소자주민등록초본 및 각 상속인의 기본증명서, 가족관계증명서, 주민등록초본을 제출하고 채무자겸소유자를 상속인으로 경정하는 신청을 하시기 바랍니다.

20

법원주사보 김

※ 이 보정명령은 재판장(사법보좌관)의 명에 따른 것입니다.

※ 문의사항 연락처 : 지방법원 지원
전화 :
팩스 : email :

공시송달신청서

채권자 : 강 ○ ○
채무자 겸
소유자 : 이 ○ ○
주 소 : 서울 동대문구 ○○동 ××

위 사건에 귀원 20××타경×××호 부동산임의경매사건에 관하여 채무자 겸 소유자 이××는 신청서에 기재된 주소지에 주민등록이 되어 있는 채 현재 동주소에 거주치 않고 있어 행방을 백방으로 문의하였으나 끝내 찾을 길이 없으니 인도명령결정정본 기타 신청서류 일체를 공시송달하여 주시기 바랍니다.

첨 부 서 류

1. 주민등록등본 1통
2. 불거주확인서 1통

20××년 ×월 ×일
위 신청인(매수인) 강 ○ ○ ㊞

○○지방법원 ○○지원 귀중

불 거 주 확 인 서

채무자 겸
소유자 : 이 ○ ○
주 소 : 서울 동대문구 ○○동 ××

위 자는 위 주소지에 주민등록신고를 하고 거주하던 자인바, 현재 그 본인은 물론 그 가족 또한 위 주소지에 거주치 않고 행방을 알 수 없음을 확인함.

20××년 ×월 ×일

1. 통장 : 김 ○ ○ ㊞
   주소 : 서울 동대문구 ○○동 ××
2. 반장 : 박 ○ ○ ㊞
   주소 : 서울 동대문구 ○○동 ××

○○지방법원 ○○지원 귀중

19. 전자소송으로 특별송달

▷전자소송 사이트 로그인 → ▷송달문서확인[클릭] → ▷전체송달문서 [클릭]

▷사건번호 입력 → 조회 ▷[전체송달문서] → 주소보정명령등본 [제출] → 클릭

민사서류보정서	해당법원 선택 → 사건번호 입력 → [확인] 클릭
	↓↓
주소변동여부 ◎ 주소변동 없음 기존 송달 주소와 동일함 ◎ 주소변동이 있는 경우	◎ 주소변동이 있는 경우 → 체크 [우편번호 찾기] 클릭 → 입력
	↓↓
송달신청 □ 일반송달신청 □ 특별송달신청 □ 공시송달신청	□ 특별송달신청 → 체크 특별송달(주간송달, 야간송달, 휴일송달) → 체크 □ 기존 송달 주소와 동일한 주소로 다시 송달 □ 새로운 주소로 송달 → 체크
	↓↓
첨부서류 제출	[서류명] → 직접입력 선택 → 초본 입력 [파일첨부] 클릭(초본을 스캔 pdf로 저장) [등록] [첨부서류목록] → 확인 [작성완료] → 클릭 [서류목록] → 클릭 [모든 문서의 내용에 이상이 없음을 확인합니다.]→ 체크 [확인] → 클릭

20. 전화번호을 알고 있을 때 인적사항을 확인하는 방법

전화번호를 알고 있을 때 인적사항을 확인하는 방법은 소장 접수 후 주소보정 명령을 받아 이동통신회사에 사실조회를 신청해 가입자(피고·채무자·피신청인)의 주소 및 주민등록번호 등 인적사항을 조회할 수 있습니다.

인도명령 신청서, 소장 접수 → 주소보정 명령 → 법원에 이동통신회사에 가입자(피고·채무자·피신청인)의 주소 및 주민등록번호 등 인적사항을 조회 신청

사 실 조 회 신 청

사건번호

원　　고

피　　고

위 사건에 관하여 원고는 피고의 인적사항을 알기위해 다음과 같이 사실조회를 신청합니다.

- 다　　　음 -

1. 사실조회의 목적

민사소송제기를 위하여 피고의 주소, 주민등록번호 등 인적사항을 확인하고자 함.

2. 조회할 곳

1) 주식회사 케이티

성남시 분당구 불정로 90 KT빌딩

2) 에스케이텔레콤 주식회사

서울 중구 을지로 65(을지로2가) SK T-타워

3) 주식회사 엘지유플러스

서울 용산구 한강대로 32

- 피고의 휴대전화 번호 :

위 신청인　　　　(서명 또는 날인)

(연락처)

지방법원　　지원 귀중

■피고가 사망하였을 때는 보정명령을 받아 제적등본, 가족관계증명서 등 서류를 발급받을 수 있을 수 있음

21. 전자소송으로 사실조회 신청

대한민국 법원 전자소송으로도 사실조회를 신청할 수 있습니다. 해당 기관에 인적사항 등에 대하여 사실조회를 신청할 수 있습니다. 전화번호를 아는데 주소를 모르는 경우, 주소를 아는데 전화번호을 알고자 할 때는 이동통신회사에 사실조회를 신청합니다. 소송을 제기한 다음 주소보정명령을 받으면 법원 전자소송으로 사실조회를 통해 인적사항을 알아낼 수 있습니다.

▷전자소송 → 로그인

▷서류제출 → [민사 서류] 클릭

▷증거신청서 관련 → [사실조회신청서] 클릭

▷[진행 중인 사건에 대한 법원 사건번호 입력 후 확인] 클릭

사실조회신청서	**[신청취지]** 위 사건에 관하여 주장 사실을 입증하기 위해 다음과 같은 사실을 조회합니다. → 작성 → 입력 **[사실조회촉탁목적]** 이 사건 피고 김○○과 원만한 합의를 위해 이 사건 부동산에 수차례 방문, 서면 연락하였으나 폐문부재, 수취거부 등으로 어려움을 겪고 있습니다. 이에 서울시 ○○구 ○○동 ○번지의 경작자 인적사항과 영농신고 현황도에 대하여 사실조회를 신청합니다. → 작성 → 입력 **[대상기관의 명칭]** 조회 → 조회대상기간 입력 **[대상기관의 주소]** → [우편번호찾기] → 대상기관 주소 입력 **[사실 조회 사항]** → 직접 입력

↓↓

첨부서류 제출	파일 첨부 등록

↓↓

확인	2~3주 지나 사건기록 열람 통해 자료 확인

※ 외국에 거주할 때는 외교부에 송달할 수 있는 외국 주소 또는 거소 등 확인 가능한 인적사항 일체(성명, 주민등록번호 등)를 사실조회

두인옥션 90일 무료이용 쿠폰신청하기

1. 큐알 코트 찍고 회원 가입 ▶ 회원 승인

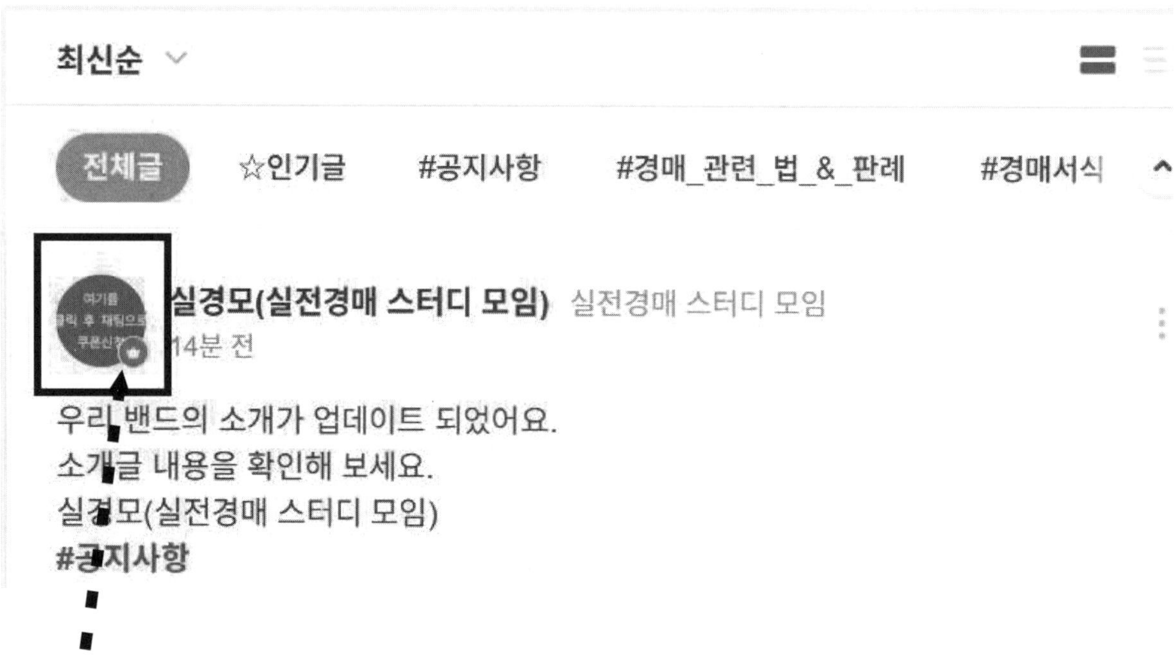

2. 클릭

▶클릭

3. 쿠폰신청 클릭

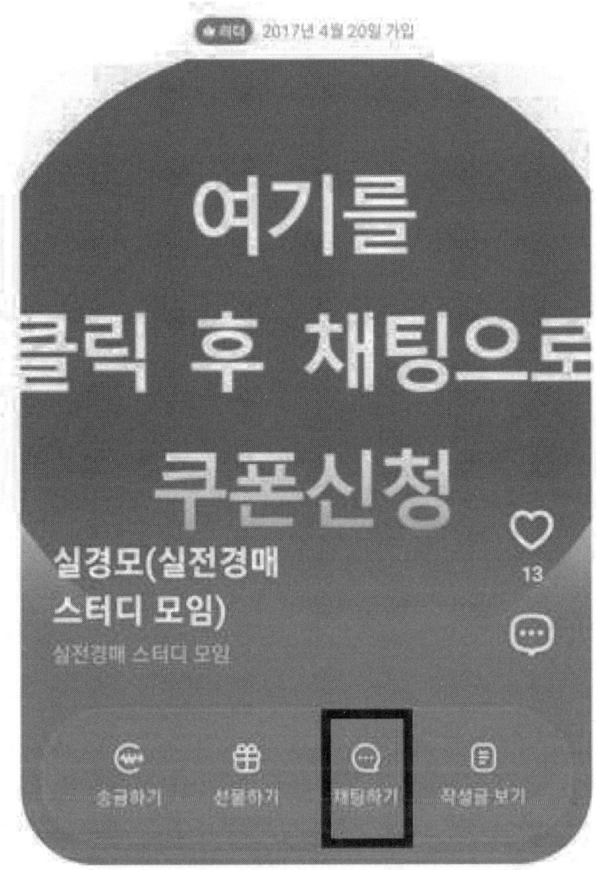

▶채팅하기 클릭
1 : 1 채팅으로 두인옥션 쿠폰 신청 (쿠폰 신청시 성함, 연락처, 도서 구매 영수증, 도서 인증샷 파일 첨부)

↓↓

쿠폰 발송(1 : 1 채팅으로 쿠폰번호 발송(10일 단위로 발송)

4. 두인옥션 회원 가입

네이버 두인옥션 검색

↓↓

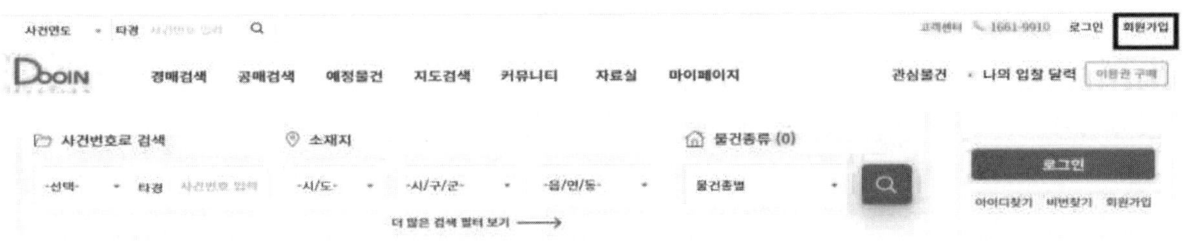

두인옥션 회원가입

↓↓

두인옥션 로그인 마이페이지 클릭

↓↓

밴드에서 쿠폰번호 복사 ⇨ 쿠폰함 클릭 ⇨ 쿠폰 번호 등록